L'ENFANT DU TEMPLE

DU MÊME AUTEUR

———

Les Compagnies d'Aérostiers militaires sous la République, de l'an II à l'an X. 1857, in-8.

L'Armement rayé de l'Infanterie européenne en 1858. 2 vol. in-8 (1 d.-planche).

Le Service des Renseignements dans les États-Majors, 1875, in-12.

L'Angleterre et la Russie dans l'Asie centrale. 1877. in-12.

De l'Assurance sur la vie dans l'Armée. 1878, in-12.

Sous le pseudonyme de *G. d'Aurgel :*

Le service des Eaux à Paris et dans la Banlieue. 1886, in-8.

Roger de Perny, roman. 1883, in-18.

L'Anneau de Bronze, 1885, in-18.

Sœur aînée, roman. 1885, in-18.

Trop de Dot, roman, 1887.

La Fille de l'Inventeur, roman. 1889.

Imp. du Progrès.— CH. LÉPICE, 7, rue du Bois, Asnières.

Baron DE GAUGLER

L'ENFANT DU TEMPLE

ÉTUDE HISTORIQUE

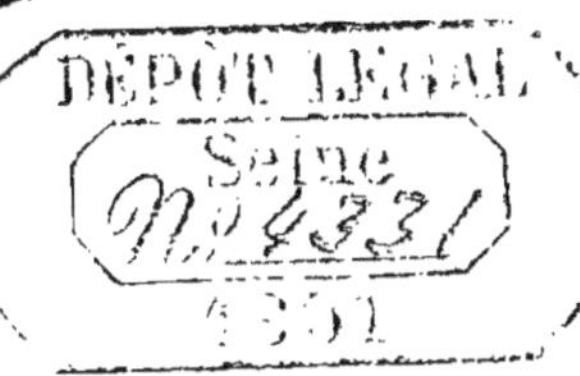

PARIS

NOUVELLE LIBRAIRIE PARISIENNE

ALBERT SAVINE, ÉDITEUR

12, RUE DES PYRAMIDES, 12

1891

AVIS AU LECTEUR

Au cours de la saisie judiciaire du livre **Comment on a vendu la Mélinite**, *pratiquée chez l'imprimeur de mon éditeur M. Savine, deux feuilles du présent ouvrage furent par mégarde enlevées et également séquestrées.*

Dans le désarroi causé par ce désagréable incident et dans la précipitation apportée à réparer le retard ainsi occasionné, quelques corrections typographiques indiquées n'ont pas été exécutées.

Le lecteur voudra bien se montrer indulgent et nous pardonner.

L'ENFANT DU TEMPLE

CHAPITRE PREMIER

La forteresse du Temple, l'un des plus vieux monuments du Paris féodal, affectée par les chevaliers templiers à la conservation du trésor et de l'arsenal de leur ordre, devenue ensuite le dépôt des archives de l'ordre de Malte, avait vu, à la suite de la journée du 10 août 1792, sa destination changée par l'Assemblée nationale en celle d'un lieu de détention pour l'infortunée famille de Louis XVI.

Lorsque les incessantes intrigues de la faction orléaniste, trop sûrement secondées par les ténébreuses menées du comte de Provence (1), frère

(1) Dès 1789, Talleyrand disait de ce prince « Monsieur

du roi, eurent réussi à déchaîner contre la famille royale toutes les fureurs populaires, il fut fait table rase des réformes salutaires réclamées par les représentants de la Nation aux Etats-Généraux, et le pays fut jeté dans la Révolution. Ce fut alors à une prison, sinistre anti-chambre de l'échafaud, que vinrent aboutir les généreux efforts du vertueux mais trop faible souverain, aux yeux duquel la puissance royale, et la vie même, ne possédaient de prix qu'à la condition de les consacrer au bonheur de son peuple.

A l'époque où le donjon recevait cette nouvelle destination, c'est par le palais du grand-prieur, assez vaste hôtel, construit entre cour et jardin, et dont la grande porte d'entrée de la cour d'honneur s'ouvrait sur la rue du Temple, vis-à-vis le débouché actuel de la rue Réaumur, que l'on avait accès au jardin.

Au centre de ce jardin, s'élevait la vieille tour, dont la construction remontait aux premières années du treizième siècle.

est taquin, orgueilleux, méchant peut-être ; il n'aime que lui et ne tire vanité que de sa maison ; il feint l'amitié, parce qu'il est de mode d'être sensible, et il ne parle d'amour que du bout des lèvres. Il veut la couronne pour lui d'abord, ensuite pour sa famille .. *Son frère lui fait obstacle, il est possible qu'il s'en débarrasse...* Il a plus de mémoire que d'acquit, et plus de lecture que d'esprit. Son goût pour les Anciens est un moyen de jeter de la poudre aux yeux ; il lit Horace lorsqu'on le regarde, et des ordures quand il est seul. »

Elle se composait de deux masses juxtaposées et sans communication intérieure, dont la plus ancienne, désignée sous le nom de la Grosse Tour, consistait en une massive et haute tour carrée, aux murailles épaisses de neuf pieds, flanquée à ses angles de quatre tourelles rondes, dans l'une desquelles se trouvait l'escalier en colimaçon conduisant à ses quatre étages.

L'autre massif, moins élevé, flanqué également de deux tourelles, dont l'une renfermait l'escalier, était adossé au flanc nord du donjon et portait le nom de Petite Tour.

Dans la journée du 14 août, lorsque deux grands carrosses, escortés de gardes nationaux et d'une foule immense d'hommes en armes, amenèrent au Temple la famille royale (1) et sa suite, c'est dans celle-ci qu'elle fut transférée et détenue, en attendant que l'on eut terminé les modifications prescrites par la Commune de Paris comme mesures de sûreté vis-à-vis de ses hôtes. De nouvelles portes intérieures avaient été placées, les fenêtres avaient été garnies de barreaux de fer et on y avait ajouté par surcroit de précaution des auvents ou abat-jour en bois, afin

---

1. Pour Marie-Antoinette, l'antique demeure n'était point l'inconnu et elle y avait reçu plusieurs fois l'hospitalité du comte d'Artois lorsqu'elle revenait de quelque cérémonie à Notre-Dame ou à l'Hôtel-de-Ville. Nouvelle matière à de douloureux contrastes pour la malheureuse reine.

d'empêcher les prisonniers de voir au dehors et d'en être vus.

En outre, sur la proposition de Palloy, dit le *patriote Palloy*, qui s'était acquis une sorte de popularité par la productive entreprise de la démolition de la Bastille, la Tour elle-même avait été enveloppée d'une deuxième enceinte ; ses hautes murailles renfermaient une partie de l'ancien jardin, qu'elle séparait ainsi du château. Toutes les vieilles constructions qu'elle englobait furent démolies à cette occasion.

Ce nouveau mur avait deux portes, l'une charretière, formée par une forte cloison de chêne garnie de barres de fer ; on ne pouvait l'ouvrir sans le secours de deux guichetiers, possesseurs chacun d'une clef différente.

« La seconde porte (1), à droite et tout à côté de la première, consistait en un guichet étroit ; deux clefs étaient également nécessaires pour en opérer l'ouverture ; elles étaient aux mains de deux hommes dont les loges étaient situées à côté de ces deux portes, l'une en dedans, l'autre en dehors. Un fil de fer et une double sonnette reliaient ces deux cases à travers le mur. Les deux guichetiers passaient là les jours et les nuits sans interruption aucune, dérangés à toute minute, dépendant l'un de l'autre, et condam-

_____

1. De Beauchesne. *Louis XVII, sa vie, son agonie, sa mort.*

nés, comme Sisyphe, à une action continuelle. »

La grosse tour se composait de quatre étages voûtés, soutenus en leur centre par un gros pilier qui se continuait à travers les étages.

Le rez-de-chaussée et le premier n'avaient subi aucun changement et ils se composaient chacun d'une vaste pièce ; celle du rez-de-chaussée servait de lieu de réunion pour les officiers municipaux et portait le nom de *Chambre du Conseil* ; celle du premier étage était occupée par le corps de garde, les armes groupées autour du pilier. L'une des tourelles contenait l'escalier, une deuxième renfermait les latrines et, dans les deux autres, se trouvaient de petites pièces utilisées pour l'usage des officiers ou comme lieux de resserre, bûcher, etc.

Le deuxième étage avait été affecté à l'habitation du roi, du Dauphin et du valet de chambre Cléry.

Le troisième avait servi de logement à la reine à Madame Royale et à Madame Elisabeth.

« Le quatrième étage, dit encore M. de Beauchesne, *ne devant pas être occupé*, était resté dans sa simplicité primitive. Il paraissait plus grandiose que les autres étages, à cause de sa voûte élevée et de l'absence du pilier central arrêté sous le plancher qu'il soutenait. Quelques vieux meubles de rebut et quantité de planches étaient relégués dans les bas-côtés de cette vaste salle. »

Entre les créneaux et le toit de la grande tour régnait une galerie qui servit quelquefois au jeune Dauphin de promenoir. Les entre-deux des créneaux avaient été garnis de planches afin d'intercepter la vue et d'empêcher que le promeneur ne fut aperçu de quelqu'une des maisons d'alentour.

Des diverses constructions renfermées, en 1792, dans l'enclos du Temple, tout vestige a aujourd'hui complètement disparu, et le square actuel du Temple indique seul l'emplacement de l'ancien Palais du Grand-Prieur, de la tour et de son jardin.

La tour fut rasée, la première, sous le premier Empire; puis, le palais et la rotonde tombèrent successivement sous le marteau du démolisseur; cette dernière, au commencement du deuxième Empire.

Jusqu'en 1848, une barrière en bois marquait l'enceinte de la tour; mais, aujourd'hui, la rue Molay passe sur son emplacement, dont jusqu'en mars de cette année un des angles restait cependant désigné à l'attention par le saule pleureur que l'on remarquait dans le jardin du square.

Les enfants du quartier jouaient insoucieusement à l'ombre du vieil arbre, inconscients du douloureux martyre subi en ce lieu par le malheureux Louis XVII, auquel furent inconnues les joies de ces bruyants ébats en plein air.

On pourrait s'étonner, à bon droit, de l'oubli

dans lequel fut laissé par Louis XVIII le sol, sanctifié à ses yeux par le souvenir d'une prison d'État, dont la porte s'était ouverte trois fois pour envoyer les siens à la mort; son frère et son roi, d'abord; la reine, la compagne de son frère, ensuite; puis, enfin, Madame Élisabeth, sa propre sœur!

Peut être, le nouveau roi de France se souvenait-il des paroles imprudentes prononcées, par le comte de Provence, disant que, de trois frères qu'ils étaient, un seul était digne de régner... (1).

Peut être aussi, craignait-il de voir s'élever de cette terre, s'il l'eût fait remuer pour y dresser quelque monument d'hypocrite regret, des clameurs vengeresses!

. . . .

Le 21 janvier 1793, le roi quittait sa prison pour se rendre directement à l'échafaud.

Bientôt, la reine, puis la sœur de Louis XVI, passant par la conciergerie, portaient leur tête sous le couteau de la guillotine...

---

1. M. Lair, dans sa déclaration du 15 mai 1883, dit, en parlant de son grand-père (M. Marchant de Verrière, chevalier de Saint-Louis, fourrier des logis du roi) :

« J'étais d'autant plus surpris (des tentatives du comte de Provence pour sauver le roi) que mon grand-père suspectait fort Louis XVIII d'avoir participé à la mort de son frère et qu'il l'appelait le roi Jacobin! Il rapportait même, qu'étant de service, il avait vu condamner ce prince à trois jours d'arrêt pour avoir dit : « *Nous sommes trois frères, mais il n'y a que moi capable de régner* »

Désormais, les tours du Temple ne renfermaient plus que deux prisonniers : le jeune Louis XVII et sa sœur, Marie-Thérèse de France.

Celle-ci, seule dans la chambre qu'elle avait occupé naguère avec sa mère et sa tante, exposée constamment aux grossièretés de ses geôliers, souffrait cruellement du douloureux isolement auquel elle était condamnée, des poignantes angoisses de chaque jour ; mais combien plus pénible encore était le sort de son malheureux frère !

Nous ne retracerons pas ici le martyre du pauvre enfant abandonné aux soins (?) d'un misérable dont le nom est devenu légendaire, mais lorsque cet homme, le trop célèbre Simon, dont le rôle de valet tortionnaire se dissimulait — par un sinistre euphémisme — sous la qualification *d'instituteur* des fils du tyran, quitta le Temple (1), les Comités prirent des mesures nouvelles de sûreté, afin de suppléer à l'absence d'un gardien spécial.

Le petit prince se vit alors relégué dans une seule pièce, celle habitée, du vivant de son père, par son dévoué valet de chambre Cléry. La porte de communication avec l'antichambre fut transformée en un guichet, que protégeaient des bar-

1. Le 19 janvier 1794. Simon fut guillotiné le 28 juillet suivant.

reaux de fer, et là, sans feu, sans lumière, le royal enfant fut condamné aux tortures du régime cellulaire.

Ces nouveaux arrangements, rapidement poussés, furent conçus et exécutés en vingt-quatre heures, et le Dauphin prit possession de sa prison transformée, le 21 janvier 1794, un an jour pour jour après que son père quittait la tour du Temple pour livrer sa tête au bourreau.

C'est là que, pendant six longs mois, s'écoula l'existence du malheureux resté seul... C'est là qu'il demeurait, fléchissant sous les tortures morales que lui infligeaient ses gardiens, venant l'insulter nuit et jour par son guichet.

La journée du 9 thermidor survint et elle amena, pour le pauvre enfant, des conséquences immédiates. On sait le rôle prépondérant joué en cette circonstance par Barras. Transfuge de l'ancienne cour, en relations suivies avec Joséphine de Beauharnais, il n'avait pu effacer de sa pensée le souvenir de ces rejetons de la maison de France naguère si adulés, et dont il entendait, dans l'intimité, retracer les émouvantes souffrances.

Aussi ne faut-il point être trop surpris de voir, au lendemain même du triomphe, Barras, nommé commandant en chef de la force armée, se transporter au Temple, accompagné d'un nombreux cortège de membres des Comités et de députés de la Convention.

La prise d'armes des postes de garde, l'apparat

de cette bruyante visite réveillèrent les échos de la vieille forteresse et mirent en émoi tous ses habitants.

Barras, lui-même, nous rend compte de cette visite et, dans les mémoires encore inédits qu'il a laissés, s'exprime en ces termes :

« Après le 9 thermidor, je me rendis à la prison, *je visitai le prince* (1) ; je le trouvai fort affaibli par une maladie qui le minait. Il était couché, au milieu de la chambre, dans un misérable lit qui n'était guère qu'une espèce de berceau ; ses genoux et ses chevilles étaient enflés. Il sortit de l'assoupissement où je l'avais trouvé en entrant, et me dit: « Je préfére ce

---

1. En présence de cette affirmation si nette, émanant d'un homme qui savait assurément à quoi s'en tenir; en présence de celle de Madame Royale qui suit, on ne s'explique guère comment M. de Beauchesne fait s'arrêter Barras au poste de la garde extérieure !

M. Chantelauze, lui, admet cette visite de Barras, mais il la place au 11 thermidor (peut-être n'est-ce qu'une faute d'impression). Voici ce qu'il en dit dans le *Correspondant*, numéro du 10 août 1882, page 471 : « Barras, le 11 thermidor an II, se rendit au Temple pour y *constater l'identité du Dauphin*, car le bruit avait couru de son évasion, même au sein des deux Comités. »

Pour cette *constatation d'identité* il était nécessaire que Barras *vît* le prince : M. Chantelauze est donc en désaccord avec M. de Beauchesne.

Lombard de Langres, dans ses *Souvenirs et Anecdotes secrètes*, pages 145 et suivantes, rétablit la date du 9 thermidor, et raconte ainsi cette visite :

« Un des premiers soins de Barras, nommé général de la force armée et investi de l'autorité la plus illimitée, fut de se porter au palais de justice pour arrêter le départ des

berceau où vous me voyez au grand lit que voilà. Du reste, je ne dis point de mal de mes surveillants. » Et, en parlant ainsi, il me regardait et les regardait alternativement. « Et moi, m'écriai-je, je porterai de vives plaintes sur la malpropreté de cette chambre. »

« Je *montai chez Madame* ; la sienne était un peu moins indécemment tenue... »

Le récit de Marie-Thérèse de France est non moins précis :

« Tel était notre état, dit-elle dans le *Récit des événements arrivés au Temple*... quand le 9 thermidor arriva ; j'entendis battre la générale et sonner le tocsin ; je fus très inquiète. Les municipaux qui étaient

tombereaux chargés de victimes dont, chaque jour, le tribunal révolutionnaire encombrait l'échafaud. Il était avec son état-major au bas du grand escalier de la cour du Palais, près la grille de la Conciergerie, lorsqu'on accourut lui remettre un billet des membres du Comité de sûreté générale qui l'informait que les prisonniers du Temple (le fils et la fille de Louis XVI) avaient trouvé le moyen de s'évader ; que si cette nouvelle était fausse, elle prenait néanmoins beaucoup de consistance... »

Lombard de Langres reproduit alors, le tenant de Barras, un récit de la visite au Temple, absolument conforme à la relation ci-dessus.

La journée du 9 thermidor avait, en effet, déterminé la mise en circulation des bruits les plus étranges et M. d'Héricault, dans sa *Révolution de Thermidor*, rapporte que le Comité de Salut public avait envoyé dans les faubourgs des émissaires, colportant la nouvelle que Robespierre voulait rétablir la royauté et que la Commune de Paris cherchait à faire évader Louis XVII ; que des épées fleurdelysées auraient été trouvées sur le théâtre de la lutte, etc., etc...

au Temple ne bougèrent pas. Quand on m'apporta à dîner, je n'osai demander ce qui se passait ; enfin, le 10 thermidor, à six heures du matin, j'entendis un bruit affreux au Temple ; la garde criait aux armes, le tambour rappelait, les portes s'ouvraient et se fermaient. Tout ce tapage était occasionné par une visite des membres de l'Assemblée nationale, qui venaient s'assurer si tout était tranquille. J'entendis les verrous de la porte de mon frère qu'on ouvrait ; je me jetai hors de mon lit et j'étais habillée quand les membres de la Convention arrivèrent chez moi. Barras était du nombre ; ils étaient en grand costume, ce qui m'étonna, n'étant pas accoutumée à les voir ainsi, et craignant toujours quelque chose. *Barras me parla*, m'appela par mon nom, et fut étonné de me trouver levée ; on me dit encore plusieurs choses, auxquelles je ne répondis pas. Ils partirent, et je les entendis haranguer les gardes sous les fenêtres et leur recommander d'être fidèles à la Convention nationale. Il s'éleva mille cris de « Vive la République ! Vive la Convention ! » La garde fut doublée ; les trois municipaux qui étaient au Temple y restèrent huit jours. »

Nous venons de lire ce que Barras relate de cette visite au Temple et la confirmation de ses assertions par la fille de Louis XVI, mais là ne se borna pas son rôle, et c'est au cours de cette inspection ou de sa chevauchée à travers Paris qu'il assigna, pour le jour même, un rendez-vous au citoyen Laurent, l'un des membres du Comité révolutionnaire du Temple, qui faisaient partie de son cortège.

Ce Jean-Jacques-Christophe Laurent, alors

âgé de vingt-quatre ans, était un créole de la Martinique, connu de Joséphine, et recommandé chaudement par elle à Barras dont elle était l'amie. Mme de Beauharnais avait pu se convaincre que l'ardeur que témoignait cet homme pour les idées nouvelles s'alliait à une instruction sérieuse et à des manières distinguées et n'excluait pas de sa part les égards dus au malheur.

A ses yeux son jeune compatriote présentait donc les conditions désirables pour bien remplir les fonctions auxquelles elle le destinait. Laurent n'eut garde de manquer au rendez-vous.

« Nous avons disposé de vous sans vous consulter (1), lui dit le nouveau dictateur. Indépendamment des municipaux qui se relèvent de jour en jour à la tour du Temple et qui veillent à sa sûreté, il est bon que le gouvernement y possède un agent permanent, digne de toute sa confiance. Les Comités viennent, sur ma proposition, de vous nommer gardien des enfants de l'ex-roi ; ils comptent sur votre zèle et votre patriotisme. Demain vous recevrez votre commission. »

Elle lui parvint, en effet, à cette date et, le même jour, 11 thermidor an II (29 juillet 1794), Laurent prenait possession de son poste (2). Par ses soins, la chambre où était relégué le Dauphin fut nettoyée, purifiée de la vermine qui l'infestait

1. M. de Beauchesne, tome II, p. 219.
2. Archives nationales, carton E, n° 6208.

et, grâce à l'initiative de cet homme, l'enfant fut baigné, ses plaies pansées et ses cheveux coupés. Laurent avait obtenu des municipaux, dans ce but, l'aide d'un nommé Caron, employé aux cuisines, et de la mère Mathieu, brave femme occupée à la buvette du Temple.

Grâce à ces adoucissements la santé de l'enfant s'améliora promptement à ce point qu'il put, à plusieurs reprises, faire une promenade sur la plateforme de la tour, en compagnie de son nouveau gardien.

Le rôle destiné à cet homme, introduit par Barras auprès du prince, devait être considérable dans les évènements dont le Temple allait être le théâtre ; nous parlons de l'évasion du Dauphin. C'est à la fin d'octobre, et vraisemblablement dans la nuit du 31 octobre au 1er novembre, que se joua le premier acte de ce drame historique.

Mais, avant d'agir, l'agent de Barras avait dû s'entourer de minutieuses précautions, engourdir la surveillance dont il pouvait être l'objet, et aller même au devant des propos provoqués par les bruits vagues d'évasion du prisonnier, mis déjà en circulation à plusieurs reprises.

C'est dans ce but que Laurent, voyant ces rumeurs se propager dans le Temple, demanda aux Comités un collègue pour partager sa surveillance.

« Aujourd'hui, disait-il, que l'attention de la Convention se fixe sur le sort des enfants du tyran, qu'on parle de royalistes et que les mesures de précautions ne sauraient être portées trop loin, je crois devoir réitérer mes instances... *S'il arrivait en ce moment quelque évènement*, je ne pourrais pas vous en instruire. »

A cette date du 1ᵉʳ novembre, Laurent signale encore au Comité de Salut public que, d'après un rapport à lui fait par le citoyen Walnn, adjudant général de service, plusieurs citoyens de garde disaient qu'ils ne savaient pas *s'ils gardaient des pierres ou quelque chose*. « Ces propos, ajoute Laurent, n'ayant pas eu de suite, *j'ai cru ne pas devoir leur en donner*, et la garde a été descendue paisiblement. »

Ces démarches réitérées de Laurent, son insistance, ont enfin un résultat conforme au désir exprimé par lui et, le 18 brumaire an III (samedi 8 novembre 1794), le Comité de Sûreté générale, sur la présentation de la Commission de police administrative, prenait une décision, *signée* : Mathieu, Harmand, Reverchon, Barras, Bentabolle, Reubell et Montmayou, aux termes de laquelle elle adoptait et choisissait le nommé Gomin (aussi connu sous le nom de Commier), pour être *adjoint* à la garde du Temple. La section de police était chargée de l'appeler à son poste, ce qui fut exécuté dès le lendemain, ainsi que le constatent les registres de la Tour du Temple.

Retenons cette date (9 novembre) de l'entrée de Gomin au Temple (1). Mais, avant de relater les faits qui ont marqué son séjour dans la prison et ceux qui ont précédé immédiatement son arrivée, il convient de dissiper une erreur généralement répandue et qui consiste à représenter la tour du Temple comme un lieu absolument inaccessible à quiconque ne possédait mandat officiel pour y pénétrer.

Là, comme partout, on est forcé de reconnaître le rôle omnipotent de la clef d'or, et, si l'on examine attentivement la situation, un seul étonnement subsiste, à savoir que l'évasion de Louis XVII n'ait point été effectuée plus tôt qu'elle ne le fut, et par des moyens plus simples.

Nous ferons remarquer, tout d'abord, que le surcroît de tracassière surveillance roulante, obtenu par l'adjonction, aux gardiens en titre, d'un commissaire choisi parmi les membres civils des quarante-huit sections de Paris, pouvait sembler incommode, mais il était loin d'accroître les garanties cherchées contre une évasion possible.

Une pareille surveillance devait être du goût des hommes qui y voyaient une aggravation au

1. C'est, en effet, sur les dépositions faites sous le règne de Louis XVIII par cet homme et par son camarade Lasne, que nous verrons bientôt entrer en scène, que repose le roman de la mort du Dauphin au Temple. Tout ce qui a trai à ces deux bizarres témoins a son importance.

supplice des malheureux prisonniers, cela se comprend; mais quelle fût efficace, c'est ce que l'on ne saurait admettre. C'est, du moins, l'avis de Louis Blanc, qui dit dans son *Histoire de la Révolution Française* :

« ... La première singularité qui se présente est celle-ci : jusqu'au jour du déménagement de Simon (19 janvier 1794), l'enfant avait un gardien spécial. Tout à coup, sans que rien semblât nécessiter ce changement, le gardien spécial fut supprimé, et l'enfant abandonné pendant six mois (19 janvier-29 juillet) à la surveillance mobile de commissaires qu'on renouvelait tous les jours, comme si on eût voulu empêcher l'attention de se fixer sur le prisonnier. Précaution incompréhensible, à moins que leur but n'ait été d'empêcher l'enfant d'être vu. Et, en effet, il y avait à Paris quarante-huit sections, fournissant chacune six commissaires; c'était donc sur la tête de deux cent quatre-vingt huit personnes, la plupart de la plus basse extraction et n'ayant jamais vu le Dauphin, que reposait cette prétendue garantie imaginée par le Comité de Sûreté générale. »

Tous ces surveillants étaient loin d'être incorruptibles et il est constant, d'autre part, que la défense de s'absenter, qui était faite aux gardiens, s'observait fort singulièrement. Nous en avons pour garant M. de Beauchesne, en personne, qui nous raconte ce qui suit, d'après le témoignage de Gomin :

« L'adjonction de Gomin fut très profitable à Laurent, qui, jusqu'alors presque aussi esclave que l'avait été Simon, avait renoncé à ses goûts et à ses habitudes : l'arrivée d'un collègue lui rendait ce moyen de retourner parfois à ses fleurs ou à son club...

« Le commissaire *s'absentait quelquefois ;* Laurent lui-même *sortait presque tous les soirs*, le plus souvent pour aller au club...

« Un soir, le 22 ventôse an III (jeudi 12 mars 1795), se trouvant seul avec lui, *Laurent et le commissaire étant au club*, Gomin, toujours bon quand il n'était pas contraint, s'assit auprès du prince et lui proposa une lecture ou une partie de dames. »

Ce qui est plus grave encore et ce qui établit nettement comment était observée également l'inspection, prétendue si rigoureuse, à laquelle devaient être soumis plusieurs fois les visiteurs, nous l'emprunterons encore à M. de Beauchesne. Il publie, en effet (tome II, page 87), le document suivant, fort instructif et irrécusable :

COMMUNE DE PARIS   30 prairial de l'an II de la République
—   (18 juin 1794).
Direction du Temple

« Ce jour s'est présenté le citoyen Lelièvre, économe, lequel a déclaré que le fils du citoyen Gagnié, chef de cuisine, est à Paris depuis environ quinze jours, de retour de l'armée, et qu'il vient journellement chez son père, sans que l'on sache s'il y fait son domicile ; mais qu'il entre et sort avec une carte, le citoyen Lelièvre ignorant qui peut la lui procurer.

« A déclaré de plus que la mère ou la belle-mère du citoyen Gagnié logeant au même endroit, au lieu de sortir par la porte ordinaire donnant sur la rue du Temple, sort assez habituellement *par la porte des écuries*, laquelle devrait être fermée pour tout individu ; qu'*il suffit pour se faire ouvrir* cette porte des écuries *de frapper avec une pierre* de grès, qui se trouve posée sur une penture de la porte à gauche, au bruit de laquelle le citoyen Piquet, portier, vient ouvrir aussitôt.

« Les membres du Conseil, pour s'assurer du fait, se sont transportés dans ladite cour, à la porte qui conduit aux écuries ; et cherchant à se faire ouvrir en frappant à la susdite porte, deux citoyennes leur ont dit : « Il y a une pierre à gauche, frappez avec et l'on vous ouvrira. » Ce qu'ayant fait, ils entendirent le citoyen Piquet venir en disant : « C'est de nos gens » ; lequel ouvrit ladite porte.

« Étant entrés dans la cour des écuries, nous avons observé qu'il y a une porte sur la gauche, *qui procure une sortie sur l'enclos du Temple*, et par laquelle la mère ou la belle-mère du citoyen Gagnié, ainsi que la citoyenne Simon et d'autres personnes résidentes dans les mêmes lieux, se procurent le passage.

« Avons demandé au portier pourquoi il laissait sortir par cet endroit ; a répondu qu'anciennement on avait donné des cartes aux citoyens habitant les logements des susdites cours ; mais que *depuis longtemps on n'en donnait plus*, et qu'il n'avait point eu d'ordres d'empêcher les habitants de sortir par ce passage.

« Les membres du Conseil, considérant qu'au moyen de cette issue on pouvait éluder la surveillance, et mettre en défaut les mesures employées pour la sûreté du Temple,

« Arrêtent que de cet objet et autres mentionnés dans la présente délibération, il sera fait part au citoyen Maire et aux membres du parquet de la Commune, pour être, par qui de droit, avisé au moyen de prévenir les inconvénients qui pourraient résulter de ces défauts et abus dans les mesures de sûreté.

« LECLERC, LEGRY, LORINET. »

Bien mieux, les gardiens et autres employés du Temple ne se gênaient pas pour y recevoir leurs amis et connaissances. C'est toujours à M. de Beauchesne que nous allons faire un emprunt ; niant toute possibilité d'évasion, ses aveux sur le relâchement de la surveillance ne sont point suspects et sont bons à recueillir. Voici (tome II, 269 et 285) ce qu'il nous relate d'après les communications qu'il avait reçues de Gomin :

« En effet, dit-il, quatre jours après, Debierne (1) revint au Temple. Informé qu'une personne le demandait, Gomin alla le recevoir chez l'économe Liégard, *où les gardiens, en pareille circonstance, trouvaient une chambre pour causer.* Debierne apportait, avec une rayonnante figure, *différents petits jouets* pour le prince, entre autres un baguenaudier et un bilboquet d'ivoire.

« Il apportait aussi de bonnes nouvelles, qui faisaient espérer à Gomin qu'il y aurait un mou-

_____

1. Debierne était un agent des Vendéens.

ment prochain, et *que le prince passerait dans la Vendée* : « Les affaires vont bien, lui dit Debierne ; les Vendéens, qui manquaient d'argent, viennent de faire graver des bons payables au Trésor royal après la paix. Encore un peu de temps et ceux-là vaudront mieux que les assignats »... Debierne *n'était point la seule personne* qui, *du dehors de la tour*, entretenait des relations avec Gomin. Le marquis de Fenouil avait pour confident un nommé Doisy (son valet de chambre, peut-être) qui, de temps à autre, sous le manteau d'une vieille connaissance, venait voir ce brave homme, moins encore pour lui donner des *nouvelles de la Vendée* que pour lui demander *des renseignements sur l'état du jeune roi...*

Debierne revint *souvent* au Temple, sous le prétexte de voir Gomin, son parent supposé. Celui-ci, à ce titre, le *faisait entrer à la Tour, dans la salle du Conseil.* »

Il n'y a donc rien de surprenant à ce que, en dépit des précautions prises, le nombre ait été considérable des personnes étrangères au Temple qui ont pu pénétrer dans la tour, communiquer avec tel ou tel membre de la famille royale et, enfin, en ressortir sans encombre.

Citons quelques exemples et commençons par la déclaration de Joseph Paulin, ce maçon du Temple, dont nous aurons à reparler au sujet des évasions.

« Je venais de quitter le service, dit-il, et de me démettre du grade de sous-officier que j'avais dans l'armée, lorsque, en 1792, M. de Toulon, qui connaissait depuis longtemps mes opinions, et avec lequel j'avais quelques relations de famille, me fit entrer dans une association royaliste, où l'on s'occupait des moyens de sauver Louis XVI, alors enfermé au Temple.

« Le 26 septembre de la même année, jour auquel le roi devait être séparé de sa famille, les membres de l'association, réunis dans l'hôtel Caumartin, rue de Savoie, me demandèrent si je voulais me charger d'une mission qui consistait à pénétrer au Temple, et à remettre entre les mains du roi des lettres et de l'argent. J'acceptai cette mission, et me mis aussitôt en devoir de la remplir. Je savais que l'on faisait des travaux de maçonnerie dans l'appartement même que le roi occupait au Temple ; je pris le costume de manœuvre et fus me placer au lieu où je savais que le maçon chargé des travaux dont je viens de parler, avait coutume de prendre des ouvriers. Je ne tardai effectivement pas à être employé. Comme je contrefaisais l'imbécile, on ne se méfiait pas de moi. C'est de moi que Cléry veut parler dans ses *Mémoires* (1).

1. Voici le passage du *Journal* de Cléry, auquel fait allusion Paulin :

« Le trait suivant offre une nouvelle preuve de sa sensibilité (du Dauphin). Un tailleur de pierres était occupé à faire des trous à la porte de l'antichambre pour y placer d'énormes verrous ; le jeune prince, pendant que cet ouvrier déjeunait, s'*amusait avec ses outils* ; le roi prit des mains de son fils le marteau et le ciseau, lui montrant comment il fallait s'y prendre. Il s'en servit pendant quelques moments. Le maçon, attendri de voir ainsi le roi travailler, dit à Sa Majesté. « Quand vous sortirez de cette tour, vous

Introduit au Temple sous le costume de maçon, je pus, à l'aide de ce déguisement, parvenir à m'approcher du roi martyr... Outre les papiers dont on m'avait chargé pour Louis XVI, j'avais à lui remettre une somme de quarante mille francs que nous avions rassemblée ; j'en portais une partie sur moi, l'autre était cachée dans mes outils de maçon (1)... Tout-à-coup, au moment où je me hâtais de livrer cet argent au roi, on cria du bas de l'escalier : « Allons donc, manœuvre, allons donc ! »...

« J'étais dans la plus affreuse perplexité ; je n'avais

pourrez dire que vous avez travaillé vous-même à votre prison. » « Ah ! répondit le roi, quand et comment en sortirai-je ? » M. le Dauphin versa des larmes : le roi laissa tomber le ciseau et le marteau, et, rentrant dans sa chambre, il s'y promena à grands pas. »

Cléry peut n'avoir pas tout vu ou ne pas avoir voulu tout dire ; son manuscrit avait été soumis à Louis XVIII !

1. Notamment dans le manche creux de son marteau de maçon. Le rappel de cette particularité par le Dauphin, en 1835, contribua à la reconnaissance de ce prince par Paulin.

Une lettre de M. Geoffroy, ancien archiviste de Niort, confirme ainsi le fait :

« J'ai vu, en 1838, à Rouen, disait-il, un nommé Paulin, déjà très vieux, et pouvant à peine monter les échelles de la bibliothèque où il était employé. Ce fut lui qui s'introduisit comme faux maçon dans la prison de Louis XVI. Il m'a raconté sa coopération pour enlever du Temple un enfant substitué qu'il croyait être le Dauphin. Il avait agi sous la direction de Mme de Beauharnais, depuis impératrice Joséphine, et du général de Frotté. Entre autres détails donnés par ce Paulin, il me parla avec émotion de la visite que lui fit le prince, en 1835, avec un autre monsieur, et me dit avoir entendu de lui des paroles prononcées au Temple, et que l'enfant royal pouvait seul lui rappeler... »

encore remis au roi que deux mille écus en trois rouleaux d'or, et malgré ses instances pour m'obliger de descendre, je voulais m'acquitter entièrement de ma commission un nouvel appel ne m'en laissa pas le temps. « Partez, me dit le roi, partez, mon ami, ou vous êtes perdu; que Dieu veille sur vous! » Le roi me pressa dans ses bras... Je rassemblai mes outils à la hâte et je descendis à la hâte. J'oubliais de vous dire que c'était pour sceller des verrous à la porte du roi que j'avais été appelé. Le Dauphin était là. C'était un espiègle; il touchait à tous mes outils, et moi qui tremblais qu'il ne se blessât, je me fâchai pour le faire finir et le roi le gronda.

« Messieurs de Crosne et de Caumartin, qui m'avaient chargé de leurs lettres pour le malheureux roi, ne me voyant pas revenir, crurent que j'avais été découvert et arrêté; ils étaient dans une horrible inquiétude. Lorsque je les rejoignis à l'hôtel Mirabeau, rue de Seine : « Sauve-toi bien vite, me dirent-ils, ou tu vas être arrêté... on t'épie... »

« Effectivement, en regardant avec précaution par la fenêtre, j'aperçus un sergent du régiment Boulonnais, dans lequel j'avais servi. Je quittai promptement mon déguisement sans perdre un instant. M. de Crosne coupa ma barbe avec des ciseaux, et je m'esquivai, sans que personne se doutât que j'étais le maçon que l'on guettait »...

Nous avons dit plus haut qu'il ne fallait pas toujours faire fonds sur l'incorruptibilité des commissaires et surveillants, mais ceux-ci obéissaient parfois à de bons sentiments sous l'influence de mobiles plus nobles.

« Dans la prison même, disent MM. de Goncourt (1), le dévouement était auprès de la reine. Un officier de bouche de l'ancienne cour, l'homme qui avait déjà sauvé la vie à la reine, aux journées d'octobre, en lui ouvrant la porte secrète des petits appartements, Turgy, avait trouvé la grille du Temple ouverte quelques jours après le 10 août, et, de sa pleine autorité, avec la bonne fortune de l'audace, s'était installé au service de la famille royale. Ce fut le premier qui donna aux hôtes du Temple, non les nouvelles du dehors, mais quelques lambeaux de ces nouvelles. Aidé de Chrétien et de Marchand, employés comme lui à l'office du Temple, et comme lui jouant obscurément leur tête, il avait une adresse merveilleuse pour substituer, dans un tournant d'escalier, dans un passage noir, au bouchon d'une carafe de lait d'amandes vérifiée par les municipaux, un autre bouchon couvert d'avis écrits avec du jus de citron ou un extrait de noix de Galle (2) ».

Bien d'autres, enrôlés parmi les adversaires, se sont laissé toucher par les larmes de la reine, par

1. *Histoire de Marie-Antoinette*, par Edmond et Jules de Goncourt, page 407.

2. Turgy s'était installé de son initiative privée, mais plusieurs autres employés de Versailles ou des Tuileries avaient suivi le roi dans sa prison, tout naturellement et parce que le service des prisonniers, particulièrement celui de la table, avait été assuré assez largement. Il y en eut, parmi ces gens, dont le dévouement fut admirable, et nous en verrons les preuves au cours de ce récit.

la noblesse de son attitude. MM. de Goncourt en citent plusieurs : « Lebœuf, qui voudrait lui (au Dauphin) faire accorder les *Aventures de Télémaque;* Moille, qui ne consent pas à se couvrir devant la famille royale ; Lepitre, qui apporte à la reine l'hommage de ses romances et la pièce de l'*Ami des lois;* l'épicier Dangé, qui embrasse le Dauphin, en le promenant sur la plate-forme de la Tour; l'administrateur de la police de Paris, Jaubert; le maître maçon Vincent; l'architecte Bugnot, Michonis, un de ces commissaires enfin qui trahissent leur mission pour ne pas trahir l'humanité ».

Dans ce milieu où germaient de si chaudes sympathies pour la famille royale devaient éclore des projets d'évasion, et M. de Beauchesne nous en fournit la preuve en relatant celui du municipal Toulan (1), dont la conception suffit à démontrer péremptoirement que l'évasion des membres de la famille royale n'offrait pas les insurmontables difficultés que l'on s'est plu à énumérer. La tentative préparée par cet homme a inspiré à M. Paul Gaulot un volume (2) où se trouve exposé dans tous ses détails ce curieux complot qui faillit réussir, et qui ne manqua que par un concours de circonstances fortuites.

C'est à Toulan qu'appartient l'initiative de ce

1. *Louis XVII, son agonie, sa mort,* tome II, page 19.
2. *Un complot sous la Terreur. — Marie-Antoinette. — Toulan. — Jarjayes,* par Paul Gaulot.

plan (1). Toulan avait été captivé par l'attitude de la reine, par la gentillesse du Dauphin et, depuis la mort du roi, comprenant que le mouvement ne s'arrêterait plus, que les jours de Marie-Antoinette étaient menacés, peut-être à bref délai, il oublia son républicanisme pour n'écouter que ses sentiments ; désormais, dans son ardeur méridionale, il n'eut plus qu'une pensée : arracher à la mort ces femmes et ces enfants.

Il s'en ouvre à la reine et, avec sa faconde de Gascon, il l'a bientôt convaincue, enthousiasmée. Lui se charge de faire sortir les prisonniers du Temple, mais pour leur faire quitter Paris, franchir la frontière, il se déclare impuissant sans

1. « Un jeune homme, nommé Toulan, que je croyais, à ses propos, un des plus grands ennemis de la famille royale, vint un jour près de moi ; et me serrant la main : « Je ne peux, me dit-il avec mystère, parler aujourd'hui à la reine, à cause de mes camarades : prévenez-la que la commission dont elle m'a chargé est faite ; que dans quelques jours je serai de service, et qu'alors je lui apporterai la réponse. » Etonné de l'entendre parler ainsi, et craignant qu'il ne me tendit un piège : « Monsieur, lui dis-je, vous vous trompez en vous adressant à moi pour de pareilles commissions. » — Non, je ne me trompe pas, répliqua-t-il en me serrant la main avec plus de force, et il se retira. Je rendis compte à la reine de cette conversation. « Vous pouvez vous fier à Toulan, me dit-elle. » Ce jeune homme fut impliqué depuis dans le procès de cette princesse avec neuf autres officiers municipaux, accusés d'avoir voulu favoriser l'évasion de la reine quand elle était au Temple. Toulan périt du dernier supplice. »
(Mémoires de Cléry. Ed. Firmin-Didot, page 59).

l'aide de quelque ami extérieur. Il interroge Marie-Antoinette : n'a-t-elle pas cet ami? La reine, dont la confiance se fait entière, mais qui cependant voudrait l'avis d'un homme prudent et expérimenté, songe aussitôt à M. de Jarjayes, et le choix était bon.

.Le chevalier de Jarjayes, gentilhomme dauphinois, avait été, en 1791, nommé maréchal de camp par le roi; marié à une des femmes de chambre de la reine, chargé par Louis XVI de plusieurs missions secrètes (1), au dedans ou au dehors, auprès de Monsieur, en Piémont, auprès de Barnave. « Au 10 août, M. de Jarjayes avait accompagné la famille royale dans la loge du *Logotachygraphe*. Le roi mort, la reine au Temple, il resta : il attendait (2) ».

Son dévouement était absolu et il ne demandait qu'à le voir de nouveau mis à l'épreuve. Grand, toutefois, fut son étonnement, lorsqu'il vit entrer dans sa chambre un petit homme aux allures empreintes d'un indéniable sans-culottisme. Cet homme se jette aux pieds du général, s'accuse d'avoir participé aux événements dont gémit la

1. M. de Jarjayes avait déjà dû jouer en 1790 un rôle dans un plan d'évasion du roi, conçu par la *Société du Salon français;* il devait, avec MM. des Pommelles et de Chaponay, escorter Louis XVI, fuyant à francs étriers sur Lyon, de Fontainebleau où une partie de chasse serait organisée. Ce plan n'eut pas de suite. (H. Forneron, *Histoire générale des émigrés*).

2. *Mémoires* du baron de Goguelat.

famille royale et supplie M. de Jarjayes de s'entendre avec lui pour réparer, en tant qu'il est possible, ces maux, et pour délivrer la reine et les autres prisonniers du Temple.

Au gentilhomme, qui croit à un piège et se tient sur la défensive, il tend un billet d'une écriture qui lui est bien connue. Les lignes suivantes, que M. de Jarjayes parcourt rapidement, sont bien de la reine :

« Vous pouvez prendre confiance en l'homme qui vous parlera de ma part en vous remettant ce billet. Ses sentiments me sont connus : depuis cinq mois il n'a pas varié. Ne vous fiez pas trop à la femme de l'homme qui est enfermé ici avec nous. Je ne me fie ni à elle (c'était la femme Tison) ni à son mari (1) ».

La glace est rompue et la confiance s'établit aussitôt entre le général royaliste et le commissaire républicain, délégué par la Commune de Paris à la surveillance de la famille royale, prisonnière au Temple !

Chose remarquable, Toulan ne trahit pas son parti, il n'abandonne pas un atome de ses convictions révolutionnaires, il n'est mû par aucune pensée de récompense pour l'acte qu'il médite. Ce qu'il veut, c'est éviter un nouveau crime et arracher au bourreau des victimes innocentes : pour ce faire, il joue hardiment sa tête.

1. *Un complot sous la Terreur*, page 52.

2.

De cette première entrevue, il rapporte à la reine un mot du chevalier; quelques billets s'échangent ainsi, puis Toulan imagine un moyen de faire pénétrer M. de Jarjayes auprès de la reine.

« Sous prétexte de montrer le Temple et la reine captive à un de ses amis, patriote comme lui, il persuada à l'allumeur de quinquets de se laisser remplacer un soir, et celui-ci y consentit sans défiance. — Grâce à cette combinaison, M. de Jarjayes revêtit les sales vêtements de l'allumeur de quinquets; sous ce déguisement il s'introduisit dans la prison, et y remplit ses fonctions sans être reconnu (1). Ceci se passa le 6 ou 7 février, jour où Toulan fut de service au Temple. — Le général vit la reine quelques cours instants, mais elle eut le temps de lui confirmer de vive voix ce que ses billets lui avaient déjà appris. Elle lui recommanda de se fier entièrement à Toulan, d'écouter ses avis, et d'examiner avec attention les plans d'évasion qu'il lui proposerait (2). »

Fort émotionné de cette entrevue, où, s'il avait eu le bonheur de revoir sa souveraine, il avait eu la douleur de la contempler dans la triste condition que lui faisait sa captivité, le général put quitter sans encombre le Temple, plus résolu que

1. *Mémoires de Mme Campan*, tome Ier, page 218. Note.
2. *Un complot sous la Terreur*, par Paul Gaulot, page 77.

jamais à tout tenter pour sauver Marie-Antoinette.

Quant à Toulan, son plan était arrêté dans sa pensée, mais il lui fallait un second parmi ses collègues : la reine lui désigna Lepitre qui avait en plusieurs circonstances, lorsqu'il n'était pas surveillé par ses collègues, fait montre de ses sentiments de fidélité. Cet homme, ancien professeur de rhétorique à Lisieux, était, en effet, royaliste et la prudence seule lui avait fait afficher des opinions republicaines. Tout en se maintenant dans les limites d'un sage modérantisme, il avait capté la confiance de la Commune, s'était fait attacher au Temple, tout en demeurant président du comité des passeports. « Comme tel, dit M. Paul Gaulot, son concours devenait plus que précieux, indispensable. »

Toulan s'ouvrit à lui, et, dès les premiers mots, Lepitre prit feu, puis, la réflexion venant, il songea à son avenir compromis et fit mine de battre en retraite ; mais il avait laissé deviner qu'une indemnité lèverait ses scrupules et, au point où en étaient les choses, il n'y avait pas à hésiter, il fallait en passer par là. La reine écrivit donc à Jarjayes que cet homme est « absolument nécessaire et qu'il faut l'avoir ».

Jarjayes alors jugeant imprudent de mettre encore une nouvelle personne dans la confidence et de demander des fonds à M. de la Borde, ainsi que le lui mande la reine qui ajoute qu'il « *a de l'argent à elle* », préfère risquer sa fortune comme il risque sa vie, et répond qu'il se charge de tout.

Marie-Antoine se rend à ces raisons et écrit au chevalier :

« En effet, je crois qu'il est impossible de faire aucune demande dans ce moment près de M. de la B. .. (Borde). Tout aurait de l'inconvénient, il vaut mieux que ce soit vous qui finissiez cette affaire par vous-même, si vous pouvez. J'avais pensé à lui pour vous éviter l'avance d'une somme si forte pour vous. »

Le général s'aboucha avec Lepitre, et fit le nécessaire pour lever ses dernières hésitations. Le professeur, rassuré sur le préjudice matériel que sa participation pouvait lui faire encourir, se mit à la disposition des conjurés, et leur offrit même son logement pour y tenir leurs réunions.

Informé de ce résultat, la reine en témoigna aussitôt sa satisfaction au généreux chevalier :

« T... (Toulan) m'a dit ce matin que vous aviez fini avec le comm... (commissaire). Combien un ami tel que vous m'est précieux ! »

Mais elle ne put s'empêcher d'établir une comparaison entre Lepitre, qui recevait une fortune, et Toulan, qui méritait infiniment plus et qui ne recevait rien. Elle s'en ouvrit à Jarjayes :

« Je serais bien aise que vous pussiez faire quelque chose pour T... (Toulan). Il se conduit trop bien avec nous pour ne pas le reconnaitre. »

Toulan n'était pas un Lepitre. Aussi désintéressé qu'il se montrait sensible et dévoué, il ne voulut rien accepter de la reine, si ce n'est une boîte en or dont elle faisait quelquefois usage (1).

« Funeste à ses meilleurs amis, la reconnaissance de Marie-Antoinette devait avoir dans la suite de singulières conséquences, et cette boîte même devenir contre son possesseur la base de la plus terrible accusation... » (2).

Si curieux que puissent être ces détails, nous ne pouvons nous y arrêter longtemps. Résumons donc le plan concerté entre les conjurés. Il consistait à revêtir la reine et Madame Elisabeth de costumes de commissaires, leur large écharpe en sautoir et, ainsi déguisées, dissimulées sous de larges douillettes autorisées par la saison (l'évasion devait s'effectuer dans les premiers jours de mars), les princesses auraient aisément, munies des cartes qui leur avaient été procurées, franchi les portes sous l'escorte de Lepitre et de Toulan. Pour Madame Royale, le rôle de l'allumeur de quinquets devait être joué une fois de plus comme il l'avait été par Jarjayes. Cet homme était souvent accompagné de un ou deux de ses

1. *Précis*, par le baron de Goguelat, page 77.
2. *Un complot sous la Terreur*, pages 98 et 99.

enfants et Ricard (1), un ami de Toulan, songea à utiliser ce fait. L'allumeur arrivait à 5 heures et était parti à 7 heures lorsqu'on relevait les sentinelles. A ce moment arrivait Ricard, revêtu d'un costume pareil à celui de cet homme, tandis que la jeune princesse attendait habillée comme l'un de ses enfants.

Toulan, feignant la colère, grondait le faux allumeur, le tançait de s'être fait remplacer par son enfant et leur enjoignait à tous deux de déguerpir.

Restait le petit prince, et l'on avait décidé, après bien des débats, que Turgy, le dévoué officier de bouche, l'emporterait dans sa corbeille, ce qui pouvait se faire tout naturellement. L'enfant royal, qui n'avait pas encore huit ans, était mince, chétif même, d'un poids léger, et sa taille ne mesurait guère plus d'un mètre, ainsi que le constatait une inscription laissée par Marie-Antoinette sur les murs de leur prison :

> *27 mars 1793...*
> *Trois pieds deux pouces* (1.026)

Turgy accepta cette mission avec joie » (2).

Toulan et Lepitre avaient adopté les premiers

1. Ce Ricard était un quatrième conjuré dont on sait en somme peu de chose, bien que son intervention soit affirmée par Lepitre et par Turgy dans les Souvenirs écrits par eux.
2. *Un complot sous la Terreur*, page 113.

jours du mois de mars pour époque de l'évasion comme devant être ensemble de service au Temple, et tous les détails de l'opération étaient calculés heure par heure.

Tison et sa femme, grands amateurs du tabac d'Espagne que leur prodiguait Toulan, devaient être par ce moyen endormis avec un violent narcotique.

Dès que le sommeil aurait agi, la reine devait sortir avec Lepitre. Un peu après sept heures, Ricard, porteur de sa boîte de fer-blanc, emmenait Madame Royale. Puis, Turgy enlevait le jeune roi; enfin, Toulan resté le dernier, partait avec Madame Elisabeth.

Au dehors, par les soins de M. de Jarjayes trois cabriolets, dont les relais étaient organisés jusqu'à un point de la côte, où un bateau les attendait, transportaient rapidement les fugitifs.

L'instant était favorable, les barrières restaient encore ouvertes et seul quelque incident imprévu, cette pierre d'achoppement de tant de complots, pouvait faire avorter celui-ci dont tous les détails avaient été méticuleusement combinés.

Ce fut Lepitre, auquel le cœur manqua au dernier moment, qui assuma la responsabilité de l'insuccès, en apportant de jour en jour de nouveaux délais à l'exécution jusqu'au moment où les circonstances se modifiant, où de nouvelles mesures de précaution surgissant, l'évasion sous cette forme devint impossible, au grand désespoir surtout de Toulan et de Jarjayes (1).

Pour ces deux fidèles, l'avortement de leur projet était une incitation à trouver autre chose, et ils imaginèrent aussitôt un moyen de faire évader la reine mais celle-ci, qui avait d'abord refusé de recouvrer seule la liberté, puis cédé enfin aux sollicitations de ses sauveurs, aux prières de Madame Elisabeth, finit par opposer un refus formel à cette pensée de séparer son sort de celui de ses enfants.

Voici la lettre par laquelle la reine prévenait Jarjayes de son irrévocable détermination. (L'original fut remis, en 1873, à Mgr le Comte de Chambord) :

« Nous avons fait un beau rêve, voilà tout ; mais nous y avons beaucoup gagné en trouvant encore dans cette occasion une nouvelle preuve de votre entier dévouement pour moi. Ma confiance en vous est sans borne, vous trouverez dans toutes les occasions en moi du caractère et du courage, mais l'intérêt de mon fils est le seul qui me guide et quelque bonheur que

1. On lit à ce propos dans *Louis XVII*, par M. de Beauchesne :

« Le 8 mars 1793 était le jour fixé pour l'évasion. Or, le 7, il y eut dans Paris un soulèvement général, excité, d'une part, par la rareté des subsistances, et de l'autre, par les nouvelles des progrès rapides de l'étranger. Les agitateurs demandèrent à grands cris la clôture des barrières pour empêcher la sortie des suspects, et la Commune suspendit la délivrance des passeports pour l'étranger.

« Dans ces conditions il y avait folie à tenter l'aventure et le projet fut abandonné... »

j'eusse éprouvé à être hors d'ici, je ne peux pas consentir à me séparer de lui. Au reste, je reconnais bien votre attachement à tout ce que vous m'avez écrit. Comptez que je sens la bonté de vos raisons pour mon propre intérêt, et que cette occasion peut ne plus se rencontrer, mais je ne pourrais jouir de rien en laissant mes enfants, et cette idée ne me laisse pas de regret » (1).

En confiant ces lignes à Toulan, ignorante des projets qui continuaient à germer dans l'esprit d'autres de ses partisans, la reine se condamnait à la mort, et son action est d'une indéniable grandeur (2).

Des nombreux projets, éclos alors, nous en citerons encore un, le plus remarquable peut-être par la hardiesse de la tentative et surtout par le grand nombre d'hommes qui y participèrent.

Le chef de cette nouvelle entreprise, dont on

---

1. *Un complot sous la Terreur*, pages 140.

2. Quant à Toulan, ce ne devait pas être la dernière fois qu'il témoignât de son absolu dévouement pour la reine, en attendant que seul de ses complices du Temple il portât sa tête sur l'échafaud.

Louis XVI, la veille de son supplice, avait chargé Cléry de remettre à la reine son anneau de mariage, son cachet et un petit paquet renfermant des cheveux de Marie-Antoinette, de Mme Elisabeth, de Marie-Thérèse et du Dauphin. La Commune, toujours tracassière, s'était opposée à l'exécution de cette dernière volonté du roi et par une délibération du 21 janvier 1793 elle confia ces objets à Cléry. Cléry ayant bientôt quitté le Temple, la Commune se fit représenter le dépot à lui confié, et le fit alors mettre sous scellé. Le cachet, à trois faces, portait sur l'une l'écusson

trouve l'exposé détaillé dans le livre de M. de Beauchesne, était ce même baron de Batz, qui avait risqué si audacieusement sa vie en cherchant à enlever Louis XVI, alors qu'on le conduisait à l'échafaud (1).

M. de Batz s'était lié avec Michonis, qui, non moins dévoué, mais plus habile à dissimuler que Lepitre et Toulan, avait traversé sans se compromettre les circonstances les plus difficiles, et s'était toujours justifié des soupçons élevés contre lui ; ils convinrent d'enlever de sa prison la malheureuse Marie-Antoinette et le Dauphin.

Le gîte le plus habituel et peut-être le plus sûr du baron de Batz, était chez Cortey, épicier, rue de la Loi, réputé pour son civisme, et capitaine commandant de la garde nationale de la section Lepelletier. Cortey était lié aussi avec Chrétien, l'un des jurés du tribunal révolutionnaire , et

de France, sur la deuxième le chiffre *L. L.* et sur la troisième une tête casquée.

Lorsque Marie-Antoinette eut définitivement repoussé toute tentative d'évasion, elle manifesta à Toulan le désir de revoir ces objets et de les envoyer à Monsieur. Toulan, sans hésitation, s'introduisit au lieu où ils étaient renfermés, rompit les scellés et remit le tout à la reine, puis ensuite à M. de Jarjayes qui exécuta auprès de Monsieur et du comte d'Artois le message de la reine.

Le larcin, lorsqu'il fut découvert, causa quelque émoi, bientôt calmé, car il fut attribué, le cachet étant garni d'or, à un vol ordinaire. Toulan ne fut pas soupçonné.

1. M. Gaulot annonce, sur ce sujet, la publication prochaine d'un ouvrage qu'il intitulera : *Pour sauver la reine.*

dont l'influence était toute puissante dans les comités de cette section. Ce fut grâce à lui que Cortey fut compris au nombre des chefs de poste auxquels était confiée la garde du Temple, lorsqu'un détachement de leur bataillon y faisait partie de la force armée.

A couvert sous la bonne renommée révolutionnaire de son hôte, et caché dans le fond de sa maison, le baron de Batz lui confia ses projets, et prit, de concert avec Michonis et lui, toutes les mesures relatives à l'exécution. Après cette ouverture, la première fois que Cortey fut de garde au Temple, Batz lui demanda de le comprendre, sous un nom supposé, dans la liste des hommes que sa compagnie fournissait à ce poste, afin qu'en s'introduisant ainsi dans la tour, il put se faire au préalable une idée exacte des localités. L'officier se prêta à son désir ; il l'inscrivit, sous le nom de Forget, au contrôle des hommes de service, et le fit ainsi pénétrer dans le Temple où il monta la garde. Il fallait, aussi, pour l'exécution du plan arrêté, attendre que le tour de garde de Cortey coïncidât avec le tour de service de Michonis... Batz profita de ce moment pour *s'assurer*, conjointement avec son hôte, d'une *trentaine d'hommes de la section* dont ils avaient l'un et l'autre entrevu les sentiments, apprécié le caractère ou éprouvé la discrétion. La bonhomie de Cortey séduisit les uns, la parole flatteuse de Batz entraîna les autres. Michonis, avec sa prudence habituelle, ne parut point de sa personne dans ce périlleux embauchage.

Le jour attendu arrive. Tout le monde est à son poste et le service a été combiné de telle sorte que, de minuit à deux heures du matin, des hommes sûrs sont de faction ou de patrouille. Michonis est de service dans l'appartement de la reine et des capotes d'uniforme sont sous la main. Les princesses doivent en être revêtues et, l'arme au bras, elles seront incorporées dans une patrouille, au centre de laquelle on dissimulera l'enfant royal...

Au dernier moment, tout manque! Le garde municipal Simon, sur une dénonciation réelle ou simulée, jette l'alarme parmi les conjurés (1). De Batz voudrait néanmoins tenter un coup de force, mais il y renonce, sur l'observation qui lui est faite que l'on n'est sûr que du poste extérieur et que dans la lutte inévitable qui s'engagerait avec le poste intérieur, des coups de feu seraient tirés, amenant du renfort et qu'il s'en suivrait peut-être le massacre de la famille royale. Le baron cède alors et Cortey le fait sortir du Temple dans une patrouille qu'il envoie au dehors. Michonis, dénoncé, fut aussitôt mandé à la Commune où il se rendit, mais il se défendit si adroitement que « le Conseil demeura convaincu que, si, avec son

1. Simon, en reconnaissant Cortey, s'écria : « Si je ne te voyais pas ici, je ne serais pas tranquille. »

humeur inquiète, Simon était capable de rêver un complot, Michonis avec son franc caractère était incapable d'en former un. »

Les mesures extérieures avaient été prises avec le plus grand soin et on doit reconnaître qu'il ne tint qu'à bien peu de chose que l'évasion ne se réalisât cette nuit-là.

Du moment que cette possibilité a existé et elle est démontrée par ce qui précède, ce qui devient extraordinaire, nous le répétons, n'est plus que des gens dévoués à la cause du jeune prince aient pu réussir à le faire évader de sa prison, mais, au contraire, qu'ils ne soient point parvenus à accomplir plus tôt leur projet.

CHAPITRE II

Le Temple, nous venons de le voir, était infiniment plus accessible qu'il n'est généralement admis, mais ce qui était plus redoutable pour la royauté que les verrous et les gardiens auxquels était confiée la surveillance de la famille de Louis XVI, c'était le défaut d'unité de direction du parti royaliste, les dissensions qui le divisaient, les intrigues ourdies par les frères du roi.

L'éducation du roi et de ses frères avait été déplorablement faussée, et abandonnée par la coupable faiblesse de Louis XV à la direction et aux intrigues des courtisans. A ces princes appelés à vivre dans une époque où tout allait être bouleversé, il aurait fallu une éducation virile, toute militaire et leur rappelant chaque jour qu'ils avaient Henri IV pour aïeul.

A Louis XVI, grand amateur de chasses et d'exercices du corps, une direction pareille eut convenu. Mais, dit Forneron (1), « ces dons (instincts de l'autorité et qualités du commandement) s'acquièrent quelquefois par les habitudes militaires : dans la crise qui se préparait, il fallait une décision énergique pour sauver les institutions nécessaires ; le prince destiné à dominer cette noblesse frivole et martiale devait être un militaire ; chez tout homme d'Etat, quelques-unes des qualités du soldat sont indispensables : chez Louis XVI, l'ardeur guerrière avait été refrénée avec aveuglement par une éducation monastique qui avait faussé ses qualités sérieuses. »

Au duc de La Vauguyon, son gouverneur, remonte une grande part de responsabilité dans le déraillement de la Révolution française ; c'est à lui, à la dévotion étroite et mesquine inculquée à son royal élève, à ses efforts systématiques pour étouffer en lui toute turbulence, toute chaleur d'âme, toute tendresse extérieure, qu'il convient d'attribuer la timidité de Louis XVI, son éloignement primitif pour sa jeune épouse ; le comte de Provence était là, d'ailleurs, toujours prêt à faire tourner à son profit chaque inhabileté de son frère.

1. *Histoire générale des Émigrés*, t. I, p. 47,

Le comte de Provence n'avait pas eu une éducation plus virile, mais il avait esquivé l'ascétisme pour se livrer aux pédants et il eut fait triste figure à la tête d'étincelants escadrons (1).

Quant au comte d'Artois, d'un extérieur plus gracieux, mais aussi peu instruit au métier des armes que ses aînés, il passait en revue les jeunes officiers de l'école militaire « en habit de soie vert pomme, une bourse noire derrière la tête (2) », et il ne se distinguait que par une ridicule anglomanie. Cela n'empêcha pas ce prince d'aimer à se montrer et ce goût le conduisit au siège de Gibraltar, où il brilla peu, à sa pitoyable parodie de duel avec le duc de Bourbon, et enfin à cette triste équipée des côtes de Bretagne qui provoqua la sanglante lettre de Charette à Louis XVIII : « *La lâcheté de votre frère a tout perdu !* »

Le comte de Provence, on le sait, n'avait pas attendu l'emprisonnement de sa famille et le triomphe de la Révolution pour manifester la soif de pouvoir dont il était possédé, et pour préparer, par ses intrigues de cour, par ses propos venimeux, si habilement semés, la réalisation de ses abominables espérances.

La reine Marie-Antoinette pressentait de lon-

1. Le comte d'Hézecques écrivait de lui (*Souvenirs*, p. 54) : « Monsieur avait un tempérament malsain, jamais prince n'eut une démarche plus disgracieuse ».
2. Vaublanc, *Souvenirs*, t. I, p. 69.

gue date le caractère ambitieux de son beau-frère, lorsqu'elle s'exprimait ainsi en écrivant à la princesse de Lamballe :

« Soyez sûre (1), ma chère Lamballe, qu'il y a dans ce cœur-là plus d'amour personnel que d'affection pour son frère et certainement pour moi. *Sa douleur a été toute sa vie de ne pas être né le maître;* et cette *fureur* de se mettre à la place de tout, n'a fait que croître depuis nos malheurs, qui lui donnent l'occasion de se mettre en avant. »

Se « mettre en avant, » M. le comte de Provence ne s'en est assurément point fait faute, alors du moins que cette attitude pouvait être prise sans faire courir de trop gros risques ; mais, où ce prince excellait surtout, c'est dans les correspondances secrètes et dans les sourdes machinations dont il savait adroitement tenir les fils.

Sa main se retrouve dans tous les malheurs qui ont fondu sur la famille royale, dans tous les insuccès qui ont marqué ses tentatives, et peut-être aussi dans l'avortement du voyage de Varennes dont seul il avait eu confidence.

Partout apparaissent les traces des menées criminelles du correspondant de Robespierre (2)

---

1. Cette lettre, qui appartient à la collection Feuillet de Conches, fut trouvée sur le cadavre de Mme la princesse de Lamballe, le 3 septembre 1793.

2. On lit dans une lettre écrite par M. le marquis de Champagne à un de ses amis (27 août 1818) :

« Vous me demandez des détails sur le conventionnel

et de Marat, qui, une fois monté sur le trône, servait une pension de mille écus à la sœur de Robespierre, tandis qu'il laissait dans la misère les veuves des Vendéens, morts en combattant pour la cause royale!

De la part de l'homme qui, en apprenant que

Courtois, mort à Bruxelles depuis l'exil des principaux régicides... Courtois se fit désigner par la Convention pour faire le rapport sur les papiers trouvés chez le dictateur; il devint par ce moyen le confident de tous les personnages qui avaient été en correspondance avec Robespierre. J'ai entendu souvent Courtois dire que, dans le dépouillement des papiers, il avait trouvé plus de lettres de chefs royalistes pour entamer des négociations qu'il n'avait lu de dénonciations des révolutionnaires.

« A l'époque du 18 fructidor, je lui parlai de la possibilité de voir revenir les princes et Louis XVIII à leur tête. Il me répondit : « *Croyez-vous que Louis XVII soit mort? Et connaissez-vous le véritable auteur de la Révolution?* J'ai vu tous les papiers de Robespierre et si vous connaissiez tout ce que je sais, vous ne parleriez pas de Louis XVIII comme de l'héritier du trône : Robespierre a été son principal agent... Et il ajouta, en citant ce vers de Corneille:

Hérite-t-on, Seigneur, de ceux qu'on assassine?

Sous la Restauration, Louis XVIII se souvint que Courtois, retiré à Remblusin (Lorraine), où il cherchait à se faire oublier, avait vu, dans les papiers de Robespierre, des autographes royaux, dont il avait bien dû conserver quelques-uns. Il le fit saisir une belle nuit, jeter à la frontière belge et dépouiller de nombreux papiers qu'il tenait cachés dans son matelas. Courtois lui-même n'avait pas tout vu, car, d'après le rapport de Rovère, dans la séance du 20 frimaire an III, beaucoup de pièces avaient disparu après le 9 thermidor.

la tête du roi son frère vient, le 21 janvier 1793, de rouler sur l'échafaud, ose écrire de Hamm (1) : « *Enfin, le grand coupable est frappé !* » rien ne saurait étonner, et ce qui, au contraire, aurait lieu de surprendre grandement, serait que M. le comte de Provence eut favorisé l'évasion d'un jeune prince, dont la sortie de prison lui devait enlever cette couronne si ardemment convoitée et rendre stériles tant de forfaits déjà perpétrés.

Dans cette œuvre d'usurpation, depuis long-temps impitoyablement poursuivie par celui qui devait porter dans l'histoire le nom de Louis XVIII, il n'était que trop bien secondé par les révolutionnaires, d'abord, puis aussi par certains royalistes, dont tous n'étaient pas mus uniquement par un sentiment de fidélité au trône.

C'est d'ailleurs l'histoire de toutes les révolutions où chacun cherche à faire ses affaires, et, souvent, le royalisme était un moyen. Ce que

1. Dans ses *Mémoires*, Barère résume de cette façon la lettre écrite au comte d'Artois par Monsieur (datée de Hamm (Westphalie), le 28 janvier 1793), et dont le texte intégral est ceci :

« C'en est fait, mon frère, *le coup est porté*. Je tiens dans mes mains la nouvelle officielle de la mort du malheureux Louis XVI, et je n'ai que le temps de vous en instruire. L'on m'apprend aussi que son fils s'en va mourir. En donnant des larmes à nos proches, *vous n'oublierez pas de quelle utilité pour l'État va devenir leur mort.* Que cette idée vous console, et pensez que le grand-prieur, votre fils, est, après moi, l'espoir et l'héritier de la monarchie. »

LOUIS-STANISLAS-XAVIER.

beaucoup voulaient c'était fonder sur les ruines de l'édifice renversé, un régime à l'abri duquel on pût satisfaire ses ambitions et ses convoitises.

Aussi, pour ces royalistes pressés de jouir, et qui encombraient le Directoire, le Conseil des Cinq-Cents, celui des Anciens, en s'y livrant à mille intrigues, un enfant-roi n'eut été qu'un embarras.

Comment, en de semblables circonstances, un prince sans cœur et sans conscience (1), rêvant la plus odieuse des usurpations, n'eut-il pas réussi dans ses criminels desseins? Alors qu'il s'appuyait, d'une part, sur des courtisans avides qui pensaient provoquer par leur complicité la réalisation prochaine de leurs espérances de fortune; et, de l'autre, sur cette masse flottante des ambitieux en place, désireux de s'assurer, de cette façon, un pied dans chaque camp, et, en cas d'une restauration monarchique, l'impunité acquise à leurs méfaits antérieurs...

Quant à Louis XVII, la condamnation à mort, implicitement prononcée contre lui par la Con-

1. Le marquis de Villeneuve, dans ses *Mémoires*, récemment publiés, cite une lettre à lui adressée par le comte de Montgaillard contenant l'appréciation suivante sur Louis XVIII : « Mais un mot encore sur le premier des assassins de Louis XVI *l'imbécile*. Quel monstre que ce roi de Hartwell et de Gand! Achille, une plume à la main, Thersite, l'épée au poing, espèce de Tibère, de Vitellius académicien. »

vention quand elle livrait sa frêle jeunesse à la brutalité de ses geôliers, avait été virtuellement acceptée au dehors par les ambitieux désireux de recueillir ses dépouilles. *Leur siège était fait* et l'évasion de Louis XVII ne pouvait que créer des *embarras* (1) dans sa famille, déjouer les combinaisons adoptées, amener en un mot une perturbation trop complète pour être tolérée.

La nier était plus simple et c'est ce qui fut fait.

La mort de l'enfant était officiellement annoncée et le prince qui allait devenir Louis XVIII s'était depuis trop longtemps affermi dans ses pensées d'usurpation, pour ne point accepter avec joie cette *mort civile* qui lui laissait le champ libre.

Son aïeul, Louis XV, avait bien pressenti cette ambition féroce lorsque, apprenant que Mme la comtesse de Provence pourrait bien ne pas avoir d'enfants, il s'était écrié : « Tant mieux, *l'ambition du Provençal ne pourra du moins se porter que sur lui-même.* »

L'avenir ne devait que trop justifier ces tristes pronostics. Louis XVI, à peine monté sur le trône, s'était vu en butte aux sourdes attaques

1. *Déjà l'on commence à faire courir le bruit que le petit roi Louis XVII n'est point mort.* NOUVEL EMBARRAS, *si ce bruit,* VRAI OU FAUX, *prenait un peu de consistance...* (Lettre du duc de Bourbon au prince de Condé, 16 novembre 1799, citée par Crétineau Joly).

Ces paroles, tristement significatives, en disent long!

d'une conspiration permanente, tendant à le discréditer dans l'esprit de la nation, et à la tête de cette conspiration se trouvait le comte de Provence.

Madame la marquise de Broglio-Solari, dans ses curieux Mémoires (1), dévoile une partie des intrigues de Monsieur, s'efforçant d'éloigner son frère de sa jeune épouse et rêvant de l'amener à faire prononcer la nullité de son mariage.

Aussi, son désappointement fut-il cruel, lorsque Marie-Antoinette, au bout de huit années de mariage, mit au monde une fille, Madame Royale.

La naissance d'un Dauphin, puis d'un deuxième fils (Louis XVII), en renversant son plus cher espoir, vint porter à son comble la rage qui le dévorait, et Monsieur n'eut plus qu'une pensée, déshonorer la reine. Aussi, voit-on bientôt caricatures et pamphlets infâmes déverser la honte

1. Mme de Solari était Anglaise; née Hyde, d'une branche collatérale des comtes de Clarendon, elle devint orpheline de bonne heure, fut élevée à Paris dans un collège irlandais et attachée, très jeune, comme dame d'honneur, à Mme la princesse de Lamballe. Mariée secrètement à un Anglais avec lequel elle divorça promptement, elle épousa à Venise, après la mort de la reine et de Mme de Lamballe, le marquis de Broglio-Solari. Devenue veuve, elle mourut à Londres, dans une situation assez précaire, ne vivant que d'une maigre pension que lui servait l'Autriche, mais néanmoins fort entourée et en correspondance avec tous les hauts personnages de l'Europe. Elle a laissé des lettres et deux volumes de Mémoires sur la princesse de Lamballe.

sur l'*Autrichienne* et la vouer à la haine et au mépris du peuple (1).

Le triste rôle joué par le comte de Provence dans la scandaleuse affaire du collier est connu de tous, mais cet homme devait aller plus loin encore dans sa haine, et s'efforcer de jeter des doutes sur la légitimité de la naissance des enfants de son frère.

On lit, en effet, dans le *Morning Chronicle* du 25 janvier 1833 :

« Dans une enchère publique, on a vendu une lettre de Louis XVIII, écrite de sa propre main au duc de Fitz-James, pour lui rappeler qu'il avait, depuis six semaines, remis entre ses mains les preuves incontestables que les enfants de Louis XVI n'étaient pas de ce monarque. Il le presse de présenter à ce sujet une motion à l'Assemblée des Notables, dont lui-même sera absent, mais à laquelle assistera son frère, le comte d'Artois. Il ajoute que ses démarches seront peu agréables au roi, qui est le jouet de sa femme ; il finit par poser cette question d'une manière très significative : « *Mérite-t-il de régner ?* » Cette lettre autographe a été achetée, comme pièce historique très importante, par MM. Treuttel et Wurtz.

Le comte de Provence écrivait beaucoup, mais

1. *Mémoires historiques et politiques*, par Soulavie, vol. II.

si ses lettres lui ont servi souvent à mettre en mouvement ses nombreux agents, elles ont eu, en revanche, l'inconvénient de laisser fréquemment des traces de ses monstrueuses intrigues.

Tel est le cas, notamment, de celle qu'il écrivait le 1ᵉʳ décembre 1789 au marquis de Favras, un de ses familiers :

« Je ne sais, Monsieur, à quoi vous employez votre temps et l'argent que je vous envoie. Le mal empire, l'Assemblée détache toujours quelque chose du pouvoir royal. Que restera-t-il si vous différez ? Je vous l'ai dit et écrit souvent ; ce ne sont point avec des libelles, des tribunes payées, quelques malheureux groupes soudoyés, qu'on parviendra à écarter Bailly et Lafayette. Ils ont excité l'insurrection parmi le peuple, il faut qu'une insurrection les corrige à n'y plus revenir. Ce plan a en outre l'avantage *d'intimider la nouvelle cour et de décider l'enlèvement du* SOLIVEAU. Une fois à Metz ou à Péronne, *il faudra bien qu'il se résigne.* Tout ce qu'on veut est pour son bien. Puisqu'il aime la nation, il sera enchanté de la voir bien gouvernée. Renvoyez au bas de cette lettre un reçu de 200,000 livres. »

« LOUIS-STANISLAS-XAVIER. »

On le voit, enlever le roi, le forcer à déposer la couronne, et prendre enfin lui-même les rênes du gouvernement, tel était le plan de M. le comte de Provence.

Le complot échoua ; Monsieur en fut quitte pour désavouer et laisser pendre le malheureux Favras.

M. Feuillet de Conches, dans son livre : *Louis XVI, Marie-Antoinette et Madame Elisabeth,* tome III, pages 471 et suivantes, dit, avant de donner cette curieuse pièce :

« La lettre qui suit a été d'abord imprimée par Louis Blanc (longtemps après M. de La Barre), page 160 du tome III de son *Histoire de la Révolution française*. Il l'avait copiée sous les yeux de M. Monkton-Milnes, aujourd'hui lord Houghton, pair d'Angleterre, secrétaire de la Société du Philobiblion de Londres, qui la possède dans sa collection de documents historiques. Lord Houghton l'a publiée de nouveau dans l'un des volumes de *Mélanges* de cette Société de curieux avec une lettre interceptée de Marie-Antoinette au comte de Mercy, en date du 12 août 1791. La lettre du comte de Provence paraît avoir été écrite en encre sympathique et porte, dans le bas, ces mots d'une autre main et à l'encre rouge : *Papiers secrets.*

Parlant ensuite de la mort du marquis de Favras, M. Feuillet de Conches ajoute :

« Le Luxembourg (le comte de Provence), loin de se glisser dans la mêlée en faveur de Favras, attendait avec une mortelle anxiété d'être délivré d'une menace d'épée de Damoclès par le dénouement. Il avait envoyé un affidé, le comte, puis duc de la Châtre, au lieu du supplice, pour s'assurer si la victime pousserait la discrétion chevaleresque jusqu'au dernier sacrifice (1). Elle le fit, et le malheureux Favras, condamné sans preuves à la potence, subit sa peine le 20 février 1790, sans se démentir un seul instant de son inaltérable fermeté. »

Ajoutons que, dans son livre *Autour d'une Révolution*, M. le comte d'Hérisson a tranché définitivement la question de la culpabilité de Monsieur dans cette mystérieuse affaire ; il publie en effet des lettres du marquis de Sémonville au baron Mounier, qui ne laissent place à aucun doute. M. de Sémonville était intimement lié avec Talon qui, à l'époque du procès, avait été nommé lieutenant civil par le président du tribunal du Châtelet, M. de Miroménil.

M. de Sémonville raconte à Mounier que

1. « Le souvenir de cette démarche me rappelle deux propos propres à démentir la justification de Monsieur, l'un du comte, puis duc de la Châtre, qui, dans un premier mouvement, se plaignit devant moi d'avoir été indignement compromis par Monsieur; l'autre du curé de Saint-Paul, confesseur de la victime, qui me dit, par une très coupable indiscrétion : « Monsieur ne doit jamais oublier l'importance du service que je lui ai rendu ». (*Mémoires secrets du comte d'Allonville*, t. II, p. 192).

« Mais que penser, dit à son tour Barère dans son *Histoire des princes de la maison de Bourbon durant la Révolution*, p. 88 (Edition de Paris, 1839, in-8°), d'un prince qui s'abaisse au mensonge et à l'hypocrisie pour perdre ce malheureux Favras qui s'était dévoué pour lui. Tel est le caractère de Monsieur. Combien d'hommes n'a-t-il pas immolés depuis cette époque à sa sûreté, à son orgueil, à ses complots ! »

Talon, appelé un jour par Favras, lui confia le but de cette entrevue.

« Voilà ce que j'ai lu (1), lu et relu dix fois, toujours avec le même étonnement, du parti audacieux adopté par Falon et de son résultat.

« Un message de Tavras mande le lieutenant civil dans la prison pour une conférence secrète, deux jours avant le prononcé du jugement.

— « Monsieur, lui dit Favras, je vais être condamné, c'est pour moi l'évidence : j'entends ne point mourir, ou du moins ne pas mourir seul, si on refuse ma grâce à mes révélations. Prenez la peine d'en prendre connaissance par la lecture de cet écrit et donnez en communication, tant au gouvernement qu'au tribunal.

« Talon, stupéfié par ce peu de paroles, envisage l'affreuse vérité et, sans répondre un seul mot au prisonnier, plus agité que lui, emploie à se remettre de son trouble le temps employé à la lecture, à voix basse, d'une pièce aussi longue, dont l'écriture très ferme et sans rature donnait au lecteur plus de facilité qu'en eut désiré le magistrat.

« Parvenu à la signature, force est d'entrer en explication sur les volontés longtemps inébranlables de Favras et sur leur résultat.

— « Vous repoussez la mort et vous y courrez ; avec la différence que celle par l'échafaud est, à l'aide de cet écrit confié uniquement à ma loyauté, glorieuse pour vous, infailliblement utile à votre famille. L'autre, mort infâme, cruelle peut-être, mais aussi inévitable que la première, déshonore le dernier de vos descendants.

« Pensez-vous que mille bras vengeurs ne se lève-

1. *Autour d'une révolution*, p. 76-78.

ront point dans toute l'Europe pour vous punir d'avoir dirigé sur la tête de Monsieur et sur celle de la reine le glaive qui menaçait la vôtre? D'effroyables calamités les suivront dans l'abîme où vous allez les jeter : Il n'y aura pour vous, ni pour les vôtres, assez de honte et de violences persécutrices consacrées à l'expiation impossible d'une si horrible délation.

« Vous êtes pieux, Monsieur de Favras, acceptez la palme du martyre.

« Les cieux vous sont ouvert; la terre!.... elle sera légère à vos enfants.

« Monsieur devra la vie à votre silence, et si, dans d'autres temps, il hésite à remplir ses devoirs envers eux, j'ai son honneur dans les mains. »

« De tels raisonnements, présentés sous toutes les formes, dans la discussion la plus étrange, entre les supplications du juge et les menaces du condamné, n'étaient, certes, ni sans force ni sans vérité. Après trois heures de combat, de paroles d'honneur échangées, Favras céda et Talon se retira en emportant son écrit et son engagement de garder le silence. »

Quarante-huit heures après, l'exécution de Favras suivait son cours, mettant un terme à bien des angoisses. Quant au Mémoire remis à Talon, on ignore ce qu'il est devenu, mais on le devine toutefois (1).

---

1. « Ce que devint ce document, on l'ignore ; mais la faveur dont la comtesse du Cayla, fille de Talon, jouit à l'époque de la Restauration auprès de Louis XVIII, permet de penser qu'elle eut entre les mains tous les papiers relatifs à l'affaire Favras et qu'elle s'en servit pour tenir le roi sous sa dépendance.

« Après la mort du malheureux marquis, aussi lâche-

Depuis cette aventure jusqu'à son émigration, Monsieur se tint coi, se contentant de donner quelques audiences à Robespierre en son palais du Luxembourg. Vint le fatal voyage de Varennes. Le comte de Provence, que le roi eut bien tort de mettre dans la confidence (1), voulut faire parade de son zèle. Il tint à indiquer au roi un guide sûr.

A partir de Chalons-sur-Marne, cet homme disparut, et quand les fugitifs arrivèrent à Varennes, le maître de postes Drouet, averti par le courrier, les fit arrêter...

Bien qu'il eut été exilé en 1816, comme régicide, Drouet vécut tranquille à Mâcon, sous la

ment abandonné et renié par son maître, Marie-Antoinette fit à sa veuve une pension; le comte de Provence la doubla et lui fit remettre immédiatement une somme de douze mille livres.

« Ce n'était pas acheter trop cher le silence de la famille. »

(*Le dernier roi légitime de France*, par Henri Provins, t. II, p. 17).

1. On a trouvé dans les papiers de Durand de Maillane, la note qui suit :

« La fuite du roi avait été concertée par MM. de Mercy, de Breteuil et Thugut (agent de l'Autriche), ils avaient pour objet *de déjouer les projets de Monsieur*, du duc d'Orléans et de Lafayette. Le roi, qui était encore dans l'ignorance de toute chose, mit son frère dans la confidence, et celui-ci, pour faire tourner la fuite à son profit, en confia le secret à M. de Lafayette qui, à son tour, trompa tout le monde. Il favorisa la fuite de l'un et fit arrêter l'autre. »

Restauration, sans être inquiété par la police ; elle connaissait parfaitement ce que recouvrait le nom supposé sous lequel il se dissimulait.

L'action du comte de Provence, nous ne saurions trop le redire, se fit constamment sentir d'une façon néfaste. Si son frère se vit arrêté dans son voyage et ramené à Paris, soumis, ainsi que sa malheureuse famille, aux plus brutales humiliations, il n'en fut pas de même pour lui et il gagna heureusement Bruxelles. Une fois sa sûreté personnelle assurée, il s'occupa activement d'organiser l'émigration, et de provoquer une intervention étrangère, sans aucun souci des périls que pouvaient courir les siens, sans avoir égard aux ordres que lui adressait le roi.

On est même en droit de se demander si les menées du comte de Provence n'ont pas eu une influence funeste sur le vote de déchéance et sur les désordres qui ont ensanglanté Paris en sep= tembre.

Le *Moniteur* du 23 octobre 1794 (n° 34) fournit à cet égard des indications qui donnent à réfléchir :

« Le système de terreur, dit Cambon à la tribune, n'est pas né de nos jours. Il avait précédé l'ouverture de la Convention. On voulait forcer l'Assemblée législative à prononcer la déchéance, parce qu'on voulait substituer à Louis Capet *un homme dont la conduite ne méritait pas les regards du dernier des hommes* (1).

1. Cette phrase ne peut s'appliquer à Philippe-Égalité,

« L'Assemblée législative résista. Elle en appela au peuple et lui transmit le jugement de cette affaire par la convocation d'une Convention. Bientôt cette Assemblée fut attaquée par tous les moyens. Une époque du 2 septembre fut organisée... Les calomnies se multiplièrent contre l'Assemblée législative. On la menaça publiquement. On voulait la forcer à quitter les rênes du gouvernement. Nous avions parmi nous les quatre cents qui n'avaient pas voté contre Lafayette. On les insultait. On voulait les assassiner.

« Voilà de quelle époque date la Terreur. »

C'est le moment où, *Monsieur*, *caressant l'idée de sa substitution à Louis XVI*, entrait en France !

Il suivait le duc de Brunswick, franchissant les frontières de France à la tête de 80,000 Prussiens, de 6,000 Hessois et des 20,000 Autrichiens de Clerfait.

La canonnade de Valmy fit évanouir les *espérances* de Monsieur et arrêta l'armée alliée qui se mit en retraite, suivie par Dumouriez. Dix jours après (30 septembre 1792), elle repassait la frontière et rentrait en Belgique.

Les corps émigrés qui avaient accompagné le comte de Provence dans cette courte expédition furent licenciés à Liège à la fin de novembre et Monsieur se retirait à Hamm, près de Dusseldorf, dont le château avait été mis à sa disposition.

pour lequel, assurément, Cambon n'eut point usé de péri phrases.

C'est de là qu'il écrivait, en apprenant l'exécution de Louis XVI, les exécrables paroles déjà citées, et qu'il adressait aux puissances étrangères la notification de sa prise de possession de la régence, au nom de Louis XVII.

C'était une première usurpation, les lois de la monarchie française conférant de plein droit la régence à la reine-mère. L'Autriche protesta aussitôt, en réservant les droits de Marie-Antoinette, et Monsieur dut se contenter du titre de lieutenant-général du royaume.

Il n'eut, du reste, pas longtemps à attendre, car le 22 octobre 1793 parvenait à Hamm la nouvelle que Marie-Antoinette venait, elle aussi, de périr sur l'échafaud. Monsieur était adossé à la tablette de la cheminée et, pour toute oraison funèbre, frappant un violent coup de poing sur le marbre, il s'écria : « Nous verrons bien si la cour de Vienne me refusera encore la régence! » (1).

La cour d'Autriche, cependant, n'était pas seule informée des agissements du comte de Provence et seule disposée à les combattre. Celle d'Angleterre était non moins résolue à résister à ses empiètements, à ses usurpations.

Voici ce qu'on lit à ce sujet dans le journal la *Légitimité* (1ʳᵉ année, page 347) :

---

1. Ce fait a eu pour témoin M. le baron de Breteuil. M. le duc d'Avaray l'a confirmé en 1798. (*Histoire de France* par Montgaillard, t. III, p. 460.).

« L'Autriche ne fut' pas la seule cependant à faire des difficultés ; le roi d'Angleterre s'opposa de toutes ses forces à la régence de Monsieur. Lorsque, après son retour de Varennes, Louis XVI se vit prisonnier aux Tuileries et livré à la divergence des opinions de ses ministres, il résolut de se réconcilier secrètement avec le roi George III d'Angleterre. M. le comte de Mercy d'Argenteau, ambassadeur d'Autriche à cette cour, fut chargé de cette délicate négociation. Un traité secret fut conclu, par lequel Sa Majesté britannique prit des engagements formels.

« Ces engagements, dit M. de Brémond, secrétaire intime de Louis XVI, le roi les a personnellement tenus, soit pour délivrer Louis XVI et sa famille de la prison du Temple, après la bataille de Jemmapes, soit pour protéger la vie et les droits de son fils, devenu orphelin, contre les divers conjurés qui pouvaient lui nuire.

« Le secrétaire de Louis XVI, auteur de ces lignes, était à Londres en 1792, après Jemmapes, et de concert avec Talleyrand, il travaillait à la délivrance de la famille royale. »

Si Pitt méconnut les engagements secrets de l'Angleterre, le roi George III n'était point disposé à agir de la sorte. La curieuse lettre suivante, dans laquelle le souverain anglais prétend exclure du trône de France les princes que leur criminelle conduite envers leur roi frappe, à ses yeux, d'indignité, en témoigne d'une façon éclatante :

4

Mon cousin, écrit-il au duc d'Angoulême, je vous fais cette lettre pour vous mander que notre intention et volonté royale étant de délivrer la France de l'oppression dans laquelle elle gémit, surtout depuis la mort de notre frère et cousin, Sa Majesté très chrétienne, comme aussi de placer sur son trône un de ses héritiers directs, nous vous investissons du commandement de l'armée, que nous vous envoyons à ce sujet, et reconnaissons dans *vous seul* le droit à la régence du royaume pendant la minorité de Louis XVII, fils du feu roi. Que si ledit enfant venait à décéder, nous voulons et entendons que *vous lui succédiez*, sans intermédiaire, ni délai, ni partage, à l'exclusion de tout prétendant direct ou indirect, voulant autoriser nos décisions et conduite royale, en proclamant, en présence de Dieu et à la face de la terre, *que ceux-là qui ont conspiré contre la sûreté, puissance et vie du feu roi*, SE SONT EXCLUS *de la ligne d'hérédité à la couronne...* (1).

En 1837, on voit encore M. de Brémond certifier sous serment, devant le tribunal de Vevey (Suisse), l'existence de cette lettre écrasante :

Mais en Angleterre, dit-il, il y a deux pouvoirs : celui du roi et celui des ministres... Ils ne sont pas toujours d'accord. Je vais en donner un exemple par la lettre de George III au duc d'Angoulème. Elle est contresignée *Dundas*. Qu'est-ce que cette lettre, sinon un jugement solennel, rendu par le roi George III, contre deux princes français coupables, *en vertu des pouvoirs qu'il avait reçus de Louis XVI*, et de la pro-

1. *Le dernier fils de France,* 91 — *Le véritable duc de Normandie,* p. 305.

messe qu'il avait faite à cet infortuné monarque dans le traité secret qui avait été conclu par M. le comte de Mercy d'Argenteau? Cependant toutes les cours de l'Europe étaient informées de la conjuratiou du comte de Provence par les notes officielles que Louis XVI leur avait fait remettre par son ancien ministre, le baron de Breteuil, et elles y avaient déféré en plaçant le corps des émigrés à l'arrière-garde de l'armée d'invasion, sans leur permettre de pénétrer sur le territoire français (1).

Les peu favorables dispositions que la criminelle conduite du comte de Provence avait inspirées aux souverains étrangers, si justement motivées à l'égard de Monsieur, rejaillissaient sur les gentilhommes qui avaient pris les armes pour la défense de la cause royale.

On s'explique alors, et seulement alors, le mauvais vouloir des princes alliés pour les corps émigrés servant dans leurs rangs et les obstacles qu'ils rencontrèrent maintes fois, en dépit de leurs amères récriminations.

Certes, la funeste ambition du comte de Provence, plus encore que celle tant de fois reprochée à Bonaparte, a fait pendant près d'un siècle le

1. Déposition de M. Brémond, secrétaire particulier du roi Louis XVI, devant le tribunal civil de Vevey (Suisse), en vertu d'une commission rogatoire de M. Zangiacomi, juge d'instruction près le tribunal de la Seine Audiences des 18 et 24 octobre, et 1ᵉʳ novembre 1837, sous la présidence de M. Duboch et assisté de MM. Dupont et de Montet.

malheur de l'Europe, et un parallèle entre ces deux hommes montrerait ce dernier distribuant des couronnes aux siens, tandis que Monsieur ne visait qu'à ravir la leur à ses proches.

Autour de lui, personne n'a plus souffert de cette passion dominante que sa propre femme, et M. Lafont d'Aussone (1) nous dit à ce sujet :

« .... Nous avons ici (Londres) des hommes d'esprit et de naissance qui n'ont pas perdu de vue Louis XVIII un instant pendant quinze et vingt années, et qui, sachant sa vie entière depuis Versailles jusqu'à Hartwell, s'accordent à le regarder comme le véritable et criminel auteur de toutes les calamités de la France... Le comte de Provence a perdu sa compagne en Angleterre et non en Russie... Liée par le destin à un homme égoïste et dur (2), qui n'eut jamais la moindre amitié pour elle, sa santé, jadis si robuste, se détruisit par les chagrins, et le plus grand de tous était l'inévitable présence d'un mortel à qui, sciemment et sans balancer, elle attribuait tous les malheurs du monde.

« Elle savait ses menées, ses intrigues plus ou moins ténébreuses pour saisir le pouvoir, ses

---

1. *Lettres politiques et anecdotiques sur les deux départs de la famille royale en 1815 et 1830.*

2. Eckard, dans une note, disait: « *Monsieur* n'aime personne ; il est très réservé avec les classes inférieures de la noblesse et du clergé, et au-dessous d'eux il compte pour rien les autres hommes. »

mauvais conseils donnés à un roi faible et sans expérience ; sa haine jalouse contre une aimable reine ; sa criminelle protestation contre la légitimité de ses enfants ; ses clandestines relations avec d'André, avec Chapelier, avec Montesquiou, avec Cerutti, avec Mirabeau. Elle savait ce qu'ensuite il trama pour la destruction de ce Mirabeau, lorsque, désertant ses perfides projets, l'orateur vénal se fut donné à Marie-Antoinette (1).

« Enfin la comtesse de Provence avait vu son mari faire échouer le généreux voyage de Varennes, par des avis donnés au dehors. Et, plus tard, sa respectable sollicitude avait découvert une *homicide correspondance avec Robespierre* et d'autres assassins du roi... En disant ces vérités dures devant son époux, elle soupirait et fondait en larmes..... »

Nous avons vu que les espérances fondées par le comte de Provence, au commencement de l'année 1792, sur les succès des armées alliées avaient été promptement déçues : une première fois à Valmy, bientôt après à Jemmapes, et les

1. « Les folies des princes et des émigrants nous ont forcés dans nos démarches, » écrit la reine au comte de Fersen, le 26 septembre 1791... « C'est encore à *Coblence* et aux émigrés que nous devons cette nouvelle persécution, » répète-t-elle six semaines plus tard. *(Le comte de Fersen,* t. II, p. 192). *Coblence,* c'était son beau-frère. « Ils nous tuent, ils nous égorgent, s'écrie-t-elle un autre jour, et plusieurs fois en sanglotant, elle répète : « Caïn ! Caïn ! qui nous livre et nous assassine ! »

4.

troupes coalisées durent repasser la frontière.

Les affaires, dans la première moitié de 1793, semblèrent plus favorables à ses projets et, tandis que se formait, contre la République française, une coalition dans laquelle entraient l'Autriche, la Prusse, la Sardaigne, la Hollande et l'Angleterre, le soulèvement de la Vendée se produisait.

Dumouriez dut à son tour reculer, et le prince de Cobourg, qui avait remplacé Clerfait dans son commandement, vit tomber entre ses mains les places de Condé, de Valenciennes et du Quesnoy.

Un incident qui surgit au sujet de ces prises de possession, montre à quel point, dans ces mouvements d'armée, les intérêts du jeune roi captif étaient comptés pour peu de chose dans la pensée des souverains belligérants. Le prince de Cobourg avait cru agir correctement en acceptant ces capitulations au nom de Louis XVII, mais l'empereur désavoua aussitôt son lieutenant en lui prescrivant que toute nouvelle rédaction de ce genre fut faite *au nom de l'empereur* !

Le général ennemi n'eut d'ailleurs plus l'occasion de se conformer au protocole indiqué, car la défaite des Anglo-Hollandais à Hondschoote fit de nouveau pencher la balance, et Cobourg, battu à Wattignies, dut se décider à la retraite.

Pendant que la guerre se poursuivait ainsi, en 1794 et 1795, avec ces alternatives de succès et d'insuccès, mais que la fortune se montrait chaque jour plus favorable aux armes françaises, la Vendée continuait à tenir.

Monsieur, quittant son titre de comte de Provence pour prendre celui de comte de Lille, s'était retiré à Vérone où les Vénitiens lui avaient offert un asile et il vivait, dans cette ville, d'une maigre pension que lui servait l'Espagne.

Telle était sommairement la situation, au moment où se préparait au Temple, grâce au concours de quelques amis fidèles, de mystérieux évènements.

La mort du Dauphin au Temple est pour le grand nombre parole d'évangile. Les menées astucieuses de M. le comte de Provence et des conventionnels ses complices ont, en effet, tué civilement le malheureux Louis XVII en l'écrasant sous un faux acte de décès ; la *raison d'État* ensuite a imposé et maintenu la légende mensongère.

« Les fausses opinions, disait Joseph de Maistre, ressemblent à la fausse monnaie qui est frappée d'abord par de grands coupables et dépensée ensuite par d'honnêtes gens qui perpétuent le crime sans savoir ce qu'ils font. »

Ici les *honnêtes gens* sont légion, mais les *grands coupables* sont nombreux et ils persistent dans leur œuvre néfaste traînant à leur remorque le troupeau de Panurge. (1)

1. Dans une lettre à M. Otto Friedrichs, auteur d'*Un Crime politique*, M. Victorien Sardou écrit :

Pour nous, Louis XVII n'est pas mort au Temple, et cette conviction est basée sur une lecture attentive des historiens et des hommes politiques de l'époque, sur leurs affirmations, parfois sur leurs réticences calculées ; sur les témoignages irrécusables de nombreuses personnes ayant reconnu dans Nauendorff le Dauphin, qu'ils avaient connu avant sa captivité ; sur l'indéniable conscience de son identité, qui ne s'est pas démentie un instant jusqu'à la mort du personnage ; enfin sur des signes corporels, connus et inimitables, existant sur le Dauphin et retrouvés sur celui qui se disait tel.

Personne ne saurait, contester que dans les preuves apportées par le duc de Normandie(1), le dixième eut suffi pour l'envoyer à la mort si sa condamnation n'eut attendu pour être exécutée qu'une constatation d'identité : il s'agissait de reconnaître le droit, les intéressés se montrent plus formalistes.

Mais reprenons notre récit.

Parmi les agents qui devaient participer à l'éva-

« Depuis que j'étudie la Révolution française j'ai lu à peu près tout ce qui est relatif au Dauphin, *et je ne crois pas à sa mort au Temple*. Toutes les prétendues preuves n'ont aucune valeur. Le livre de M. de Beauchesne est ridicule ; celui de M. Chantelauze n'est pas plus sérieux »...

« V. SARDOU ».

1. C'est le titre qui lui avait été conféré à sa naissance et qu'il reprit depuis.

sion, l'un des plus actifs mais l'un des moins désintéressés, fut Barras.

Très contesté, mais cependant indéniable, le
rôle important joué par lui à cette occasion peut
donner lieu à des appréciations fort diverses ; la
vérité se trouve, en réalité, dans la résultante des
différents mobiles de nature à agir sur lui et dont
aucun, demeurant isolé, n'eut été suffisant, peut-
être, à le décider à risquer cette partie.

Barras appartenait à une famille noble du
Midi, dont l'antiquité avait même donné naissance à un dicton provençal ; tous ses goûts,
toutes ses habitudes étaient restés aristocra-
tiques et, bien que ses appétits et son ambition
l'eussent jeté dans le tourbillon révolutionnaire, il n'en conservait pas moins une certaine sympathie aux personnes de sa caste, et
volontiers il se montrait serviable envers elles.

Profondément corrompu dans ses mœurs, vénal par nécessité afin de pouvoir satisfaire ses
robustes appétits, Barras n'était pas méchant et
il serait surprenant qu'un sentiment de pitié
n'ait pu se glisser jusqu'à son cœur, surtout alors
que les sollicitations de Joséphine de Beauharnais le poussaient dans cette voie.

A cette époque troublée, les hommes politiques jouaient tous, à de bien rares exceptions
près, un double, un triple jeu, et pour Barras,
guidé par son intérêt ou par ses passions, il ne
pouvait en être autrement. Il correspondait avec

Monsieur, il patronait Bonaparte, et la pensée de se servir du jeune Louis XVII comme d'un otage, à l'aide duquel il pourrait un jour tenir en échec le pouvoir quel qu'il fut, ne pouvait manquer de sourire à son esprit.

Quant aux moyens d'exécution, nul mieux que lui n'était à même de les préparer et il lui était également facile de se ménager la complicité de certains de ses collègues à la Convention. Il n'eut garde d'y manquer et nous verrons plus tard quelques-uns de ceux-ci témoigner de la réalité de l'évasion.

Nous savons déjà que les partisans de la famille royale s'étaient ménagés des intelligences dans le Temple et Barras y avait ajouté Laurent, le protégé de Joséphine.

Les bons procédés de Laurent envers le prisonnier confié à sa garde captaient sa confiance, mais, afin de se l'assurer entière, il fallait autre chose qu'une bienveillance que les circonstances obligeaient à contenir dans des limites fort étroites, sinon à dissimuler complètement devant témoins. C'est par le prince lui-même que nous apprendrons une des particularités auxquelles le créole dut de dissiper entre eux tout sentiment de méfiance,

Dans une brochure publiée à Londres en 1836 (1), le prince a révélé une partie des faits

1. *Abrégé de l'histoire des infortunes du Dauphin*, dicté par lui-même,

concernant son évasion et son séjour sur la terre étrangère ; on peut, il est vrai, récuser son dire, mais nous ferons remarquer au lecteur que si l'auteur de cet opuscule était un imposteur, il aurait accompli un singulier tour de force de prescience en mettant au jour des faits, pour la plupart inconnus en 1836, et qui, tous, ou presque tous, ont reçu ultérieurement leur confirmation; pour certains, même, seulement trente années plus tard.

Voici en quels termes l'écrivain royal s'exprime au sujet de la confiance que sut lui inspirer Laurent :

« J'occupais avec mon infortuné père et le fidèle Cléry le second étage de la tour. La chambre de mon père donnait sur l'angle droit de la cour et, en y entrant, son lit était à gauche. le mien se trouvait aux pieds, du même côté. Entre mon lit et la muraille, vers le Temple, il y avait une porte d'entrée qui communiquait à un petit corridor, lequel menait dans une tourelle, où se trouvait la garde-robe. Dans ce petit corridor, il y avait une croisée en face de la porte placée entre la chambre de mon père et celle de Cléry. Plus tard, cette porte fut fermée, afin que Cléry ne pût plus entrer dans la chambre de mon père, pendant la nuit, sans passer par l'antichambre gardée par nos geôliers, qui couchaient devant la porte principale. Dans ce temps-là, de nombreux amis songeaient à me délivrer... Ma *bonne mère* partageait ces espérances. En conséquence, *elle écrivit elle-même toutes les marques que je portais sur mon corps, afin que je fusse dans tous les cas infailliblement reconnu.*

« C'est de là qu'est venu le bruit que la reine de France avait marqué ses enfants... et surtout qu'elle avait fait à la cuisse gauche de son fils l'image du Saint-Esprit en forme de pigeon : j'atteste que toutes ces versions sont autant d'erreurs, et je m'en rapporte à madame la duchesse d'Angoulême elle-même. Il est vrai qu'en effet *la nature a tracé sur ma cuisse gauche l'image d'un pigeon, les ailes ouvertes et plongeant*. Ce signe, dessiné par des veines, a été parfaitement décrit, et mon père, en confirmant la description de sa conformité, l'a scellée de sa signature et de l'empreinte du cachet dont il se servait à la tour du Temple.

« Cléry étant enfermé dans sa chambre pendant la nuit, mon père profita de cette circonstance pour faire un trou derrière une planche qui se trouvait adossée à la muraille, dans la garde-robe de la susdite tourelle, et y cacha entre autres papiers ceux que j'ai mentionné ci-dessus, qui me concernaient. Mon père me fit voir cette cachette et me défendit d'en parler à qui que ce fut... Brusquement je fus séparé de mon père, et remis entre les mains de la meilleure et de la plus tendre des mères. Je n'ai revu mon infortuné père que le soir du 20 janvier 1793, et, depuis notre séparation, personne de nous n'avait eu accès dans la chambre que j'avais habitée auparavant avec lui...

Plus tard, des tigres à figure humaine m'arrachèrent des bras de ma bonne mère, et me reconduisirent dans la chambre de la royale victime, où j'ai vu mon geôlier Simon coucher avec sa femme dans le lit de mon père, tandis que moi je couchais dans le mien, à ses pieds, les meubles n'ayant pas été changés de place. Je me gardai bien d'aller visiter la cachette : j'étais alors dans ma neuvième année... »

Survient le 9 thermidor, puis l'arrivée de Laurent :

« ... Alors, dit le duc de Normandie, je fus enfermé seul dans la chambre de Cléry. La porte d'entrée du petit corridor fut condamnée, de sorte que je ne pouvais plus aller à la garde-robe dans la tourelle. La seule porte par où j'entrais dans ma chambre donnait sur l'antichambre de mon père, où couchaient mes nouveaux gardiens. *Laurent était envoyé par madame de Beauharnais, sous l'autorité de Barras, pour adoucir mes peines et préparer les moyens de me sauver.* Il était créole comme Joséphine, que j'avais connue dans mon enfance jusqu'au dernier jour de notre résidence aux Tuileries... Laurent ne me connaissait pas alors ; je ne dirai point ici ce qui lui valut ma confiance tout entière.

« J'avais confié le mystère de la cachette à ma mère qui, par sa correspondance secrète, en avait fait confidence aux amis vendéens. Après l'assassinat de mon malheureux père, le bruit s'étant répandu hors de ma prison que le véritable Dauphin n'était plus dans la tour du Temple, nos amis, qui savaient que mon père m'avait remis *telle et telle chose*, me firent demander par Laurent, sous la direction de Joséphine de Beauharnais, si j'avais toujours ces objets. Sur ma réponse affirmative, Laurent me dit que mes amis désiraient que je les leur remisse par son intermédiaire, pour les rassurer sur mon identité avant ma délivrance.

« J'indiquai à Laurent la cachette en lui disant qu'il y trouverait aussi un petit compas de poche, dans un étui en maroquin rouge. Les commissaires de la Commune étant venus faire une perquisition tellement minutieuse qu'ils fouillèrent mon père jusque sous sa

5

chemise pour lui enlever tout ce qu'il pouvait posséder encore, j'avais d'abord caché ce petit compas dans la chambre de Cléry ; le lendemain je le repris pour le remettre en sûreté dans le trou de la muraille. Laurent a positivement remis les papiers en question, ainsi que le compas, au général de Frotté qui, avant de quitter Paris, les confia au marquis de Briges, duquel les reçut, en dernier lieu, mon fidèle ami le comte de Montmorin. Montmorin me délivra ultérieurement tout ce que lui avait remis M. de Briges, à l'exception du compas, dont je n'avais plus entendu parler jusqu'à ce jour (1). »

A quoi le prince fait-il allusion dans cette phrase : « Je ne dirai point ici ce qui lui valut ma confiance tout entière » ? C'est ce que nous

---

1. Les éclaircissements qui précèdent avaient été fournis par le duc de Normandie, en réponse à une question posée par ses amis anglais au sujet du fait suivant, inséré dans le *Morning Herald* de Londres (mois de novembre 1842) :

« Le chevalier Auriol vient d'offrir au gouvernement français la vente d'un petit compas, auquel se rattache une histoire assez curieuse. Cet instrument, qui est renfermé dans un étui doré de manufacture anglaise, fut envoyé autrefois à Louis XVI avec d'autres instruments d'astronomie par un descendant de sir Isaac Newton. Il paraît qu'ensuite *il fut donné par l'infortuné monarque au Dauphin, qui l'eut dans la prison du Temple, et où il le remit à un fidèle serviteur qui l'avait aidé de son assistance pour tenter de le faire évader.* Le chevalier Auriol avait fait ses études à Brienne avec Napoléon et l'accompagna en Egypte. Là, il eut l'occasion de montrer le petit compas à Napoléon qui, l'ayant admiré, en reçut l'hommage. Napoléon, à son retour en France et devenu empereur, étant, comme on sait, superstitieux, attachait un grand prix à cet instrument.

ignorons, mais il nous semble que ce qui précède suffit amplement à expliquer comment l'infortuné captif a pu s'ouvrir, en toute sincérité, à un homme bon pour lui, et qui lui donnait la preuve des relations entretenues avec ses amis du dehors.

Ce n'était point seulement des amis *désintéressés* sur lesquels on comptait et le concours de plusieurs des gouvernants avaient été *chèrement* acquis. Tous n'étaient point incorruptibles, tant s'en faut, et des sommes considérables prodiguées à propos (1) ont singulièrement contribué à assouplir certains caractères ; tout porte à croire

Il fit graver dessus la lettre N, surmontée de la couronne impériale, s'en servit dans ses campagnes et ne le quitta qu'à sa captivité de Sainte-Hélène. Alors, soit qu'il le considérât comme un talisman inutile, soit pour reconnaître la générosité désintéressée du donateur, il l'offrit à Mme Auriol. Le maréchal Soult est maintenant en négociation avec le chevalier pour en faire l'acquisition, afin de placer cette royale et impériale relique au nombre des autres objets conservés à l'hôtel des Invalides, comme ayant appartenu à Napoléon. »

1. « En 1795, la société dont j'ai déjà parlé et à laquelle je continuais d'appartenir, n'ayant pu sauver Louis XVI, voulait au moins enlever son fils à ses bourreaux De grands sacrifices avaient été faits auprès de Carnot, de Cambacérès et de plusieurs autres puissants d'alors, pour les rendre favorables à cette grande entreprise. Je me souviens d'avoir *souvent*, par l'ordre du comité de Frotté, *porté chez eux des sommes considérables en or.* Mme de Beauharnais était au courant de toutes ces démarches et les secondait. »

(Déclaration de J. PAULIN).

que Carnot, Cambacérès et d'autres encore, auraient été à même de faire à ce sujet d'étranges révélations.

Bref, il fut combiné un plan suivant lequel Laurent, se procurant un mannequin, le substituerait au Dauphin dans son lit, tandis que l'enfant endormi serait emporté du Temple dans la manne qui avait contenu le mannequin. Plusieurs moyens s'offraient pour faciliter cette sortie, mais il survint au dernier moment, alors que corbeille et mannequin lui parvenaient, un surcroît de surveillance inusité, qui vint déjouer les combinaisons de Laurent, en lui faisant croire qu'il était trahi (1).

Cet incident n'est d'ailleurs pas isolé et son analogue s'est produit plus d'une fois dans le cours de ces tentatives d'évasions ; d'une part, des facilités accordées, puis aussitôt, et comme si certaines complicités cherchaient à se ménager en cas de besoin des « circonstances atténuantes », des complications imprévues surgissaient tout à coup.

Tel était le cas et Laurent, convaincu que toute tentative de sortie du Temple serait vaine en ce moment, eut une inspiration subite, celle de suivre la pemière partie du plan, en substituant

1. Depuis quelque temps d'ailleurs, à la suite de l'explosion de la poudrière de Grenelle, la garde du Temple avait été doublée.

le mannequin au prisonnier dans sa couche, puis, ceci fait, de cacher le Dauphin à tous les yeux, en laissant croire à l'évasion ; il attendrait alors un instant plus propice à l'achèvement de son œuvre.

Laissons ici la parole au duc de Normandie :

La tourelle où était l'escalier avait une seule porte, près de laquelle, jour et nuit, s'exerçait une stricte surveillance, en dedans comme en dehors. Quiconque arrivait pour pénétrer dans la tour était conduit, pour être fouillé, devant le Conseil municipal, logé au rez-de-chaussée. Au sortir de la tour, même investigation par ce Conseil, dont on ne pouvait pas dépasser la porte, parce qu'un factionnaire y était constamment en faction, et que l'escalier qui correspondait à tous les étages communiquait également avec le rez-de-chaus-sée, seule pièce occupée par les hommes de la munici-palité. La consigne était d'y conduire tout le monde sans exception. Le corps de garde se tenait au pre-mier étage qui, sans être divisé, composait une seule pièce voûtée comme celle du rez-de-chaussée. Lorsque la sentinelle du premier suspectait quelqu'un de ceux qui sortaient de la tour, elle avait l'ordre, de même que pour ceux qui y entraient, de les amener devant le Conseil, lequel faisait reconduire tout individu jus-qu'en dehors de la tour par un ou deux municipaux. Cette rigoureuse surveillance avait été prescrite, parce que le projet de mon enlèvement s'était divulgué.

Par conséquent, comme il était impossible de me faire évader, *on résolut de me cacher dans la tour même,* pour faire croire à mes persécuteurs que j'étais sauvé. La pensée était audacieuse; toutefois, c'était le seul moyen de faciliter l'enlèvement qu'on avait concerté. Rien n'était plus praticable que de me faire disparaître pour le moment. En sortant de chez moi, personne n'escortait ceux qui descendaient jusqu'au premier les objets dont je m'étais servi. Mes amis étaient donc bien convaincus qu'on pouvait me transporter plus haut, sans aucun risque d'être découvert. En effet, quoique ma sœur fut enfermée au troisième, elle n'avait à cette époque ni sentinelle, ni municipaux pour sa garde. L'expédient laissait entrevoir des chances presque certaines de succès. Alors un jour, mes protecteurs me firent avaler une dose d'opium que je pris pour une médecine, et bientôt je me trouvai moitié éveillé, moitié endormi. Dans cet état, je vis un enfant qu'on me substitua dans mon lit, et moi je fus couché au fond de la corbeille, dans laquelle cet enfant (un mannequin) avait été caché sous mon lit.

Cette supercherie se passait au moment où la garde fut changée. Cependant j'avais entièrement perdu connaissance, et, lorsque je repris mes sens, je me trouvai enfermé dans une grande pièce qui m'était tout à fait étrangère. C'était le quatrième étage de la tour. De vieux meubles de toute espèce encombraient cet étage, au milieu desquels on avait disposé un gîte qui communiquait avec un cabinet pris dans une tourelle où l'on m'avait mis de quoi vivre. Toute autre issue était barricadée. Avant de m'y cacher, un de mes amis, que je nommerai dans le cours de cette histoire (1), m'avait fait comprendre de quelle manière je serais sauvé, sous les conditions de supporter toutes les peines imaginables sans me plaindre, ajoutant qu'un seul mouvement imprudent entraînerait ma perte et celle de mes bienfaiteurs.

A mon réveil, je me rappelai les recommandations de mon ami, et je pris la ferme détermination de

1. C'est de Laurent qu'il s'agit ici.

mourir plutôt que de les enfreindre. Je mangeais, je dormais et j'attendais mes amis avec patience ; je voyais mon premier sauveur de temps en temps, la nuit, lorsqu'il m'apportait ce dont j'avais besoin. Le soir même, le mannequin fut découvert. Mais le gouvernement d'alors trouva bon de tenir secrète mon évasion qu'il croyait consommée. *Mes amis, de leur côté,* pour mieux tromper les sanguinaires tyrans, *avaient fait partir un enfant sous mon nom, dirigé, je crois, vers Strasbourg.* Ils avaient même accrédité l'opinion, et fait donner avis aux gouvernants que c'était bien moi qu'on dirigeait ainsi sur cette ligne. Enfin, le pouvoir, à l'effet de masquer entièrement la vérité, mit à la place du mannequin un enfant de mon âge, *réellement muet* (1), et doubla la garde ordinaire, cherchant ainsi à affermir la croyance que c'était bien moi encore. Ce surcroît de précautions empêcha mes amis de consommer l'exécution de leur projet, tel qu'ils l'avaient concerté. Je restai donc dans ce maudit trou, où j'étais comme enterré tout vivant.

Nous avons dit plus haut que c'était dans une des dernières nuits d'octobre, et vraisemblablement dans celle même du 31, que fut opéré l'enlèvement. Mme la duchesse d'Angoulême, dans les notes qu'elle a permis de publier sur son séjour au Temple (2), s'exprime en ces termes :

A la fin d'octobre, à une heure du matin, je dormais

1. On sait qu'une légende attribuait au Dauphin un mutisme volontaire mais rigoureux, depuis le jour où il avait déposé contre sa mère.
2. *Relation de la captivité de la famille royale à l tour du Temple.*

lorsqu'on frappa à ma porte; je me levai à la hâte, et j'ouvris toute tremblante de frayeur. Je vis deux hommes du Comité avec Laurent; ils me regardèrent et sortirent sans rien dire.

Ce fait est d'autant plus remarquable que *jamais*, avant et après, on n'a troublé le sommeil de la princesse, ainsi que cela se produisait constamment pour son frère.

Comme le dit M. Perceval, dans la préface de sa traduction anglaise de l'*Abrégé des infortunes du Dauphin :*

« On peut se rendre compte de l'entrée insolite et brusque chez Madame, au milieu de la nuit, uniquement *pour la regarder*, par la découverte de la figure artificielle, dans le lit du Dauphin, à cette heure-là même. Car il est tout naturel de penser que, lorsque les municipaux remarquèrent sa disparition, ils durent s'assurer si la princesse n'était pas aussi évadée. En conséquence, ils ne purent lui dire pourquoi ils étaient venus, et il était essentiel que Laurent les accompagnât, pour simuler l'ignorance de la substitution... »

Mais voici qui rend l'alerte non moins significative : M. de Beauchesne nous apprend que le lendemain, *1ᵉʳ novembre*, la garde du Temple se demandait *si elle gardait des pierres ou quelque chose.* Il sent si bien à quel point se tient et quelle importance renferme le rapprochement de ces deux dates du 31 octobre et du 1ᵉʳ novembre, que l'auteur de *Louis XVII, sa vie, son agonie, sa mort*, a soin de *passer entièrement sous silence la visite nocturne de Laurent et de ses compagnons à Madame Royale !*

L'adjudant Walnn s'était fait auprès de Laurent l'intermédiaire de ses hommes demandant à voir le prisonnier, mais Laurent se gardant *de donner suite à ces propos*, se contenta de les signaler au Comité de salut public, où figuraient ceux qui l'avaient nommé, non sans une arrière-pensée. « Voilà donc, dit *la Légitimité*, le Comité de salut public averti (1). Les *gens instruits du Comité attendaient sans doute ce signal*, car après avoir laissé Laurent seul gardien pendant plus de trois mois, on lui donne enfin un collègue. » (2).

Ce collègue c'était Gomin (3), Gomin, qui répon-

1. La section de police du Comité de sûreté générale délégua deux représentants du peuple pour constater les moindres particularités de *l'évasion qui fut tenue secrète* autant qu'elle pouvait l'être. L'un des représentants vivait encore il y a trois ans ; il m'a souvent raconté les particularités de l'évasion du duc de Normandie... » (*Révélation sur l'existence de Louis XVII*, par Labreli de Fontaine, bibliothécaire de la duchesse douairière d'Orléans, 1831).

2. Voir pour les réclamations de Laurent, chapitre premier, page 23.

3. Extrait des registres de la tour du Temple :
« Le 19 brumaire de l'an III (9 novembre 1795), sept heures de relevée, se sont présentés... membres de la Commission de police administrative de Paris, lesquels nous ont déclaré qu'ils viennent, en exécution d'un arrêté du Comité de sûreté générale de la Convention. signifié à ladite Commission aujourd'hui, installer le citoyen Gomin

dait à Laurent, lui demandant s'il avait vu autrefois le dauphin : *Je ne l'ai jamais vu !*

Mais, dans cet intervalle du 1ᵉʳ au 9 juin, les comités, fort émus de l'évasion, à leurs yeux accomplie, avaient pris leurs mesures et ils avaient introduit dans le Temple, pour remplacer le *mannequin*, que seul ils avaient entre les mains, un enfant en chair et en os, *muet de naissance* et dont ils n'avaient point à redouter les indiscrétions. Dès lors rassurés par la présence de ce nouveau prisonnier qu'ils allaient faire passer pour le véritable Dauphin, il n'y avait pas lieu de publier leur déconvenue et ils se turent.

dans les fonctions d'adjoint au citoyen Laurent pour la garde du Temple... et sur-le-champ, le citoyen Gomin a été par nous, gardien et commissaire civil, conduit dans la chambre des détenus, dont il a reconnu l'*existence*... »

Reconnaître l'existence, bon, mais l'*identité*, non, puisque, selon son propre dire, il ne les connaissait pas.

CHAPITRE III

Malgré le mutisme des conventionnels, les bruits d'évasion persistèrent (1), à ce point que la Convention jugea utile de déléguer trois de ses membres pour visiter le Temple et s'y assurer de la présence du Dauphin.

C'est aux conventionnels Harmand (de la Meuse), Mathieu et Reverchon que fut dévolue la

---

1. Ces bruits, sans cesse reproduits, n'étaient pas nouveaux. Il paraît certain que déjà le 19 janvier 1794, il y eut un simulacre d'évasion et même un enfant envoyé en Vendée pour dérouter les royalistes et commencer la décevante série des faux dauphins. Discuter toutes ces pistes mensongères nous mènerait trop loin ; ce **travail existe**. Voir la *Légitimité*, 2ᵉ année, page 491.

mission qui allait les mettre en présence du jeune Tardif (1), cet enfant rachitiqne et sourd-muet que les inexorables exigences de la politique condamnaient à occuper dans la prison du Temple la place de Louis XVII.

Les trois délégués de la Convention étaient également membres du Comité de sûreté générale.

1. M. Dufriche-Desgenettes, longtemps chargé des affaires de la maison de Polignac, la comtesse de Bussenne, Mme de Montaro ont témoigné souvent avoir connu le baron Tardif, son père, et reçu ses aveux. Mlle Tardif, sœur du substitué, a également raconté maintes fois les circonstances de la substitution.

Voici d'ailleurs qui vient clôre définitivement la *question Tardif.* Un M. Tardif de Moindrey, ayant écrit une lettre à l'*Univers,* infligea un démenti formel à l'assertion du journal la *Légitimité* que l'un des enfants substitués appartenait à sa famillle.

On sait l'heureuse chance qui protégeait M. de Beauchesne en quête d'un acte de décès ; piqué d'émulation, M. Henri Provins se mit à la recherche des origines du jeune Tardif et, lui aussi, il réussit. Il réussit même si bien qu'il découvrit pour cet enfant DEUX actes de naissance : l'un, *manifestement faux*, inséré dans les registres de l'état civil de Verdun (où existent beaucoup d'actes relatifs à la famille de Tardif de Petitville), par la police de M. Decazes, écrit *d'une main qui ne se retrouve nulle part dans les registres*, et qui donne à l'enfant *sept ans de plus que son âge véritable;* l'autre, le vrai, donnant l'âge vrai (deux ans et demi de plus que le Dauphin), et découvert dans la commune d'Aubréville. C'est là, en effet, que par suite d'une circonstance fortuite, était accouchée Mme Tardif de Petitville, et nul ne supposait, la falsification de Verdun perpétrée, qu'un enragé chercheur irait l'y dénicher. C'est pourtant ce qui est arrivé et M. Provins, dans ses deux curieux volumes, intitulés : *Le dernier roi*

Envoyés en apparence dans le but de s'assurer de l'exécution des ordres donnés en vue d'un meilleur traitement des prisonniers, il s'agissait en réalité d'imposer silence aux rumeurs alors courantes.

Le résultat de cette visite était tel, il conduisait si visiblement à cette conclusion que l'éva-

légitime de France, t. II, p. 244-263, nous retrace en détails et avec documents authentiques à l'appui, cette édifiante histoire. Elle est des plus probantes et jette sur les intrigues de la Restauration une éclatante lumière. On ne saurait douter que c'est par l'intermédiaire d'un baron Claude Tardif, ancien capitaine, devenu sous la Révolution agent de la police secrète, que fut négociée la substitution. Le père, Jean-Jacques Tardif, seigneur de Petitville et d'Amayé, capitaine au régiment de Poitou et chevalier de Saint Louis, dut céder aux sollicitations de son cousin et ancien camarade de l'armée et livrer un enfant qui *sourd et muet, rachitique* et condamné à mourir jeune, devait merveilleusement convenir au rôle qu'il était appelé à jouer au Temple devant ses gardiens et devant Harmand.

A la rentrée de Louis XVIII, Claude Tardif fut discret et il en fut récompensé largement car, *sans services ostensibles*, il mourait en 1826 *maréchal de camp* et dans un hôtel à lui appartenant.

On lit, en effet, dans le *Moniteur* du 31 octobre 1826, page 1493, col. 1 : « M. le baron Tardif, maréchal de camp des armées du roi, chevalier de Saint-Louis et du Phénix de Hohenlohe, vient de mourir, en son hôtel, rue Saint-Thomas-du-Louvre, n° 30. Ses obsèques se feront le mard 31, à dix heures et demie précises, à l'église royale et paroisse de Saint-Germain l'Auxerrois dont il était marguillier. »

La *Gazette de France* ne dit rien de la mort de ce personnage.

sion était un fait accompli, il prouvait si clairement que cet enfant qui leur avait été présenté,
rachitique et infirme, ne pouvait être Louis XVII,
que les délégués durent se borner à faire un *rapport secret* et peut-être simplement verbal.

En tout cas, on ne possède que le récit de Jean-
Baptiste Harmand fait en 1814 et inséré dans un
volume intitulé : *Anecdotes relatives à quelques
personnes et à plusieurs événements remarquables de la Révolution*, réimprimé en 1820 (1). M. de
Beauchesne, en donnant cette pièce (II, page 281),
l'accompagne de quelques observations.

« Dans ce compte rendu, dit-il, d'une visite
faite par un républicain au fils du *tyran*, les sentiments paraissent ceux d'un royaliste et les
formes celles d'un courtisan. Le lecteur fera la
part des temps et des lieux, et sentira tout ce
qu'il devait y avoir d'exagéré et même de *tronqué*,
dans cet acte de la Révolution rédigé pour la
Légitimité. Mais telle qu'elle est, cette pièce nous
a paru offrir un trop haut intérêt pour ne pas
être rapportée dans son entier. Le fond de la
situation du prince s'y révèle sous cette enlumi-
nure royaliste qui va presque jusqu'à fleurdelyser
la Convention. »

Ces remarques de M. de Beauchesne sont assurément fort judicieuses et nous souscrivons pleinement à cette appréciation des sentiments dont

1. Voir *appendice* n° 1.

se trouvaient animés, sous la Restauration, les personnages qui avaient figuré dans des actes révolutionnaires : désir de ramener leurs agissements d'alors à une forme dont la correction put plaire au maître : tendance constante à revêtir d'un vernis de royalisme chacune de leurs démarches d'antan. Que la vérité ne demeurât souvent faussée de ces efforts, c'est ce que nous nous garderons bien de nier, mais il nous est permis de regretter que M. de Beauchesne n'ait point fait l'application de ce mode de critique aux récits fantaisistes de ses deux oracles : Gomin et Lasne.

C'est en s'appuyant sur leurs *contes fleurdelysés* que M. de Beauchesne a échafaudé son roman de la vie, de l'agonie et de la mort de Louis XVII au Temple (1).

1. Les dépositions de Lasne et de Gomin, pleines d'une *volontaire* inexactitude, avaient, en 1851, inquiété Jules Favre qui hésita à plaider. « *La déclaration si précise des deux commissaires de la Convention préposés dans le temps*, disait-il, *à la garde du Dauphin, me gêne et me préoccupe désagréablement...* »

C'est alors que M. Gruau de la Barre fit de nouvelles recherches et sollicita, aux archives, la communication des actes de la Convention, du Directoire etc., pouvant l'éclairer.

Voici la réponse écrite au bas de sa requête :

« On communiquera à M. de la Barre tous les documents et on lui donnera toutes les explications *de nature à dissiper* l'étrange illusion où il paraît être, et à le convaincre que l'administration des archives ne veut rien lui refuser. «

« On m'a communiqué encore, écrit M. de la Barre,

A nos yeux, comme à ceux de M. de Beauchesne, le récit d'Harmand — nommé par Louis XVIII préfet des Hautes-Alpes — est volontairement *tronqué*, mais toutes ses tentatives pour ne point déplaire ne l'empêchent point d'en dire plus qu'il ne voudrait dire et la lecture attentive de cette pièce (1) permettra à tout lecteur impartial de se convaincre de cette importante vérité que l'enfant visité par les conventionnels n'était point le fils de Louis XVI, mais bien un enfant substitué au Dauphin. Donc, au 19 décembre 1794, *ce n'était plus Louis XVII* que gardaient Gomin et les municipaux ; à cette date IL N'ÉTAIT PLUS LA.

plusieurs cartons de Mémoires du Temple, dans lesquels j'ai trouvé la date précise des nominations de Laurent, de Gomin et de Lasne, comme gardiens des deux enfants de Louis XVI, et qui renversèrent de fond en comble tout l'échafaudage de perfides énonciations bâti par le juge d'instruction sur la déposition des deux derniers, comme on le verra bientôt. Aussi, vous devez vous le rappeler, *quand apparurent ces révélations foudroyantes, il y eut une sorte de stupéfaction dans l'auditoire, dont MM. les juges et vous vous ne fûtes pas exempts. Vous me fîtes prier à l'issue de l'audience de vous indiquer dans quel carton des archives j'avais découvert ces pièces* QUI AVAIENT ÉCHAPPÉ A VOS RECHERCHES. *Je me fis un devoir de satisfaire à votre demande et, pour accéder à vos désirs, je vous donnai encore par écrit quelques autres explications qui probablement ne furent pas de votre goût, puisqu'elles ne vous ont pas empêché de conclure contre le bon droit...* »

1. Voir *appendice 1*, le rapport d'Harmand.

1. M. le président Benoist.

Nous allons du reste en fournir de nouvelles preuves, non moins probantes, dans la discussion de ce rapport.

Appréciant, dans *sa plaidoirie,* le récit d'Harmand, Jules Favre disait :

« Dans ce document, deux faits considérables sont attestés : le premier, que l'enfant présenté aux commissaires n'a pas répondu une parole à leurs questions; le second, que cet enfant était mal conformé, rachitique et paraissait souffrir d'une affection scrofuleuse ancienne... A son entrée dans cette prison, l'enfant royal *était bien portant.* C'est la femme Simon qui en dépose. *Ce ne peut donc être lui* dont les conventionnels ont donné le signalement dans leur procès-verbal. »

Reprenant ensuite les passages principaux du rapport d'Harmand et terminant par celui-ci :

« *Monsieur, ayez la bonté de marcher encore et un peu plus longtemps.* — Silence et refus, il resta sur son siège, les coudes appuyés sur la table. *Ses traits ne changèrent pas un seul instant;* pas la moindre émotion apparente, pas le moindre étonnement dans les yeux, comme si nous n'eussions pas été là ».

« Je voudrais, messieurs, ajoute Jules Favre, avoir à l'appui de l'opinion que je soutiens toutes les ressources qui me manquent, toutes celles de la science médicale, la psychologie... je vous démontrerais que le tableau dressé par la plume d'Harmand de la Meuse ne peut être le portrait *d'un enfant entendant et pouvant parler et refusant systématiquement de le faire »*.

M. de Beauchesne, également et quoique à regret, abandonne la légende du mutisme volontaire.

Cela lui eut été d'ailleurs malaisé, car il est bien certain que le Dauphin a parlé, jusqu'à la fin de leur séjour au Temple, à Simon et à sa femme, et ensuite, pendant les longs mois de sa solitude, aux municipaux et à Laurent, et M. de Beauchesne rapporte ses paroles. Mais depuis le 15 fructidor jusqu'au mois de mars 1795, on n'en cite plus une seule, sauf à Gomin et Lasne dont nous verrons ce qu'il faut penser.

Non, tout cela a été inventé après coup pour expliquer le mutisme du prisonnier substitué. Que le Dauphin entouré d'ennemis fut habituellement silencieux (1), c'est absolument logique, et il est à présumer que ce silence universellement remarqué aura suggéré aux Comités l'idée de lui substituer un vrai muet. Mais, ce que nous

1. M. Hue, l'ancien et fidèle valet de chambre de Louis XVI, avait sollicité le dangereux honneur de s'enfermer au Temple avec le Dauphin, mais sa demande avait été rejetée. Il connaissait trop bien le prince. M. Hue semble avoir deviné ce véritable motif et il cite ces paroles des principaux membres des Comités : « S'il arrivait que, dans quelque mouvement populaire, les Parisiens se portassent au Temple, pour proclamer Louis XVII, nous leur montrerions un petit bambin, dont l'air stupide et l'imbécillité les forceraient à renoncer au projet de le placer sur le trône. »

ne saurions admettre, c'est la résolution prise et tenue de ne plus jamais parler.

Gallois, le continuateur de l'*Histoire de France* d'Anquetil, considère cette version comme absolument invraisemblable, et il dit :

« On a prétendu dans quelques Mémoires que le silence du jeune prince était la suite d'une résolution héroïque, prise par un enfant de dix ans, dans le dessein de témoigner avec plus d'énergie le dédain et l'horreur que lui inspiraient les membres de la Convention et de la Municipalité. C'est une erreur de plus qu'il faut ajouter au volumineux chapitre des erreurs que l'enthousiasme, le fanatisme et l'esprit de parti commettent tous les jours ».

Au surplus, eut-il pris cette surhumaine résolution qu'il n'aurait pas pu la tenir. C'est, en tout cas, l'avis de Louis Blanc :

« C'est à peine, dit-il, s'il est nécessaire de réfuter, *tant elle est absurbe*, l'hypothèse d'un enfant de neuf ans, faible, infirme, malade, prenant tout à coup la résolution de ne plus prononcer un mot de sa vie, et y persévérant jusqu'à la fin, hypothèse difficile à admettre, même s'il s'était agi d'un homme plein de santé, plein de force, doué d'une volonté de fer... *Reste donc ce fait, qu'il faut absolument expliquer, si l'on nie celui de l'évasion suivie d'une substitution;* A L'ÉPOQUE DE LA VISITE D'HARMAND DE LA MEUSE L'ENFANT SE TROUVA ÊTRE MUET ».

Revenant au *signalement* de l'enfant, il est indéniable que Harmand donne celui d'un bossu, alors que le Dauphin ne l'était point. Puis encore, les longs cheveux qu'il lui donne, ne l'oublions pas, coupés ras par la Simon (M. de Beauchesne, t. II, p. 88-89), auraient-ils eu le temps en onze mois de redevenir longs et beaux comme auparavant? D'ailleurs, les cheveux du prince n'étaient point châtain-clair mais *blond cendré*, ce qui n'est nullement la même teinte. Nous en avons pour garant, outre le témoignage de Mme de Rambaud, sa berceuse, celui de toutes les miniatures du temps. Donc, encore une fois, ce petit bossu-là, eut-il une figure encore plus intéressante, n'était pas le Dauphin.

Il est vrai que M. Chantelauze dans *Les faux Dauphins* (*Correspondant*, n° 482, 10 août 1882), nous dit : « Aucun des trois députés nommés ci-dessus (Harmand, Mathieu et Reverchon), ni alors, ni depuis, n'a exprimé le moindre doute sur l'identité du jeune prince ». M. Chante-lauze en est-il vraiment bien sûr?

Que signifierait donc cette étonnante réticence qui clôt le rapport d'Harmand, véritable décla-ration collective : *Nous convînmes... que nous ne ferions point de rapport en public, mais en comité secret, dans le comité seulement : ce qui fut fait ainsi,* » si, par suite de cette divulgation, le *Moniteur* n'eut dû apprendre à ses lecteurs, à la France et à l'Europe entière, que Louis XVII n'était plus au Temple ?

Ce témoignage est éloquent, rapproché de cette déclaration, faite par Harmand (de la Meuse) lui-même, que, peu de jours après sa visite au Temple, « une intrigue » le fit nommer commissaire aux Grandes Indes. On l'aurait mieux aimé au Bengale qu'à la Convention : il en savait trop long.

Ceci n'est point de notre part une simple induction. Dans la *Survivance*, page 107, M. le comte Gruau de la Barre écrit : « Un gentilhomme d'Allemagne m'a aussi raconté qu'un M. Harmand assurait que le fils de Louis XVI n'était pas mort dans sa prison. Ce ne pouvait être que le conventionnel nommé par Louis XVIII, en 1814, préfet des Hautes-Alpes, qui rédigea alors son rapport dans un style approprié aux circonstances, mais sans indiquer la date de la visite. »

« Harmand s'étant montré favorable au coup d'Etat du 18 brumaire, avait été nommé préfet du Haut-Rhin. C'est peut être là qu'il parla trop avec un gentihomme allemand. Napoléon, qui n'aimait pas les indiscrétions, le nomma consul à Santander, puis à Dantzig ; mais, considérant ces deux postes comme une disgrâce, Harmand refusa de s'y rendre et resta à Paris sans emploi.

Mieux encore, on connaît l'existence d'un témoignage formel et écrit du conventionnel Reverchon. Il était intime avec une dame de Lyon, Mme Delpêche, et désirait sauver l'héritier de la Monarchie. Il avait communiqué ce dessein à son amie, qui était liée elle-même avec Joséphine de Beauharnais. Mme Delpêche, obligée de quitter Paris et de retourner à Lyon, pria Reverchon de lui annoncer le résultat de ses démarches, aussitôt que l'évasion serait consommée. En effet, quelques jours après le 8 juin, Reverchon informa Mme Delpêche que l'évasion venait de s'accomplir heureusement. M. le comte de la Barre affirme qu'étant à Lyon en 1839, il put examiner, chez Mme Delpêche, la lettre de Reverchon qui portait la date de prairial an III (juin 1795), et le timbre de la poste. On voit donc que si Reverchon n'exprimait aucun doute, c'est qu'il n'en avait, en effet, aucun!

Quant à nous, qui nous refusons, ainsi du reste que MM. de Beauchesne, Chantelauze, de la Sicotière, etc., à accepter l'hypothèse d'un mutisme volontaire, permanent et absolu, nous sommes bien obligés d'admettre un mutisme organique!

Disons toutefois que, dans son texte, M. de Beauchesne, gêné sans doute, a cru devoir remplacer la dernière phrase d'Harmand par des points. C'est plus commode.....

S'attarder plus longtemps sur ce point serait oiseux. Nous insisterons cependant encore sur *la date* de cette importante visite, dont Harmand a *oublié* l'époque, tandis que M. de Beauchesne la place au 27 février.

La date véritable est le 19 décembre 1794. ainsi que l'établit l'auteur de l'*Histoire de la captivité de Louis XVI*, page 305, et que le confirme

Madame Royale, dans sa *Relation de la captivité de la famille royale à la tour du Temple*, en ces termes : « *Le 19 décembre* (1), *le Comité de sûreté générale* vint au Temple à cause de la maladie de mon frère. Il était toujours au coin du feu ; on ne pouvait pas l'en tirer ; il n'aimait pas à marcher ».

Revenons maintenant à Laurent : fidèle au rôle qu'il avait accepté, le créole se tenait en communication avec les amis du dehors, ayant comme lui entrepris de sauver le malheureux prince de la captivité où il languissait. Au moment où venait de s'opérer la substitution retracée par nous plus haut, il écrivait à l'un d'eux, peut-être le général de Frotté, la lettre suivante (2) :

« Mon Général,
« Votre lettre du 6 courant m'est arrivée trop tard, car votre premier plan a déjà été exécuté parce qu'il était temps. *Demain un nouveau gardien doit entrer*

---

1. Cette question de date n'aurait aucune importance si Gomin n'avait prétendu « qu'Harmand n'a pas offert de raisin », parce qu'il place la visite au 28 février, époque où, selon lui, on n'aurait pu s'en procurer. Mais Gomin a tant de fois eu des défaillances de mémoire, nous le verrons, qu'on n'est nullement obligé de le croire. Et puis, Harmand mérite au moins autant de créance que lui, d'autant plus que Mathieu et Reverchon, qui ont connu son récit, ne l'ont jamais démenti.

2. M. Perceval a traduit en anglais l'*Abrégé des infortunes du Dauphin*, et quand il arrive aux lettres de Laurent, il dit :

« Les trois lettres de Laurent, citées par le prince pour

en fonctions, c'est un républicain nommé Commier (Gomin), brave homme, à ce que dit B... (Barras); mais je n'ai aucune confiance à de pareilles gens. Je serai bien embarrassé pour faire passer de quoi vivre à notre p... (prince); mais j'aurai soin de lui, et vous pouvez être tranquille. *Les assassins ont été fourvoyés,* et les nouveaux municipaux ne se doutent point que le *petit muet* a remplacé le d... (Dauphin). Maintenant, il s'agit seulement de le faire sortir de cette maudite tour, mais comment ? B... (Barras) m'a dit qu'il ne pouvait rien entreprendre à cause de la surveillance. S'il fallait rester longtemps, je serais inquiet de sa santé, car il y a peu d'air dans son oubliette, où le bon Dieu même ne le trouverait pas, s'il n'était pas tout puissant. Il m'a promis de mourir plutôt que de se trahir lui-même; j'ai des raisons pour le croire. *Sa sœur ne sait rien ; la prudence me*

établir la substitution d'un enfant à lui, sous les auspices de Joséphine, ont une sorte de caractère d'authenticité tiré des circonstances suivantes : Nous sommes informés par Lacretelle, dans son *Histoire de France,* que Laurent, dont il fait mention en rapportant la mort supposée de Louis XVII, était créole, et qu'il fut déporté par Bonaparte à Cayenne, comme un jacobin dangereux. Mme d'Angoulême, dans son récit des événements, fait le plus grand éloge de Laurent, pour sa conduite noble et touchante envers elle au temps de la date de ces lettres. Joséphine était créole elle-même, il est tout naturel de croire qu'elle connaissait Laurent, et qu'elle le savait digne de sa confiance. Son bannissement à Cayenne démontre que Napoléon avait de fortes raisons pour se débarrasser de lui; et, d'après le témoignage honorable de Mme d'Angoulême en sa faveur, il est loin d'être prouvé qu'il fut déporté pour son jacobinisme; on a lieu de présumer, au contraire, que cet homme était redouté par les ennemis des Bourbons comme dépositaire d'un secret important. »

force de l'entretenir du petit muet comme s'il était son véritable frère. Cependant ce malheureux se trouve bien heureux, et il joue, sans le savoir, si bien son rôle, que la nouvelle garde croit parfaitement qu'il ne veut pas parler; ainsi, il n'y a pas de danger.

« Renvoyez bientôt le fidèle porteur, car j'ai besoin de votre secours. Suivez le conseil qu'il vous porte de vive voix, car c'est le seul chemin de notre triomphe.

« Tour du Temple, le 7 novembre 1794. »

Les difficultés qui s'opposaient à ce que Laurent parachevât l'œuvre commencée, en faisant sortir du Temple le petit prince séquestré au quatrième étage de la tour, persistaient, et Laurent, redoutant quelque trahison, inquiet de la visite des conventionnels, écrit cette deuxième lettre, en réponse aux impatiences du général. Celui-ci, d'ailleurs, et nous le verrons dans sa lettre à Mme Atkins, n'avait encore dans son correspondant du Temple qu'une confiance assez limitée.

Voici cette seconde missive :

« Mon Général,

« Je viens de recevoir votre lettre. Hélas! votre demande est impossible. *C'était bien facile de faire monter la victime; mais la descendre est actuellement hors de notre pouvoir,* car la surveillance est si extraordinaire que j'ai cru d'être trahi. Le Comité de sûreté générale avait, comme vous savez, déjà envoyé les monstres Mathieu et Reverchon, accompagnés de M. H., de la Meuse (Harmand), pour constater que notre muet est véritablement le fils de Louis XVI.

6

Général, qne veut dire cette comédie? Je me perds et je ne sais plus que penser de la conduite de B... (Barras). Maintenant, il prétend de faire sortir notre muet et le remplacer par *un autre enfant malade.* Etes-vous instruit de cela? N'est-ce pas un piège? Général, je crains bien des choses, *car on se donne bien des peines pour ne laisser entrer personne dans la prison de notre muet, afin que la substitution ne devienne pas publique;* car si quelqu'un examinait bien l'enfant, il ne lui serait pas difficile de comprendre qu'il est sourd de naissance et, par conséquent, naturellement muet. Mais, substituer encore un autre à celui-là ! L'enfant malade parlera et cela perdra notre demi-sauvé et moi avec. Renvoyez, le plus tôt possible, notre fidèle et votre opinion par écrit.

« Tour du Temple, 5 février 1795. »

Un mois après, une troisième et dernière lettre de Laurent, elle est ainsi conçue :

« Mon Général,

« *Notre muet* est heureusement transmis dans le palais du Temple et bien caché ; il restera là et, en cas de danger, il passera pour le Dauphin. A vous seul, mon général, appartient ce triomphe. Maintenant, je suis tranquille. Ordonnez toujours et je saurai obéir. *Lasne prendra ma place quand il voudra* Les mesures les plus sûres et les plus efficaces sont prises pour la sûreté du Dauphin; conséquemment, je serai chez vous en peu de jours pour vous dire le reste de vive voix.

« Tour du Temple, le 3 mars 1795. »

Nous avons déjà insisté suffisamment sur

l'importance des lettres de Laurent pour y revenir ici et l'on voit se dérouler, à la lecture de ces
documents qui respirent la plus franche sincérité,
toutes les phases du drame dont les murailles du
Temple sont les témoins, moins silencieux certes,
que l'espéraient les oppresseurs.

« Quelle justicière que l'histoire ! Comme elle a
bientôt fait de casser les jugements faux ou erro-
nés que les intéressés essayent toujours de lui
faire porter ! Comme elle élague les témoignages
mensongers, les documents apocryphes, les actions supposées ! Comme elle supplée aux sup-
pressions de pièces, aux destructions de preuves,
au huis-clos des procédures, au mystère des cabinets, aux cachotteries misérables de ceux qui
craignent sa lumière !...

« Vains efforts. On étouffe deux mille témoins,
on en oublie dix. On brûle vingt dossiers, il y en
a un qui a été soustrait ou copié par un intermédiaire infidèle ; on s'enferme à double tour pour
simuler, dans l'ombre, une condamnation régu-
lière ; les gendarmes, les huissiers, les juges
racontent le procès à leurs amis, à leurs femmes,
à leurs maîtresses ; on fait disparaître un homme ;
le fait même de sa disparition dénonce le crime.
A défaut de révélations positives, le silence des
témoins est accusateur.

« Puis un jour vient où toutes ces voix qui
murmuraient dans la nuit le lugubre mystère,
ne craignent plus de le crier au grand jour ; où les

documents échappés au feu sortent de leur cachette; où les survivants apportent leur déposition.

« Et la vérité brille plus vive, plus éclatante. »

Ces lignes, que nous empruntons à l'introduction de la *Conspiration du général Mallet* (1), semblent écrites en faveur de la défense que nous poursuivons, du droit succombant sous la raison d'État, et nous pouvons nous écrier aussi : Nulle part ces caractères n'apparaissent plus évidents et plus palpables que dans l'histoire du fils de Louis XVI !

On le conçoit, les rumeurs de l'évasion avaient déterminé parmi les membres du gouvernement une vive émotion (2). Mise en présence du muet, la délégation envoyée au Temple avait, non sans une certaine surprise, pu reconnaître la confirmation de ces bruits et constater la supercherie ; aussi dut-elle se borner à lire, en comité secret,

1. Par Paschal Grousset. Paris, Le Chevalier, 1869.

2. Le 28 décembre, le conventionnel Lequinio fit la motion de bannir les deux prisonniers du Temple : cette demande fut renvoyée au Comité de salut public et de sûreté générale, et ceux-ci chargèrent du rapport Cambacérès, le correspondant de Monsieur.

Cambacérès fut entendu le 22 janvier 1795 :

« Un ennemi, dit-il, est bien moins dangereux lorsqu'il est en votre puissance que lorsqu'il passe aux mains de ceux qui soutiennent sa cause ou qui ont embrassé son parti..... » (Lire ce rapport dans Beauchesne, II, p. 254, ou dans Chantelauze, p. 293). Il est certain — observe Louis Blanc (*Histoire de la Révolution française*) — que

un rapport où il était trop aisé de lire entre les lignes.

La Convention, dès lors embarrassée de la présence, au Temple, de cet enfant dont l'infirmité était trop manifeste, et qui, d'ailleurs, offrait avec le Dauphin une dissemblance trop accusée, dut promptement prendre une décision. Une deuxième substitution fut donc résolue, et l'on s'occupa de remplacer le muet, dont le rôle commençait à être percé à jour, par un enfant malade ; on comptait bien s'en débarrasser, s'il ne satisfaisait naturellement à ce que l'on attendait de lui : *mourir dans la prison, sous le nom du Dauphin!*

Un motif grave pesait d'autre part sur la détermination de la Convention et en hâtait l'exécution ; nous voulons parler des clauses secrètes que renfermait le traité de la Jaunaye. Ce traité, signé le 17 février 1795 dans le petit château de la

---

le rapport de Cambacérès, sur la motion de Lequinio, fut précisément *tel qu'on aurait dû l'attendre d'un homme initié au secret de l'évasion;* car non seulement le rapporteur conclut contre la mise en liberté de l'enfant du Temple, mais il prononce ces paroles singulières ou *la réapparition éventuelle du fils de Louis XVI est si clairement prévue,* et qui semblent avoir été calculées de manière à en détourner d'avance l'effet : « Lors même qu'il aurait cessé d'exister, *on le retrouvera partout,* et cette chimère servira longtemps à nourrir les coupables espérances des Français traîtres à leur pays. »

Ne dirait-on pas que Cambacérès veut habituer les esprits à la pensée de l'évasion ?

6.

Jaunaye, entre Charette et la Convention, mettait fin aux hostilités dans la Vendée, et il contenait une clause secrète portant la remise aux Vendéens du jeune roi et de sa sœur, à la date du 13 juin 1795.

Contestée par ceux qui ont intérêt à obscurcir la vérité sur cette époque, on verra tout à l'heure que l'existence des « articles secrets » est indéniable ; ceci étant, il devenait donc nécessaire de prendre un parti.

Un nouveau chassé-croisé fut alors opéré, tel que l'annonçait Laurent dans sa lettre du 3 mars, et tandis que le sourd-muet Tardif était secrètement transféré dans le palais du Temple, un enfant scrofuleux, gravement malade et dont les jours étaient comptés, venait prendre sa place dans la prison. C'est ce petit malheureux (nous verrons qu'il se nommait Leninger) qui devait trois mois plus tard mourir sur le célèbre *bras gauche* de Lasne et dont le cadavre devait être reconnu pour celui du Dauphin par les cinquante commissaires et gardes-nationaux, familiers de la famille royale, et issus de l'imagination surchauffée des Beauchesne et *tutti quanti !*

Chose étrange, la fable de la mort, dans sa prison du Temple, de l'infortuné fils de Louis XVI, repose sur un acte de décès dont l'authenticité n'est nullement démontrée, mais qui, le fut-elle nettement, n'en demeurerait pas moins un document absolument NUL par sa forme indiscutablement illégale... puis aussi sur les dires, notoirement inspirés par les circonstances, des deux gardiens Gomin et Lasne.

Les moyens puissants dont disposaient les gouvernements successifs, qui ont chacun apporté leur pierre au monument d'iniquité que laissent encore debout l'indifférence et l'égoïsme universels, n'ont pu produire rien de plus.

Que c'est misérable en présence des nombreux témoins autorisés, venant jusqu'à leur lit de mort attester l'identité du fils de Louis XVI; combien sont piteuses ces arguties, en face des signes corporels et inimitables que l'échappé du Temple porte sur sa personne et dont la constatation irréfutable met fin au débat pour qui est sincère!

Moins les contempteurs de la vérité historique ont de preuves à alléguer et plus ils se montrent exigeants pour en réclamer de leurs adversaires. Chacune de nos affirmations devrait s'étayer, pour les satisfaire, de pièces authentiques et dûment légalisées : souvent nous le faisons, mais si *toujours* nous le pouvions, ce livre, pas plus que ceux de nos devanciers, n'aurait sa raison d'être et une simple recherche administrative serait suffisante pour trancher la question.

Nous ne produirons donc pas ici un procès-verbal signé de cinquante municipaux et gardes nationaux, déclarant avoir assisté à l'introduction *clandestine* du jeune Leninger venant relever le muet pour occuper la place du Dauphin dans le Temple, mais, pour commencer, nous mettrons sous les yeux du lecteur les preuves que le chirurgien Desault a payé de sa vie l'imprudence de ne point avoir reconnu le fils de Louis XVI dans l'enfant qu'il soignait et d'avoir laissé échapper ce redoutable secret!

Au lendemain du 9 thermidor, Barras avait fait appeler une première fois le célèbre Desault, chirurgien en chef de l'Hôtel-Dieu, pour s'assurer de l'état du jeune prince, dont lui-même avait pu reconnaître la triste condition, conséquence du régime auquel ses persécuteurs l'avaient soumis.

Lorsque l'état du second substitué fut devenu assez grave pour faire prévoir une fin très prochaine, Desault, appelé de nouveau auprès du prisonnier, ne put retenir un juron et s'écria imprudemment.« Ils ont enlevé l'enfant! » Il venait de provoquer son propre arrêt de mort.

Peu de jours après mourait, à son tour et subitement aussi, le docteur Choppart, qui avait commencé avec son ami Desault le traitement du jeune malade. Eckart, dans ses *Mémoires historiques sur Louis XVII*, et Beaulieu (*Essais sur les causes et les effets de la Révolution*), tous deux contemporains des événements qu'ils retracent, sont d'accord pour affirmer que l'opinion publique n'hésitait pas à admettre que l'un et l'autre avaient été sacrifiés à un secret qu'il importait de ne point ébruiter (1).

Comme le dit Louis Blanc, un médecin venait d'être donné à l'enfant dont la santé déclinait de plus en plus et — «nouveau mystère en cette histoire pleine de mystère — on ne tarda pas à apprendre la mort... non du malade, mais du médecin. »

Celle du malade, toutefois, devait suivre de près. Il le fallait, l'échéance du 13 juin approchait, et si l'état de l'enfant, s'aggravant chaque jour, n'eut amené une issue naturelle, il est per-

---

1. La fin malheureuse de Desault et le motif du crime dont il fut victime ne faisaient point doute à l'époque; tous les Mémoires en font foi : les *Souvenirs de la marquise de Créqui*, les *Mémoires de Cléry*, les *Mémoires de Weber*, Louis Blanc, dans son *Histoire de la Révolution*, etc.

Le docteur Abeillé, élève en médecine sous le docteur Desault, Jacques Boillant, depuis valet de chambre de Louis XVIII, le docteur Adoul, ancien prosecteur de Desault et plusieurs autres attestent l'empoisonnement. La nièce du malheureux a fait la déposition suivante :

« Je soussignée, Agathe Calmet, veuve de Pierre-Alexis Thouvenin, demeurant à Paris, rue de l'Estrapade, 34, déclare que, du vivant de M. Thouvenin, mon mari, neveu de M. le docteur Desault, j'ai souvent entendu Mᵐᵉ Desault, ma tante, me raconter que le 17 floréal an III de la République, le docteur Desault, chirurgien en chef de l'Hôtel-Dieu, fut appelé pour visiter l'enfant « Capet », qui était, à cette époque, enfermé au Temple... Lorsqu'il fit sa visite au malade qui était au Temple, on lui présenta un enfant, qu'il ne reconnut pas pour être le Dauphin, qu'il avait vu quelquefois avant l'arrestation de la famille royale.

mis d'affirmer que la nature aurait été aidée dans son œuvre !

Mais, avant de relater les incidents qui accompagnèrent le prétendu décès du fils de Louis Capet, c'est-à-dire, en réalité, celui du petit Leninger, il convient de dire quelques mots de ce traité de la Jaunaye dont le contrecoup devait se faire aussitôt ressentir dans la tour du Temple.

La Convention, menacée au dehors et au dedans, avait eu la pensée très sage de mettre tout en œuvre pour pacifier la Vendée qu'elle n'avait pu écraser. Le général Canclaux fut alors envoyé à Charette avec quelques délégués, parmi

« Le jour où M. Desault déposa son rapport, après avoir fait quelques recherches pour tâcher de découvrir ce que pourrait être devenu le fils de Louis XVI, puisqu'on lui avait présenté un autre enfant à sa place, un dîner lui fut offert par les conventionnels. Au sortir de ce repas, en rentrant chez lui, le docteur Desault fut pris de violents vomissements à la suite desquels il cessa de vivre, ce qui laissa croire qu'il avait été empoisonné. »

« Agathe THOUVENIN. »

Ajoutons que le rapport de Desault sur l'état du malade confié à ses soins ne fut jamais produit; indiqué dans le tableau du *Moniteur* comme figurant au n° 263 du *Journal officiel*, il ne s'y trouve pas. En outre, Sévestre, dans la séance du 21 prairial, annonce que Desault est mort le 16 prairial, tandis que la date vraie est celle-ci : 13 prairial (1er juin). Pourquoi ce mensonge?

Le 4 juin, mourut non moins subitement son ami et collaborateur, le chirurgien Choppart

Le docteur Doublet, qui avait été appelé en consultation au Temple, eut le même sort que ses deux infortunés collaborateurs.

lesquels l'un des plus marquants était le conventionnel Ruelle. Charette, de son côté, désigna MM. de Brue et Bégaray pour discuter avec les commissaires les articles de la Convention. Quelques clauses secrètes y furent introduites, — le fait ne semble pas douteux, — parmi lesquelles figurait la mise en liberté des enfants de Louis XVI.

Il fut stipulé, en conséquence, que, le 13 juin (25 prairial), le Dauphin et Madame Royale seraient remis à Charette qui les recevrait à Saint-Cloud, où les conduiraient trois commissaires de la Convention (1). Ces clauses secrètes durent n'être connues que de Barras et de ses amis les plus influents. La Convention, d'ailleurs, avait délégué au Comité de salut public l'autorisation générale de conclure et de signer des articles secrets (2);

1. Crétineau-Joly, *La Vendée militaire*, tome II, ch. VII.

2. A peine ces négociations (négociations de Bâle) avaient-elles été entamées que l'empire des faits s'était fait sentir, et avait exigé des modifications aux pouvoirs du Comité de salut public. Un gouvernement tout ouvert, qui ne pourrait rien cacher, rien décider par lui-même, rien faire sans une délibération publique, serait incapable de négocier un traité avec aucune puissance, même la plus franche..... Comment le Comité de salut public, renouvelé par quart chaque mois, obligé de rendre compte de tout et n'ayant plus la vigueur et la hardiesse de l'ancien Comité, qui savait tout prendre sur lui-même, comment aurait-il pu négocier... La nécessité où il s'était trouvé d'envoyer deux de ses membres en Hollande, sans faire connaître ni leur nom, ni leur mission, était une pre-

Thiers nous l'apprend, mais il considère comme étant « sans doute inutile de montrer l'absurdité du bruit *répandu alors*, et *même répété depuis*, que les traités signés renfermaient des articles secrets, portant la promesse de mettre Louis XVII sur le trône... on ne la rappellerait point ici (l'assertion), si elle n'avait été reproduite dans *une foule de Mémoires*. » Voici une négation qui ressemble fort à une affirmation.

D'un autre côté, en parcourant quelques-uns de ces Mémoires, on acquiert promptement la conviction que la mise en liberté du dauphin faisait l'objet de l'un des articles secrets; ceci ne saurait être sérieusement contesté.

Dans son *Histoire de la Vendée et des Chouans*, Beauchamp s'exprime ainsi : (1)

mière preuve du besoin de secret dans les opérations diplomatiques. Il présenta en conséquence un décret qui lui attribuait les pouvoirs indispensablement nécessaires pour traiter, et qui fut la cause de nouvelles rumeurs.

« C'est un spectacle curieux, pour la théorie des gouvernements, que celui d'une démocratie surmontant son indiscrète curiosité, sa défiance à l'égard du pouvoir, et subjuguée par la nécessité, accordant à quelques individus la faculté de stipuler *même des conditions secrètes*. C'est ce que fit la Convention nationale. Elle conféra au Comité de salut public le pouvoir de stipuler même des armistices, de neutraliser des territoires, de négocier des traités, d'en arrêter les conditions... Elle fit plus : *elle autorisa le Comité à signer des articles secrets*.

A. Thiers, (*Histoire de la Révolution Française*).

1. Alphonse de Beauchamp est, au dire de Forneron (*Correspondant* du 10 août 1887, p. 431), un des historiens

« Les délégués (de la Convention) produisirent la déclaration des chefs vendéens comme une preuve de leur retour. Il n'en fut pas de même des clauses stipulées à leur avantage; *quelques-unes restèrent secrètes*. Les autres ne furent publiées qu'un mois après la signature, et encore avec des réticences propres à en pallier la honte. L'ardent républicain ne voyait dans cette pacification qu'une lâche transaction qui menait à la royauté. Les délégués pacificateurs, et particulièrement Ruelle, se virent signalés comme les plénipotentiaires de Charette. Ils parurent dans la salle de la Convention avec des discours préparés. « Nous avons examiné, dit Delaunay, ce qu'il était de la sagesse et de la prudence d'accorder pour la conciliation des esprits et le maintien de la pacification. » Mais il glissa légèrement sur les articles stipulés. »

Sieyès n'était pas seul à affirmer qu'un article

les plus consciencieux qui aient existé en même temps qu'un des hommes les plus méprisables de son époque. Il est particulièrement bien informé pour ce qui concerne les intrigues royalistes dans l'ouest. Son *Histoire de la guerre de Vendée* est sortie de son répertoire manuscrit de police, car il avait réussi à plaire à Fouché et s'était spécialement adonné à la surveillance des royalistes. Il l'a reprise par trois fois avant d'arriver à l'édition définitive et royaliste de 1820. Son avis n'est pas à dédaigner: il est celui d'un homme qui recueillait ses documents avec le flair et la sagacité d'un vieux routier de la police et qui savait tirer parti de ses précieux dossiers en historien digne d'un autre renom que celui de mouchard.

secret promettait la délivrance du Dauphin, et le conventionnel Boursault, entre autres, l'avouait également.

M. de la Sicotière, dans la *Revue des questions historiques* (1), est, en présence des nombreux documents qui prouvent l'existence de ces clauses secrètes, forcé de convenir qu'il y eut des « entretiens entre les négociateurs sur la remise des enfants et *peut-être* sur le rétablissement de la monarchie, et *promesses plus ou moins vagues;* rien d'écrit, rien même de positivement arrêté. »

A qui M. de la Sicotière fera-t-il croire, non qu'il n'y eut rien d'écrit, ce qui n'est guère surprenant en l'espèce, mais qu'il n'y eut rien d'arrêté verbalement! Ce n'était pas sur des propos en l'air que les Vendéens auraient déposé les armes et qu'ils auraient ensuite envoyé à Paris des délégués chercher leur jeune roi.

Comme dans toutes les négociations engagées à cette époque, les négociateurs étaient sollicités par bien des courants divers; parmi ces hommes il en était de peu sincères et tout disposés à leurrer, si possible, leurs adversaires. Tromper les Vendéens, pour en avoir plus tard meilleur marché, devait donc être une tactique admise.

Dans le tableau suivant, donné par M. de la Sicotière de la situation politique en 1795, le

1. *Les articles secrets (Revue des questions historiques)* tome XXIX.

lecteur se demandera si cette description du terrain ne dépeint pas un sol fertile à l'éclosion d'*articles secrets*, alors même qu'ils n'eussent pas été impérieusement dictés par les circonstances.

« Beaucoup des thermidoriens étaient d'ailleurs gens de plaisirs, d'argent, d'intrigues, sans préjugés et sans principes. Ils dominaient cependant la Convention, décapitée des anciens chefs de parti... Ils dominaient aussi le Comité de salut public. En réalité, plus de gouvernement.

« Il semble que l'on eût pu accuser les thermidoriens de tout, excepté de royalisme... *Il est incontestable, cependant, que Louis XVIII avait des intelligences au sein de la Convention.* Quelques-uns des hommes les plus compromis du parti révolutionnaire avaient accepté les ouvertures faites en son nom; d'autres ne les repoussaient pas, ce qui était presque les accepter. On a signalé comme acquis à sa cause et même entretenus à sa solde, Lanjuinais, Rovère, Fréron, Barras, Boissy d'Anglas, Isnard, de Fermon, Cambacérès, Bentabolle, Tallien, Henri Larivière, Levasseur, Lomont, Faveau, Dubois-Du Bais... *Toujours est-il que les négociations d'un traité de paix avec la Vendée offraient, dans ces conditions, un vaste champ aux témérités et aux intrigues de toute sorte!* »

Pour cet écrivain dont le siège est fait, dont la conviction repousse la pensée de l'évasion du Dauphin et rejette tout ce qui tend à la corroborer, sa sincérité se trouble à la vue des preuves du contraire qui s'offrent à toute minute à sa vue et de nombreux aveux lui échappent, précieux à recueillir (1).

Mais le plus curieux peut-être, ce sont les réflexions dont il fait suivre le compte rendu emprunté au *Moniteur* de la séance du 22 frimaire

---

1. Il cite (p. 216) Mellinet (*Histoire de la guerre civile de France*, t. II, p. 347), écrivant :

« Quelqu'un ayant demandé à Charette pourquoi, après la fameuse pacification signée près de Nantes, il n'était pas resté tranquille :

« — C'est, répondit-il, parce qu'on ne m'a pas tenu ce qu'on m'avait promis. — Quelle promesse vous avait-on faite ? Nos troupes n'ont pas été les premières à vous attaquer. — On m'avait promis un Roi »…..

Ibid. page 217. (Interrogatoire de Charette avant d'être condamné et fusillé) :

15ᵉ question. « — Aviez-vous quelques articles secrets convenus avec les représentants du peuple?

— Il n'y en avait pas par écrit (parbleu!) : il n'y avait eu que des conjectures tirées de l'état du gouvernement…»

Cormatin, dans son manifeste précédant les négociations, parlait très ferme. On y lit (*Ibid.* p. 196) :

…; convaincus que les Français, d'après leur caractère physique et moral, ne pourront jamais être heureux que sous le gouvernement d'une monarchie… souscrivent à tout ce que fera le général Charette pour établir l'union, la paix et la concorde entre les Français. *Il suffira seulement que l'on promette, avec garantie de les remplir par la suite, ceux des articles dont on ne pourrait pas pour le moment obtenir l'exécution.»*

Et, *Ibid.* p. 221. Cormatin, dans son Mémoire, récusant ses juges, dit encore dans une note : «présente, *ainsi que cela a toujours été annoncé*, des articles secrets dans la pacification … » Cormatin demandait le temps nécessaire

an IV (13 décembre 1795) du Conseil des Cinq-Cents.

Roux (de la Marne) proteste contre les accusations de Cormatin : « Il a l'audace, dit-il, de produire une copie de lettre qu'il attribue aux mem-

pour produire les pièces originales qu'il indiquait. Tallien s'opposa au sursis... »

Ibid. p. 222-223 :

« Fleuriot, un des signataires du traité de la Jaunaye, aurait, paraît-il, affirmé, à l'époque même où le traité fut arrêté, qu'il existait des articles secrets, et que notamment le jeune Louis XVII devait être remis entre les mains de Charette, avant la fin de juin. C'est à M. de la Bouère qu'il aurait fait cette confidence. » M. de la Sicotière affirme que ce gentilhomme, officier de Stofflet, était honnête homme et à l'abri de tout soupçon. Il ajoute: « Le même M. de la Bouère assista au dîner où se réunirent les chefs Vendéens et les délégués du Comité, le jour de l'Epiphanie. On y tira les Rois; on y but à la santé de Louis XVII, on y cria: Vive le Roi! Les envoyés pacificateurs, ajoute-t-il, se levèrent spontanément, comme nous, et firent chorus avec nous sans façons ». (Le même fait est reproduit par d'autres auteurs).

Venant aux négociateurs républicains, M. de la Sicotière dit: (*Ibid.* p. 226):

« A la séance du 24 ventôse (14 mars 1795), Ruelle, qui paraît avoir joué dans l'affaire des conventions de la Jaunaye, officielles ou secrètes, le rôle principal, faisait hommage à la Convention, au nom de Charette, des drapeaux de l'armée royale. Il s'exprimait ainsi.

— « Depuis huit jours, la malveillance s'agite contre les négociateurs du traité. On dit qu'ils ont favorisé les royalistes, qu'ils ont promis aux Vendéens de leur livrer des places et que les articles secrets leur garantissent l'exécution de cette promesse. » — Il ne protestait point autrement contre cette accusation... »

bres du Comité de salut public, dont il relate les signatures. Il fait plus : *il prétend que le Comité de salut public s'est engagé avec lui à faire transférer le jeune Capet et sa sœur à Saint-Cloud, pour de là les faire passer à la Vendée. — Je suis* du nombre de ceux dont on relate la signature dans le placard ; je ne crois pas avoir besoin de déclarer que je n'ai jamais eu de correspondance avec Cormatin... »

Doulcet et Tallien font entendre quelques paroles de protestation et le Conseil des Cinq-Cents s'empresse de passer outre à l'incident.

M. de la Sicotière « ne peut s'empêcher de remarquer ici : (1)

« 1° Que des députés qui firent entendre ces protestations, aucun n'avait pris part aux négociations de la Jaunaye, et que c'est à la Jaunaye qu'auraient dû être échangées les demandes et les promesses connues sous le nom d'articles secrets ;

« 2° Qu'un seul d'entre eux, Doulcet, avait pris part à celles de la Mabilais, et une part très secondaire ;

« 3° Que les désaveux exprimés à la tribune portent uniquement (et c'est une circonstance bien singulière) sur la sincérité des signatures des deux lettres publiées par Cormatin, et laissent de côté la question proprement dite des articles,

1. *Ibid.* p. 230.

qui en est tout à fait distincte. Les lettres auraient pu être fabriquées, sans que les articles cessassent d'être une vérité.

« Quelque chose de plus singulier encore ressort de l'attitude des signataires des deux traités· Aucun d'eux ne s'associe par des lettres, par des protestations indignées , aux dénégations de Tallien et consorts. »

Ce serait bien surprenant, en effet, si les articles secrets n'avaient pas été une vérité et une vérité gênante pour beaucoup.

Peuchet (*Mémoires tirés des archives de la police de Paris*) apporte, à l'appui de l'existence des articles secrets, l'opinion du général Beaufort de Thorigny (1), opinion qui ne laisse pas d'avoir son importance, puisque Beaufort commandait dans la Vendée.

« Boissy d'Anglas, dit la *Survivance*, page 76, parle, lui aussi, de cet article secret, et dit que

1. « M. le général Beaufort de Thorigny, qui a commandé dans la Vendée les armées de la République, était persuadé que le 20 prairial an III (le 8 juin 1795), S. M. Louis XVII existait encore et il citait pour preuve une lettre qu'il avait reçue *dans l'intervalle du 10 au 15 juin* du conventionnel Sieyès, qui lui enjoignait de reprendre les hostilités, sans attendre le terme d'un armistice précédemment conclu ; car « *si on ne devance ce terme*, écrivait Siéyès, *nous serons alors obligés, conformément aux conventions, de remettre le jeune Capet aux chefs royalistes* ».

« Je n'ai pas vu cette lettre, que M. le général Beaufort conservait, assurait-il, dans ses papiers, et dont il a parlé

les chefs des Comités avaient promis de l'exécuter. Ajoutons les révélations faites par le baron de Cormatin, lorsqu'il fut arrêté vers le printemps de l'année 1796. Le baron de Cormatin prétendait que les hostilités avaient été reprises, parce que le Comité de Salut public n'avait pas tenu certaine condition secrète du traité, par laquelle il s'engageait à rétablir le trône. Il soutint qu'au mois de prairial an III, les chouans avaient envoyé, à ce Comité, une députation chargée de demander que Louis XVII vînt en Vendée. Il ajouta que cette députation avait obtenu la promesse que le jeune prince paraîtrait bientôt dans l'Ouest. Enfin, nous avons encore, pour établir l'authenticité de cet article secret et la lettre confidentielle de plusieurs membres du Comité de salut public (1) au citoyen Guesno, représentant du peuple, où est mentionnée cette condition

à toutes les personnes qui sont allées le visiter dans la prison de Corbeilles, où il est décédé il y a peu de temps.

« Au reste, peu de temps avant la mort de Louis XVII, il y eut en effet un armistice, pendant lequel le chevalier de Charette et ses compagnons d'armes négocièrent, avec les commissaires des Comités de la Convention, un traité qui fut accepté par le Comité de salut public, et par lequel ce Comité s'était engagé, vis-à-vis des chefs Vendéens, à leur remettre l'héritier de la couronne et son auguste sœur avant le 15 juin pour tout délai... » (*Mémoires tirés des archives de la police de Paris*, par Peuchet).

1, Voir *Appendice* n° 2.

secrète de la mise en liberté de l'héritier royal (1), et la déclaration des chefs militaires de la Bretagne et de la Vendée (2), datée du 20 juin 1795. L'authenticité de cette déclaration est indéniable.

1. Crétineau-Joly: *La Vendée militaire*, t. II, chap. VIII.

2. *Déclaration des chefs et soldats des armées catholiques et royales... aux fidèles habitants du Poitou, de l'Anjou, du Maine, de la Bretagne et de la Normandie:*

« Nous devons à tous les Français et à l'Europe entière la justification, ou pour mieux dire, l'exposé de notre conduite ; nous allons la tracer avec cette loyauté, avec ce sentiment d'honneur et d'amour de la patrie qui a constamment dirigé notre conduite et animé nos efforts. Nous prenons le Dieu vivant à témoin de la sincérité de nos paroles...

« Nous avons fait connaître dans le temps les conditions que nous imposâmes à cette époque à la soi-disant Convention ; mais nous ne pûmes vous dire alors les *conditions secrètes* auxquelles elle s'obligea, et *sans lesquelles* les soi-disant représentants du peuple n'eussent jamais approchés de nos drapeaux.

« Le Comité de salut public nous fit promettre solennellement, par l'organe de ses envoyés, que la religion catholique et la monarchie seraient rétablis en France avant le 1er juillet. Sur la défiance que nous inspirait une époque aussi éloignée, nous ne voulions ni suspendre les hostilités, ni entrer en accommodement. Mais les soi-disants représentants du peuple nous dirent et nous persuadèrent que, « pour amener l'opinion publique au retour des choses que nous désirions, pour ne laisser aucune réponse, aucun espoir aux Jacobins, il fallait préparer la nation à demander elle-même la royauté, que des invitations secrètes seraient faites à cet effet dans les départements ; qu'on était sûr qu'elles seraient favorablement accueillies et même avec enthousiasme ; que, dans le cas contraire, ce qu'on supposait à peine possible, le *Comité de salut public s'engageait à faire remettre entre les*

7.

L'original existe, et Crétineau-Joly le reconnaît pour véritable. Or, cette déclaration contient la note confidentielle envoyé à Guesno, que les généraux affirment avoir interceptée, le 10 juin,

mains des chefs Vendéens, Louis XVII et sa sœur, le 13 juin (25 prairial), pour *tout délai*...

« *Une heure seulement avant la signature du traité de paix*, il fut convenu que les conditions ci-dessus rapportées demeureraient comme clauses et articles secrets, afin de préparer les esprits, et qu'on parvint à amener l'armée républicaine à désirer l'exécution des clauses, pour ainsi dire sans se douter qu'elles eussent lieu...

« Quelle était notre joie, à cette époque, de penser... que notre sang répandu était consacré à rétablir le culte de notre Dieu et le trône de notre roi ! Nous nous confirmâmes encore davantage dans cette espérance si douce, par l'assurance formelle qui fut donnée le 28 avril par les soi-disants représentants du peuple. Ils observèrent à M. de Guerville, que nous envoyâmes auprès d'eux...

« que les démarches publiques auxquelles ils se détermineraient ne devaient nous inspirer aucune crainte, puisqu'elles n'auraient pour but que de préparer plus sûrement l'exécution des articles secrets. » M. de Guerville nous rapporta cet écrit qui semblait exiger une confiance entière de notre part :

« *Les articles secrets, dont l'exécution définitive est fixee au 25 prairial prochain* (13 juin 1795), AURONT LEUR PLEIN ET ENTIER EFFET. Le Comité de salut public prend les mesures nécessaires à cet égard ; les sacrifices qu'il est forcé de faire aux apparences *ne le rendront que plus scrupuleux à tenir les paroles données.* ELLES SERONT RELIGIEUSEMENT GARDÉES. »

Signé : GRENOT, GUERMEUR, GUESNO.

« Rennes, 9 floréal an III (28 avril 1795) »

« Le 4 juin (16 prairial) il fut convenu que Louis XVII et sa sœur seraient conduits le lendemain à Saint-Cloud.

près de Château-Giron. Il est donc évident que nous avons, là, une pièce authentique qui éclaire le ténèbres de cette affaire. Il est dit encore que « le Comité de salut public s'engageait à faire remettre entre les mains des chefs Vendéens Louis XVII et sa sœur, le 13 juin (25 prairial), pour tout délai » et que, le 28 avril, les représentants du peuple avaient fait observer à M. de Guerville, un envoyé de la Vendée, que « les *démarches publiques auxquelles* ils se détermineraient, ne devaient inspirer aux Vendéens aucune crainte, puisqu'elles n'auraient pour *but que de préparer plus sûrement l'exécution des*

Doulcet, Tallien, Cambacérès, Treillard, Rabaud, Sieyès, Rewbell, Guillet et Roux, en signèrent la promesse.

« M. de Chabellier, que les membres du soi-disant Comité de salut public cherchèrent à retenir quelques jours à Paris, afin qu'il jugea par lui-même de la loyauté avec laquelle ils procèderaient, quitta Paris le soir même, d'après les ordres qui lui avaient été donnés d'être de retour le 7 au plus tard. Il arriva ici le 8 au matin. Nous nous disposâmes aussitôt à concerter avec les représentants du peuple les moyens d'envoyer des personnes d'une fidélité et d'une bravoure éprouvées, dans les environs de Saint-Cloud. Dans ce même moment, Louis XVII expirait dans la prison du Temple ; dans ce même moment, des ordres écrits étaient donnés pour faire avancer des troupes dans nos provinces... La lettre ci-jointe (la note confidenielle adressée à Guesno), que nous avons interceptée le 10 auprès de Château-Gilon, a découvert la profonde scélératesse du soi-disant Comité de salut public...

« Vous le voyez, braves camarades, le crime se dévoile aujourd'hui dans toute son horreur. La soi-disant Convention, n'ayant pu vous convaincre, a cherché à tromper

articles secrets. » M. de Guerville rapporta aux Vendéens une note, qui ne pouvait qu'augmenter leur confiance : « Les articles secrets, dont l'exécution définitive est fixée au 25 prairial prochain (13 juin 1795), auront leur plein et entier effet. Le Comité de Salut public prend les mesures nécessaires à cet égard, les sacrifices qu'*il est forcé de faire aux apparences* ne le rendront que plus scrupuleux à tenir *la parole donnée*. Elle sera religieusement gardée.

« *Signé :* GRENOT, GUERMEUR, GUESNO. »

Il y a donc, on le voit, à la fois puérilité et mauvaise foi à nier ces articles secrets qui jet-

notre bonne foi et a abusé de notre loyauté... Elle s'était engagée à remettre entre nos mains notre roi et son auguste sœur; et NOTRE ROI EXPIRE DANS SA PRISON ! Nous ne vous dirons pas que les hommes qui ont assassiné Louis XVI aient attenté aux jours de Louis XVII ; nous n'avons aucune preuve certaine pour l'annoncer ; mais il est bien difficile de ne pas le croire : *lorsqu'on voit cet auguste et malheureux enfant périr le 8 de ce mois, tandis que le 4 on avait promis à M. de Chatellier qu'on allait le transférer à Saint-Cloud, et qu'on ne lui avait pas même laissé* SOUPÇONNER QUE LE ROI FUT ATTAQUÉ DE MALADIE !...

« Braves camarades ! Nous n'avons plus ni paix ni trêve à attendre de la Convention ; il ne nous reste plus que la victoire ou la mort... »

« A ces causes et considérations...

« Fait au quartier général de l'armée de Charette, et publié au quartier général des armées de Stofflet, Sapinaud et Scépeaue, le 20 juin 1795...

Signé : CHARETTE, etc.

Certifié. *Signé :* GILBERT, secrétaire général.

tent une si grande lumière sur les drames du Temple.

En présence des réclamations vendéennes formulées avec une audace menaçante, les Comités de la Convention durent se demander ce qu'il fallait faire.

... « Il ne sortira pas du Temple, » furent les paroles sinistres prêtées à Martin de Douai.

Barras et ses amis voulaient cependant sauver le Dauphin et, pour ne point se compromettre, ou, tout au moins, pour *enlever tout prix à ce gage précieux*, ils ne trouvèrent rien de plus ingénieux qu'un décès simulé.

C'est ce que, par une merveilleuse intuition, avait deviné Frotté, et ce qu'il exprime dans sa lettre à Mme Atkins (1), lettre curieuse à plus d'un titre et dont nous devons une partie à M. de la Sicotière. La voici, telle qu'il nous la donne :

« Rennes, 14 mars 1795.

«... Ne pouvant positivement prévoir comment tout

1 Mme Atkyns était Anglaise ; fort bien vue à la cour de Saint-James, elle était très royaliste et s'intéressait beaucoup à la famille de Louis XVI. Dans un séjour à Lille elle y avait connu le comte de Frotté, alors officier au régiment de la couronne. En 1793 elle s'occupa beaucoup de la famille royale, et, ayant revu le comte, elle lui remit des fonds considérables destinés à faciliter l'évasion du jeune prince.

Lorsque la reine était encore au Temple, Mme Atkyns était parvenue, au prix de mille louis, à passer une heure avec la reine.

cela finira, et ne pouvant pas plus faire la guerre tout seul, si tout le monde fait la paix, que je ne veux signer de traité avec les régicides, ni retourner en Angleterre (1) SANS AVOIR TENTÉ DU MOINS D'EFFECTUER CE QUI M'A FAIT VENIR ICI, j'avais un projet dont l'impossibilité et l'inutilité de l'exécution, dont j'ai eu l'assurance formelle, me prouve encore bien clairement que vous aviez été abusée dans les rapports qu'on vous a faits sur le sort des biens chères et trop malheureuses victimes du Temple... Un des plus prépondérants des quatorze députés insistait pour que je lui donnasse un moyen de faire quelque chose pour moi qui put me rapprocher d'eux. J'en profitai pour m'ouvrir à lui sur la seule chose que la Convention put m'accorder, et à laquelle je mettrais un grand prix si la paix se concluait. Il me fit les plus belles promesses, et ouvrit des yeux d'étonnement que je ne peux vous rendre, lorsque je lui dis que, dans cette circonstance, la seule place qui convint à mes principes, à mon cœur et à mon caractère, était dans le Temple, pour y servir le reste infortuné du sang qui régna sur la France. (Notez que celui à qui je parlais n'avait pas voté la mort du roi). Il me fixa quelque temps sans me répondre, et j'en profitai pour appuyer ma proposition de toutes les raisons qui pouvaient être les plus compatibles avec les sentiments d'honneur, d'humanité et de modération philantropico-républicaines qu'affectent les députés depuis la chute de Robespierre. Enfin, il rompit le silence en me disant:

1. Frotté avait débarqué d'Angleterre sur les côtes de Bretagne en février 1795. Envoyé par les chefs Bretons à Charette pour se renseigner sur les causes qui l'avaient déterminé à signer le traité de la Jaunaye, il avait été choisi comme l'un des sept délégués chargé de négocier avec les délégués de la Convention.

« Votre proposition mérite réflexion, nous ne sommes pas seuls; demain nous nous reverrons chez moi, si vous voulez, et je vous répondrai franchement.

« Je le revis le lendemain, et après m'avoir fait plusieurs objections d'un air assez ému, il me dit :

« Écoutez: ce que vous me demandez n'est peut-être pas impossible à obtenir, parce que nous voyons fort bien que vous avez de l'ascendant parmi les députés royalistes et que vous pourriez accélérer la fin des conférences en faisant le contraire de ce que vous faites, d'autant plus que la Convention désire fort qu'elles ne se prolongent pas davantage, et que tous les chefs signent le traité le plus tôt possible, mais je trouve votre dévouement du moins respectable, et comme les choses, quoique vous puissiez faire, n'en iront pas moins comme nous voulons, plus ou moins promptement, je dois vous dire la vérité, parce que je crois pouvoir compter sur votre discrétion. Votre sacrifice serait inutile. Vous en seriez sûrement victime, et ne pourriez dans aucun cas servir à rien au fils de Louis XVI. Sous Robespierre, on a tellement dénaturé le physique et le moral de ce malheureux enfant que l'un est entièrement abruti et que l'autre ne peut lui permettre de vivre. Ainsi renoncez à cette idée dans laquelle j'aurais vraiment bien du regret, par intérêt pour vous, de vous voir persister, les choses étant au point où elles en sont, car vous n'avez pas d'idée de l'appauvrissement et de l'abrutissement de cette petite créature. Vous n'auriez en le voyant que du chagrin et du dégoût, et ce serait vous sacrifier inutilement, car vous le verriez infailliblemeni mourir bientôt, et, une fois au Temple, vous n'en ressortiriez peut-être jamais, etc., etc.

« Je n'ai pu qu'être parfaitement content de cet homme, et je ne lui soupçonne pas le cœur coupable sans ressource. Pauvre malheureux enfant! Vous voyez, mon amie, comme on vous a trompée depuis longtemps, et combien le *grand homme* — (Puysaye, sans doute) — a trompé M. Pitt, s'il est vrai qu'il l'ait assuré qu'il pourrait l'avoir en son pouvoir, etc , etc... D'après ces détails, *si je n'ai pas été trompé*, l'histoire de cette conversation sur les dispositions du général Canclaux (1), *sur le* TROC *qu'on a fait de l'enfant*, etc., etc., (2) tout cela sont des contes, OU LA CONVENTION VEUT FAIRE PÉRIR L'ENFANT QU'ELLE A MIS A LA PLACE DU JEUNE ROI, POUR SE RÉSERVER LA RESSOURCE DE FAIRE CROIRE QUE CE DERNIER N'EST PAS LE VÉRITABLE ET N'EST QUE SUPPOSÉ. *L'avenir nous développera tout cela.* Je n'ai pas fait part de mes observations à mon député, mais j'en ai profité, ainsi que de ce qu'il m'a dit, pour renoncer à ce projet — (de s'enfermer au Temple) — et *chercher d'autres moyens plus efficaces* de venger et servir mon pays et mes maîtres... »

Voici encore des points qui arrivent à point nommé, mais, grâce à M. de la Sicotière, on voit que le fait de la substitution était déjà connu en mars 1795.

« Nous nous demandons même, dit *la Légitimité*, deuxième année, page 795, comment M. de la Sicotière a pu révéler pareils documents écrasants pour Richemont (3) sans doute, qui plaçait l'évasion au 17 janvier 1795, mais fort précieux

1. M. de Puisaye espérait le faire passer aux royalistes.
2. Pourquoi M. de la Sicotière met-il toujours des points ou des etc., aux endroits les plus intéressants ?
3. Le plus célèbre des faux Dauphins.

pour Nauendorff qui la place au moment de la mort du petit prisonnier, arrivée au 8 juin 1795.

«... Au surplus, ajoute-t-elle, qui sait si les passages supprimés par M. de la Sicotière ou quelque page encore ignorée des *Mémoires inédits* de Frotté ne font pas allusion aux lettres de Laurent? Pourquoi ces Mémoires sont-ils encore inédits? Malheureusement, quand on les publiera, tout ce qui pourrait gêner M. le comte de Paris sera enlevé. » (1).

Quant au petit malade, son état s'était fort aggravé depuis le 30 mai, et enfin l'enfant mourait,

1. Ils sont publiés aujourd'hui, mais très *expurgés* et *La Légitimité* semble avoir deviné juste.

Le rôle de Frotté dans l'évasion est d'ailleurs nettement affirmé par la lettre suivante :

« *A Monsieur l'éditeur du* Times.

« Dans votre feuille d'hier se trouve un long article concernant le *infortunes du Dauphin*. Quelques étranges que soient ces détails et l'existence du fils de Louis XVI pour ceux qui connaissent l'histoire des premières années du prince, cependant il y a de fortes raisons pour croire à la réalité des documents rapportés par le duc de Normandie, dans la publication dont vous entretenez vos lecteurs.

« *Un* des principaux agents qui se sont employés pour arracher le Dauphin de la prison du Temple, *fut le comte de Frotté*, général vendéen, à la famille duquel *je suis allié*, ma sœur ayant épousé *son frère*. J'ai eu, par conséquent, les moyens de m'assurer que le comte de Frotté a été *le principal instrument de l'évasion du Dauphin et de sa fuite dans la Vendée*, où quelque temps après il organisa la guerre si célèbre dans l'histoire de France.

« Napoléon, premier consul, voulant rétablir la paix,

le 8 juin 1795, dans les bras de son gardien Lasne (1).
« Gomin et Damont, commissaire de service, nous raconte M. de Beauchesne, prévenus par Lasne, montèrent immédiatement dans la chambre funèbre. On enleva de cette chambre provisoire le pauvre petit cadavre, et on le transporta dans celle où, depuis deux ans, il n'avait cessé de souffrir. Il fallait que de ce royal appartement d'où le père était parti pour l'échafaud, le fils partît pour le cimetière. On arrangea les dépouilles de celui-ci sur son lit de mort, et on ouvrit les portes de l'appartement, portes fermées

négocia sur ce point avec le comte de Frotté, et lui *déclara* que si le général mettait bas les armes, et rendait ainsi la tranquillité à cette portion de pays, *il lui accordait un sauf-conduit* pour aller résider où bon lui semblerait. Cette proposition fut agréée par M. de Frotté, qui choisit Paris pour lieu de résidence. *Sur sa route vers cette ville, néanmoins, en approchant de Verneuil, avec son sauf-conduit à la main, le général fut brusquement arrêté, puis barbarement et traîtreusement fusillé.* Je défie qui que ce soit de contredire ce fait. Maintenant, pourquoi le chef du pouvoir d'alors en France commit-il un acte si contraire **au** droit des gens, à la justice et à l'humanité, si ce n'est parce que le général de Frotté connaissait le lieu où le Dauphin était caché, et parce qu'il importait à la police de Bonaparte de détruire le moindre vestige d'une existence si dangereuse pour l'exécution de ses desseins?... »

Baron T. DE THIERRY.
« 4, Cleveland Square Saint-James.
« Londres, 4 décembre 1838. »

1. On se souvient que Lasne avait été, le 31 mars 1795, adjoint à Gomin, Laurent, sur sa demande, quittant le Temple.

depuis que la Révolution s'était emparée d'un enfant plein de force, de grâce, de vie et de santé ! Cachant sous une froide contenance l'émotion qu'il ressentait, Gomin se rendit au Comité de sûreté générale... »

Cette mort suggère à Louis Blanc les réflexions suivantes :

« L'enfant qui mourut dans la tour du Temple, le 20 prairial an III (8 juin 1795), était-il le Dauphin, fils de Louis XVI, ou bien un enfant substitué ?... Que l'évasion ait été, pour un grand nombre de royalistes, une espèce d'article de foi, rien ne le prouve mieux que le succès prodigieux qui, au commencement de ce siècle, couronna les efforts de Jean-Marie Hervagault (1)... Tout contribue à mettre l'événement dont il s'agit au rang des problèmes historiques...

« Ce problème, M. de Beauchesne prétend l'avoir résolu dans le livre qu'il a publié sur Louis XVII, sa vie, son agonie, sa mort, livre auquel les royalistes ont fait un grand succès. Ce chapitre montrera d'une manière péremptoire, nous l'espérons, *combien peu la prétention de M. de Beauchesne est justifiée, sur quelles bases fragiles son succès repose. Tout ce qu'il apporte de nouveau dans la question résulte des dires de deux hommes, que leurs propres déclarations faites à diverses époques, et rapprochées, prou-*

1. Un des faux Dauphins.

vent avoir été tous les deux de faux témoins!! »

Enfin, avant d'examiner de plus près les circonstances dans lesquelles s'est produit le décès de cet enfant, il n'est point sans intérêt d'écouter sa sœur, Mme la duchesse d'Angoulême, nous faire le récit de cet événement. Voici en quels termes, un peu froids peut-être, l'auguste princesse s'exprime dans sa *Relation de la captivité de la famille royale à la tour du Temple :*

« Desault mourut. On lui donna pour successeurs le médecin Dumangin et le chirurgien Pelletan. Ils ne conçurent aucune espérance; on donna des drogues à mon frère, qu'il avalait avec beaucoup de peine. Sa maladie, heureusement, ne le faisait pas beaucoup souffrir. C'était plutôt un abattement et un engourdissement dans toute la machine que des douleurs vives. Il se consumait comme un vieillard. La fièvre le prit, ses forces diminuèrent toujours. Il expira doucement, sans agonie, le 9 juin 1795 (*sic*) à trois heures après-midi, après avoir eu la fièvre pendant huit jours et gardé le lit deux. Les commissaires le pleurèrent amèrement, tant il s'était fait aimer par ses qualités aimables. Il avait beaucoup d'esprit, et sa prison lui avait fait beaucoup de tort, et même, s'il eut vécu, il y aurait eu à craindre qu'il ne devint imbécile. »

Ces lignes glaciales inspirent à M. Otto Friedrichs (1) les réflexions suivantes : « Pas beaucoup de cœur, Mme la duchesse d'Angoulême ! Ces quelques lignes, en effet, contiennent plus de

____

1. *Un crime politique*, p. 578-579.

froideur et de sécheresse qu'autre chose. Ne pourrait-on pas dire, en vérité, que celle qui laissait tomber de sa plume de telles lignes savait parfaitement qu'elle les écrivait seulement pour la forme ! Sans doute, son cœur n'avait trouvé d'accent parce qu'il ne s'agissait point de son frère... »

Les remarques de M. Otto Friedrichs sont d'une grande justesse et elles apportent, dans leur logique, une confirmation de la croyance de Mme la duchesse d'Angoulême à l'évasion. Quelle triste opinion serait-on en droit de se former des sentiments de cette princesse, s'il fallait voir, dans le passage que nous venons de citer, l'oraison funèbre de son frère, mort au Temple, presque à ses côtés, après les tortures que l'on sait ?

CHAPITRE IV

Tout le roman de M. de Beauchesne repose sur
les témoignages intéressés de deux anciens
gardiens du Temple, vendus à Louis XVIII ;
voyons ce que vaut leur dire.

Ils se distinguaient, selon M. de Beauchesne, par
une estime mutuelle et un mutuel accord ; M. de
la Sicotière, un peu moins absolu dans son
affirmation, reconnaît qu'ils ont pu parfois varier
sur des questions de détail. Voyons cela et
écoutons ces deux estimables témoins :

Gomin : Lors de son installation (9 novembre
1794) « la santé du prince était déplorable ; son
état de langueur et d'abattement annonçait une
fin prochaine ».

Lasne : Le prince est mort « après une maladie de *deux* jours seulement ».

Gomin : « Pendant sa maladie le prince, que je voyais à tous les instants de la journée, causait sans effort ; il a même parlé une heure avant de mourir. Il parlait volontiers aux sieurs Laurent et Lasne ainsi qu'à moi. »

Lasne le démentant aussitôt: « Dans une *seule* circonstance, il daigna m'adresser la parole... Ce sont les *seules* paroles que je lui ai entendu proférer *pendant* tout le temps que j'ai passé auprès de lui. »

Pour *Gomin,* il y avait des combles à la tour ; pour *Lasne* il n'y en avait pas.

Lasne considère la substitution comme impossible, *Gomin* l'admet avec la coopération des gardiens.

Lasne dit avoir été prévenir *Gomin* et *Damont* de la mort de l'enfant, tandis que *Gomin* prétend avoir été seul présent au décès et dit: « Il est mort sous mes yeux. » Pour compléter l'imbroglio et tandis que les deux gardiens échangent des démentis, voici que *Damont* les dément tous deux et prétend avoir assisté au dernier soupir du Dauphin. Tous prêtent serment avec ensemble et se démentent imperturbablement !

M. Chantelauze trouve cela tout simple, et si l'on reproche à *Gomin* d'avoir prétendu une fois avoir gardé le prisonnier pendant neuf mois, et à une deuxième déposition, pendant deux mois, cet historien (1) se plaint que l'on vienne chicaner un vieillard sur une confusion facile entre les calendriers grégorien et républicain ! ! !

Soit, ne les chicanons pas, mais disons simplement que ce sont deux singuliers témoins, ces hommes qui n'ont cessé de se contredire eux-mêmes, de se contredire entre eux, et qui, comme Lasne, se sont dit capitaine, puis sergent, sans même s'apercevoir qu'alors *qu'ils voyaient chaque jour le Dauphin aux Tuileries, celui-ci n'était pas né !*

Et c'est sur de semblables *témoins oculaires*, sur ces souvenirs religieusement conservés par *deux pensionnés de Louis XVIII* (2) et de la duchesse d'Angoulême que repose la preuve authentique de la mort de Louis XVII.

C'est à ne pas y croire et cependant, dès que, secouant le parti pris, on va au fond des choses, c'est tout ce que l'on trouve, sauf toutefois le rapport de Sevestre.

Le conventionnel qui avait dit, le 13 avril 1794, en parlant de Louis XVII : « Cet enfant ne sera jamais majeur ! » jouait, le 9 juin 1795, à la Convention nationale, une sinistre comédie en lisant, au nom du Comité de sûreté générale, le rapport suivant :

« Citoyens, depuis quelque temps, le fils de Capet

1. *Le dernier des faux Dauphins (Correspondant* p. 478).
2. A Lasne on avait également promis la croix.

était incommodé par une enflure au genou droit et au poignet gauche ; le 15 floréal (28 avril), les douleurs augmentèrent, le malade perdit l'appétit et la fièvre survint. Le fameux Desault, officier de santé, fut nommé pour le voir et pour le traiter ; ses talents et sa probité nous répondaient que rien ne manquerait aux soins qui sont dus à l'humanité.

« Cependant la maladie prenait des caractères très graves. *Le 16 de ce mois* (4 juin 1795) *Desault mourut* (1). Le Comité nomma pour le remplacer le citoyen Pelletan, officier de santé très connu, et le citoyen Dumangin, premier médecin de l'hospice de la Santé, lui fut adjoint. Leurs bulletins d'hier, à onze heures du matin, annonçaient des symptômes inquiétants pour la santé du malade *; à deux heures un quart après midi* (2), nous avons reçu la nouvelle de la mort du fils de Capet. Le Comité de sûreté générale nous a chargé de vous en informer.

« Tout est constaté. *Voici les procès-verbaux qui demeureront déposés dans vos archives* ».

Pour le coup, voici un *voici* qui est bien le

---

1. Nous avons déjà fait, p. 110, justice de ce mensonge, ainsi que l'atteste l'acte de décès de Desault, que Sevestre possédait sûrement :

« Du 14 prairial de l'an III, acte de décès de Pierre-Joseph Desault, du jour d'*hier* à dix heures du jour, chirurgien... marié à Marguerite Thouvenin...

Signé : X. BICHAT, FONTAINE, BOIS.

Ajoutons que l'article nécrologique du *Moniteur* fut inséré le 4 juin, précisément le jour même de la mort, si Sevestre avait dit vrai.

2. Voici encore une *inexactitude* bizarre, car tous les procès-verbaux, notamment celui de l'autopsie, parlent du décès comme survenu à *trois heures*. Il était donc difficile d'en être informé, à distance, à *deux heures un quart*.

comble de l'impudence et si les papiers que Sevestre tenait à la main n'étaient point le brouillon de son rapport, on se demande ce qu'ils pouvaient bien être, puisqu'il n'existait, à l'heure où il parlait, AUCUN PROCÈS-VERBAL.

Ce n'était point le procès-verbal d'autopsie, l'opération même n'ayant été terminée qu'à quatre heures et demie, postérieurement par conséquent d'une heure au moins à l'instant où parlait Sevestre.

Ce ne pouvait être le procès-verbal de décès ni celui d'inhumation, tous deux datés du 12 juin, quatre jours après la mort, et trois jours par conséquent après le rapport de Sevestre !

Voici donc des procès-verbaux qui ne sauraient être considérés autrement que comme une mystification, et dont les archives nationales ne renferment, d'ailleurs, aucune trace. Il en est constamment de même, et la suite le prouvera, dès que l'on essaie de rechercher une preuve, mais une preuve sérieuse, de la mort du fils de Louis XVI dans sa prison, au milieu du tissu de mensonges ourdi par les conventionnels, désireux de cacher l'évasion, d'abord, puis ensuite par les partisans de l'usurpation, acharnés à propager une fiction, utile à leurs desseins.

Remarquons, en passant, que Sevestre fixe l'heure du décès vers *une heure* ; les commissaires Lasne, Gomin et Damont, *trois heures ;* Lasne, tout seul, à M. de Beauchesne : *deux heures un quart ;* Lasne, devant la justice : *un matin ;* décidément la *concordance des calendriers* troublait profondément cet homme.

La veille du jour où Sevestre se présentait à la Convention, et aussitôt après que le commissaire Damont eût constaté le décès, il avait fait enlever l'enfant de l'asyle provisoire où il avait rendu le dernier soupir et transporter dans la chambre que lui avaient fait quitter les municipaux si peu de jours auparavant, sur les vives observations du médecin appelé à remplacer Desault.

— Si vous ne faites pas disparaître immédiatement ces verroux et ces abat-jour, avait dit énergiquement le docteur Pelletan à M. Thory, municipal de service, du moins vous ne pouvez vous opposer à ce que nous transportions cet enfant dans une autre chambre, car nous sommes, je le suppose, envoyés ici pour le soigner.

Cette généreuse réclamation avait été accueillie favorablement, mais sans qu'une aussi tardive concession pût sauver l'enfant, déjà condamné, et son cadavre reprenait bientôt possession de son ancien domaine. En même temps, Gomin se rendait au Comité de sûreté générale où, reçu par le citoyen Gauthier, l'un de ses membres, il fut engagé à garder la nouvelle secrète jusqu'au lendemain.

Le Comité de sûreté générale expédia aussitôt un de ses secrétaires chargé de vérifier le fait ; *à l'étage au-dessus, Madame Royale était tenue dans l'ignorance la plus absolue de ce qui venait de se passer...*

Le lendemain, 9 juin, tandis que les commissaires de service admettaient les hommes de garde à contempler le cadavre, arrivaient les médecins chargés de procéder à l'autopsie.

Ils étaient quatre : MM. Pelletan, chirurgien en chef du grand hospice de l'Humanité ; Dumangin, médecin en chef de l'hospice de l'Unité ; Jeanroy, professeur aux écoles de médecine de Paris ; et Lassus, professeur de médecine légale à l'Ecole de santé de Paris.

Le docteur Pelletan avait été le premier appelé auprès du prisonnier malade (1) et il s'était présenté pour la première fois à lui dans l'après-midi du 5 juin (17 prairial an III). Ayant trouvé l'enfant dans un très fâcheux état, il avait aussitôt demandé qu'il lui fut adjoint un de ses collègues, et, dès le surlendemain, 7 juin, sa requête ayant

1. Voici les termes en lesquels cette nomination fut proposée au Comité de sûreté générale :

« Paris, le 15 prairial an III de la République une et indivisible.

« La République venant de perdre le célèbre chirurgien Desault, et la maladie dont est attaqué Capet exigeant d'être suivie, et des soins journaliers, la Commission vous invite à pourvoir au remplacement du citoyen Desault. Elle proposera au Comité le citoyen Pelletan, connu par ses talents, et chargé de la démonstration à l'École de Santé.

« Salut et fraternité. »
« DERNICAN. »

été accordée, le docteur Dumangin se joignait à lui dans la visite que tous deux firent, de concert, à leur malade.

Ni l'un ni l'autre de ces deux respectables praticiens ne s'étaient jamais trouvés en présence du Dauphin, antérieurement à son emprisonnement au Temple, et ils n'avaient donc pu *reconnaître* le prince dans la personne à laquelle ils donnaient des soins. En des conditions semblables, un procès-verbal émanant d'eux, alors qu'il leur fallait pratiquer l'autopsie de l'enfant décédé, ne possédait, au point de vue de la question d'identité qui pouvait être soulevée, aucune autorité.

C'est pourquoi le docteur Pelletan songea de suite à solliciter la coopération de deux nouveaux collègues ; il s'ouvrit de son projet à M. Dumangin et celui-ci, approuvant ce dessein, lui suggéra les noms de MM. Jeanroy et Lassus : le premier à cause de ses rapports avec Mesdames de France, et le second, en raison de ses relations passées avec la maison de Lorraine, circonstances qui donnaient, sous ce rapport, à leur signature, une autorité particulière. M. Pelletan se rangea à cet avis.

Pour se faire une idée exacte des sentiments dont devaient être animés les quatre médecins qui, par suite de la décision favorable des Comités, se présentaient au Temple où les appelait l'autopsie du petit Capet, il faut avoir présente à l'esprit

8.

l'effrayante responsabilité dont le poids allait peser sur eux.

L'enfant affublé de ce surnom dérisoire était encore, aux yeux d'un grand nombre de Français, leur roi légitime. Il l'était, en tout cas, pour la Vendée en armes, qui attendait la remise de ce jeune prince, aux termes des articles secrets du traité de la Jaunaye.

A ces négociations avaient participé plusieurs membres de la Convention et il en avait transpiré quelque chose. D'ailleurs, on l'a vu, des bruits de l'évasion circulaient en ce moment dans le public et, pour les médecins, le fait de ne point reconnaître le Dauphin dans le cadavre qui allait leur être livré, eût été, assurément, un arrêt de mort.

Les deux médecins, surtout, que la demande de MM. Pelletan et Dumangin appelait au dangereux honneur de venir couvrir le procès-verbal qu'ils allaient rédiger, de deux signatures plus autorisées que les leurs, avaient donc eu le temps de réfléchir aux conséquences de la mission délicate dont ils étaient investis. Ils étaient, par conséquent, préparés à se revêtir d'un masque impénétrable, en face des surprises qui pouvaient leur être réservées.

Le 9 juin, vers onze heures du matin, les quatre médecins étaient reçus à la porte extérieure du Temple, par les commissaires de service. Les opérateurs, traversant ensuite la salle de Conseil, furent conduits à la chambre où reposait le décédé, après avoir franchi les barrières, au nombre de sept, qui interceptaient l'escalier; cette fois, il est vrai, sans que l'assourdissant fracas du trousseau de clefs qu'agitait Gourdet, le porteclefs, à l'ouverture de chacune d'elles, se fit entendre. Ce luxe de précautions, ces bruyantes manifestations avaient pris fin depuis l'évènement de la veille, qui supprimait la cause principale de cette surveillance extraordinaire.

Par les soins des médecins, le petit cadavre fut disposé sur une table auprès de la fenêtre et le sinistre travail suivit son cours, en présence du commissaire Damont et des gardiens Lasne et Gomin (1).

Nous en donnons *in-extenso* le procès-verbal, car c'est sur ce document que s'est étayé la prétendue mort du Dauphin :

« *Procès-verbal de l'ouverture du corps du fils du défunt Louis Capet, dressé à la tour du Temple, à onze heures du matin, ce 21 prairial (9 juin) (2).*

« Nous soussignés, Jean-Baptiste-Eugène Dumangin, médecin en chef de l'hospice de l'Unité, et Philippe-Jean Pelletan, chirurgien en chef du grand hospice de l'Humanité, accompagnés des citoyens Nicolas Jeanroy, professeur aux écoles de médecine

1. La polémique engagée, sous la Restauration, entre les docteurs Pelletan et Lassus, démontre que c'est à ces *trois* hommes que se réduisait la *foule* qui se pressait autour de la table de dissection, selon M. de Beauchesne.
2. Sans qu'il soit fait mention de l'année.

de Paris et Pierre Lassus, professeur de médecine légale à l'Ecole de santé de Paris, que nous nous sommes adjoints en vertu d'un arrêté du Comité de sûreté générale de la Convention nationale, daté d'hier, et signé Bergoing, président; Courtois, Gauthier, Pierre Guyomard ; à l'effet de procéder ensemble à l'ouverture du corps du fils de défunt Louis Capet, en constater l'état, avons agi ainsi qu'il suit :

« Arrivés tous les quatre à onze heures du matin à la porte extérieure du Temple, nous y avons été reçus par les commissaires, qui nous ont introduits dans la tour. Parvenus au deuxième étage, dans un appartement, dans la seconde pièce duquel nous avons trouvé dans un lit le corps mort d'un enfant qui nous a paru âgé d'environ dix ans, *que les commissaires nous ont dit être celui du fils du défunt Louis Capet*, et que *deux d'entre nous ont reconnu pour être l'enfant auxquels ils donnaient des soins depuis quelques jours.* Les susdits commissaires nous ont déclaré que cet enfant était décédé la veille, vers trois heures de relevée ; sur quoi nous avons cherché à vérifier les signes de la mort, que nous avons trouvés caractérisés par la pâleur universelle, le froid de toute l'habitude du corps, la raideur des membres, les yeux ternes, les taches violettes ordinaires à la peau d'un cadavre, et surtout par une putréfaction commencée au ventre, au scrotum et au dedans des cuisses.

« Nous avons remarqué, avant de procéder à l'ouverture du corps, une maigreur générale qui est celle du marasme ; le ventre était extrêmement tendu et météorisé. Au côté interne *du genou droit*, nous avons remarqué une tumeur sans changement de couleur à la peau, et une autre tumeur moins volumineuse sur l'os radius, près *le poignet du côté gauche*. La tumeur du genou contenait environ deux onces d'une matière grisâtre, puriforme et lymphatique, située entre le périosté et les muscles ; celle du poignet renfermait une matière de même nature, mais plus épaisse.

« A l'ouverture du ventre, il s'est écoulé plus d'une pinte de sérosité purulente, jaunâtre et très fétide ; les intestins étaient météorisés, pâles, adhérents les uns aux autres, ainsi qu'aux parois de cette cavité ; ils étaient parsemés d'une grande quantité de tubercules de diverses grosseurs, et qui ont présenté à leur ouverture la même matière que celle contenue dans les dépôts extérieurs du genou et du poignet.

« Les intestins, ouverts dans toute leur longueur, étaient très sains intérieurement et ne contenaient qu'une très petite quantité de matière bilieuse. L'estomac nous a présenté le même état ; il était adhérent à toutes les parties environnantes, pâle au dehors, parsemé de petites tubercules lymphatiques, semblables à ceux de la surface des intestins ; sa membrane interne était saine, ainsi que le pylore et l'œsophage ; le foie était adhérent par sa convexité au diaphragme, et par sa concavité aux viscères qu'il recouvre ; sa substance était saine, son volume ordinaire, la vésicule du fiel médiocrement remplie d'une bile de couleur vert foncé. La rate, le pancréas, les reins et la vessie étaient sains ; l'épiploon et le mésentère dépourvus de graisse, étaient remplis de tubercules lymphatiques semblables à ceux dont il a été parlé. De pareilles tumeurs étaient disséminées dans l'épaisseur du péritoine, recouvrant la face intérieure du diaphragme ; ce muscle était sain.

« Les poumons adhéraient par toute leur surface à la plèvre, au diaphragme et au péricarde ; leur substance était saine et sans tubercules ; il y en avait seulement quelques-uns aux environs de la trachée-artère et de l'œsophage. Le péricarde contenait la quantité ordinaire de sérosité ; le cœur était pâle, mais dans l'état naturel.

« Le cerveau et ses dépendances étaient dans leur plus parfaite intégrité.

« Tous les désordres dont nous venons de donner le détail sont évidemment l'effet d'un *vice scrofuleux existant depuis longtemps*, et auquel on doit attribuer la mort de l'enfant.

« Le présent procès-verbal (1) a été fait et clos à Paris, au lieu susdit, par les soussignés, à quatre heures et demie de relevée, les jour et an que dessus.

« J.-B.-E. DUMANGIN, P.-J. PELLETAN (1)
P. LASSUS, N. JEANROY. »

Ce fut le docteur Pelletan, il nous l'apprend lui-même, qui procéda à l'ouverture du corps, en présence de ses collègues, agités de sentiments divers.

1. M. Pelletan, en 1817, fut appelé à compléter ce procès-verbal de la manière suivante :

Déclaration du docteur Pelletan, en 1817 :

« Je soussigné, chevalier de l'ordre royal de la Légion d'honneur, membre de l'Académie royale des sciences, professeur de la Faculté de médecine, certifie, de plus, qu'après avoir scié le crâne en travers, au niveau des orbites, pour faire l'anatomie du cerveau dans l'ouverture du corps du fils de Louis XVI, qui m'avait été ordonnée, j'ai remis la calotte du crâne en place, et l'ai couverte de quatre lambeaux de peau que j'en avais séparés et que j'ai cousus ensemble ; qu'enfin j'ai enveloppé toute la tête d'un linge ou mouchoir, ou peut-être d'un bonnet de coton fixé au-dessous du menton ou de la nuque, comme il se pratique en pareil cas. On retrouvera cet appareil, s'il est vrai que la pourriture ne l'ai pas détruit ; mais certainement la calotte du crâne existera encore enveloppée des débris de ces linges ou bonnet de coton.

« *Signé:* PELLETAN, »

Pour M. Jeanroy, surtout, qui avait plus particulièrement connu le Dauphin, qui avait été à même de constater sur le corps du jeune prince, avant son incarcération au Temple, des signes particuliers inimitables et ineffaçables, de quelles tumultueuses pensées son âme dut-elle être remuée lorsque, sous ses yeux, se poursuivit une enquête médicale et l'autopsie d'un cadavre sur lequel il ne découvrait aucun des caractères de nature à établir l'identité (1).

Une protestation de sa part, on ne saurait trop le répéter, eut été la signature de son propre arrêt de mort et une seule attitude, le silence, lui était permise ainsi qu'à ses confrères.

Le procès-verbal d'autopsie du fils de Capet, par ses extraordinaires réticences, par la préoccupation qu'il décèle de ne point rompre un silence impérieusement commandé, n'en est que

1. Remarquons en passant que le Dauphin avait une hernie, survenue pendant sa captivité. Le *procès-verbal*, si détaillé, est *muet* à cet égard ; il semble pourtant difficile que, dans un court délai, toute trace de cette infirmité eut disparu.

Quant au fait même de la hernie, il est attesté :

1° Par le registre des délibérations du Conseil général de a Commune de Paris (mardi 11 juin 1793), dans lequel on lit :

« Le Conseil du Temple fait part que le fils des pri« sonniers *a une hernie*, et soumet la proposition faite par « le médecin qui l'a visité de le faire soigner par le ci« toyen Piplé, bandagiste.

« Le *Conseil général arrête* que le citoyen Piplé, banda« giste des prisons, visitera le fils de Marie-Antoinette.

plus éloquent; mais, avant de signaler ses lacunes, il convient de rendre compte d'un incident dont le docteur Pelletan nous a laissé la relation :

« Je fus chargé spécialement, dit-il, des opérations de l'ouverture et de la dissection, ainsi que de celle de restaurer le corps. Tandis que je m'occupais de ce dernier soin, mes confrères, LE commissaire civil et L'UN des gardiens de la tour qui avaient été présents à l'ouverture, s'éloignèrent de la table et se retirèrent dans l'embrassure de la croisée pour causer entre eux. Je conçus alors le dessein de m'emparer du cœur de l'enfant; j'entourai de son ce viscère, je l'enveloppai de linge, et je le mis dans ma poche, sans être aperçu. Rien ne me donnait lieu de craindre d'être fouillé en sortant de la prison. — Rentré chez moi, je mis ce cœur dans un bocal rempli d'esprit de vin, et je le cachai derrière le rayon le plus élevé de ma bibliothèque (1) ».

« Arrête en outre qu'il sera écrit à cet effet au banda-
« giste des prisons pour qu'il se rende au Temple dans le
« plus court délai. »
        « DESTOURNELLES, *vice-président,* »
        « DORAT-CUBIÈRES, *secrétaire-greffier.* »

Et 2° par Mme la duchesse d'Angoulême qui dit:

« Mon frère se *trouva mal* une nuit; on fit venir Thierry,
« avec un chirurgien nommé Soupé et un bandagiste
« nommé Pipelet, pour lui mettre un suspensoir pour une
« *descente* qu'il avait. »
        (Relation de la captivité de la famille royale
            à la tour du Temple).

1. A la Restauration, le cœur de l'enfant autopsié, pieusement conservé par le docteur Pelletan, fut offert à la famille royale par ce médecin. Grand émoi et tergiversa-

Dans le « pieux larcin », pour nous servir de l'expression qui avait cours sous la Restauration pour qualifier la soustraction hardie exécutée

tions sans nombre dont témoignent les fragments ci-dessous de la correspondance officielle échangée en 1817 :

Ministère de l'Intérieur au garde des Sceaux.

« Paris, 25 septembre 1817.

« Monseigneur,

« J'ai reçu les pièces que VOTRE GRANDEUR m'a fait l'honneur de me communiquer, et relatives à la conservation du cœur de S. M. LOUIS XVII, et à l'endroit où le corps du jeune prince a été inhumé. L'intention du roi étant que le cœur de ce prince soit transporté à Saint-Denis sans pompe, et néanmoins avec les cérémonies convenables... je viens de faire, conformément à l'ordre que SA MAJESTÉ m'en a donné, l'envoi de toutes les pièces à M. le grand-maître des cérémonies... »

« *Le ministre de l'Intérieur.* »

Puis, du même au marquis de Dreux-Brézé, grand-maître des cérémonies :

« Monsieur,

« Conformément aux ordres que m'en a donné le roi, j'ai l'honneur de vous transmettre deux liasses de pièces relatives à S. M. LOUIS XVII.

« Les pièces au nombre de neuf, renfermées dans la première liasse, sont relatives à la conservation du cœur du jeune prince...

« Dans l'autre liasse se trouvent, au nombre de onze, les pièces tendant à constater et à certifier l'endroit ou son corps a été inhumé... »

Le 4 septembre 1817, M. le marquis de Dreux-Brézé écrit à M. le ministre de l'Intérieur, pour lui accuser la réception des pièces constatant que le cœur de S. M. Louis XVII a été réellement conservé et existe encore aujourd'hui.

Et 1° procès-verbal de l'audition des témoins, d'où il

par M. Pelletan, — dans le pieux larcin auquel le docteur nous fait assister, quel était le fonds de sa pensée. C'est ce que nous n'entreprendrons

résulte que le cœur conservé chez le sieur Pelletan est effectivement le cœur de S. M. Louis XVII...

En présence de ces affirmations relatives au cœur de l'enfant autopsié, *de Louis XVII* par conséquent, suivant l'usurpation, l'hésitation continue et aucune résolution n'est prise ! Pelletan en est justement froissé et dans une lettre du 30 novembre 1818, on lit ce passage :

« Tandis que les méchants calomnient ainsi les sentiments de Sa Majesté, ils ne laissent pas que de faire remarquer dans le public que l'on néglige un précieux dépôt QUI CONSTATERAIT SEUL LA MORT DE Louis XVII *et nous mettrait à l'abri des prétentions criminelles et absurdes du premier intrigant qui voudrait se faire reconnaître pour la jeune victime du Temple.*

« Eh ! ne m'accuserait-on pas moi même d'être un de ces intrigants, en ne reconnaissant pas l'authenticité du dépôt que je présente ! »

Citons encore le passage suivant des *Mémoires* du vicomte Sosthènes de La Rochefoucault (t. V, p. 118), ce *fidèle* de la Restauration :

« Parfois, on a cru en France que le fils de l'infortuné Louis XVI avait été soustrait à la rage de ses bourreaux. Depuis cette époque, comme alors, *sa mort n'a point paru assez authentiquement prouvée,* pour que la conscience scrupuleuse (? ? ?) de Louis XVIII ait consentie à ce qu'il en fut fait mention lors de la translation dans les tombes de Saint-Denis des dépouilles mortelles de sa famille. »

Incidents et remarques sont également significatifs, mais voici l'épilogue.

Plus tard enfin, en 1821, le docteur Pelletan revint à la charge. Mᵍʳ de Quélen, de coadjuteur, venait d'être élevé au siege archiépiscopal de Paris et ce fut à lui, connaissant son influence à la cour, que s'adressa le docteur. Le prélat se rendit auprès de Madame et, après avoir exposé le but

pas de déterminer; nous allons plutôt revenir sur le procès verbal de l'autopsie et sur les étranges aveux qui s'en échappent.

Et d'abord remarquons la prudence avec laquelle les signataires de cette pièce ont soin de bien spécifier qu'ils ont été mis en présence d'un cadavre que *les commissaires* LEUR ONT DIT *être celui du fils du défunt Louis Capet :* ils n'ont donc d'autre garant que cette affirmation! Puis ils ajoutent que DEUX D'ENTRE NOUS (évidemment Pelletan et Dumangin) ont reconnu pour être : le Dauphin? non pas, mais L'ENFANT AUQUEL ILS DONNAIENT DES SOINS DEPUIS QUELQUES JOURS! — c'est-à-dire, Pelletan, depuis le 5 juin, autrement depuis trois jours, et Dumangin depuis la veille, deux visites ! — Quant à MM. Jeanroy (1) et Lassus, spécialement convoqués par suite des relations antérieures qui leur avaient permis de voir à plusieurs reprises le fils de Louis XVI, ils

de sa visite avec une éloquence émue. lui présenta le cœur de son frère dans un vase d'argent et de cristal. Madame écouta l'archevêque avec patience, mais quand il eut fini, loin de recueillir fraternellement l'objet présenté, elle le regarda d'un œil sec et refusa. Ce refus étonna Mgr de Quélen, et cet étonnement se peignit sur ses traits. Madame prononça alors ces paroles : « Hélas ! M. l'Archevêque, NOUS NE CONNAISSONS QUE TROP LE SORT DE MON MAL-HEUREUX FRÈRE !... »

1. Jeanroy notamment connaissait le Dauphin et les signes corporels qui le caractérisaient: leur absence n'a pu lui échapper. Il a d'ailleurs témoigné de l évasion, notamment à Mme de Saint-Didier.

ne reconnaissent rien du tout! Et ils se renferment dans un silence non moins prudent, mais plus justifié par le soin de leur sûreté personnelle que celui de Conrart !

Pourrait-on donner une preuve plus formelle, plus absolue de leur méconnaissance de l'identité du cadavre telle que l'on prétend l'établir?

Cela paraît difficile et il faut conclure de ce fait que, si les quatre médecins réunis au Temple étaient trop honnêtes pour exprimer une conviction absente, ils étaient, d'autre part, trop avisés pour formuler une appréciation contraire.

« Nous connaissons maintenant, dit M. Otto Friedrichs (1), le procès-verbal d'autopsie, cette précaution importante », et nous savons que s il constate quelque chose, ce quelque chose n'est certes pas l'identité du corps autopsié avec ce qui fut le fils de Louis XVI! Que la mort de l'enfant décédé ne fut pas le résultat d'un poison, je le crois volontiers, mais était-ce Louis XVII? *That is the question !*

« L'assertion du commissaire de service ne prouve absolument rien, car si les médecins avaient eu la fantaisie de demander comment il savait que l'enfant qui venait de mourir fut le fils de Louis Capet, il leur aurait répondu ceci : « Ah! dame, c'est que le commissaire d'hier m'a dit... » Et poussant encore plus en arrière leur curiosité, les

1. *Un crime politique,* page 493.

médecins auraient reçu invariablement la réponse : « Celui que je viens de relever, *m'a dit...* » Comme au bout de huit jours, cette affirmation sempiternelle n'aurait pas manqué d'engendrer la monotonie, un des commissaires aurait certainement, au bout de huit jours supplémentaires, compris qu'il fallait essayer de faire diversion. Il aurait raconté par exemple comment, étant de garde à telle ou telle époque aux Tuileries, il avait une fois eu l'occasion de voir de loin le Dauphin, qui alors se portait admirablement bien, et comment il l'avait reconnu dans l'enfant prisonnier, quoique selon M. de Beauchesne : « celui-ci *ne se reconnaîtrait pas lui-même,* s'il se voyait dans un miroir; *ce n'est presque plus une forme humaine; c'est quelque chose qui végète, des os et de la peau qui bougent.* » Au surplus, on découvrirait qu'à l'époque indiquée par beaucoup d'entre ces commissaires le Dauphin se trouvait à Versailles ou à Saint-Cloud et que, par conséquent, ils n'ont pu le voir aux Tuileries ! Puis, après ce léger accident, on aurait repris les « ont dit ». Et entre « ont dit » et « on dit », il n'y a pas une grande différence, si ce n'est que le premier terme est une spécialité des commissaires de service au Temple, tandis que le dernier est mis en circulation un peu partout. Mais tous deux sont également vagues ! »

Ce tableau n'est point chargé et tous les procès-verbaux, vrais ou faux, pompeusement donnés par les historiens (1) de l'agonie et de la mort de Louis XVII énumèrent de nombreux personnages, absolument inconnus et qui certainement n'avaient jamais vu le Dauphin, sauf peut-être une fois par hasard et à distance fort respectueuse.

« Moins romanesque, plus historique que le livre de Beauchesne, celui de M. Chantelauze a les mêmes bases fragiles, Gomin, Lasne et Damont... Comme son prédécesseur, Chantelauze semble ignorer absolument les huit volumes in-8° publiés par Gruau de la Barre ; il accuse ce vaillant défenseur de Louis XVII d'avoir renié son prince après sa mort, d'avoir même écrit contre sa mémoire quatre gros volumes : il s'agit des *Intrigues dévoilées !!* » (2).

1. H. Provins, p. 47 et suivantes.

2. Contre le prétendu Nauendorff, toutes les armes sont bonnes et la mauvaise foi a libre carrière. Exemple : à propos d'une bibliographie des ouvrages publiés *pour* et *contre*, Guérard, dans ses *Supercheries littéraires*, cite, lui aussi comme étant CONTRE, *tandis que c'est l'inverse*, les *Intrigues dévoilées* de Gruau de la Barre, ouvrage d'ailleurs fort curieux.

Dans le même article, Guérard fait l'éloge d'un travail où sont groupées les plus honteuses calomnies, cent fois réduites à néant. Ce factum est intitulé : *Cinq années d'intrigues dévoilées*, par M. Morin de Guérivière père, 15 août 1839. « A ces détails « on doit ajouter foi, ajoute Guérard (*Supercheries littéraires dévoilées*, t. II, p. 855), car ils émanent du ministère de l'Intérieur, *direction de la police générale du royaume et sont signés, pour le ministre et par son autorisation, le conseiller d'État :* B. Dejean !... » Comment, *en effet, récuser pareil document ?* Guérard n'a pas l'esprit assez mal fait pour s'y risquer.

« Quant aux documents dont il s'attribue la primeur, déjà ils avaient été publiés *pour la plupart.* (A commencer par la fameuse enquête de Decazes, en 1817, dont les documents avaient été cités par M. Gruau, *trente ou trente-cinq ans avant Chantelauze*). Même pour la découverte des ossements en 1846, il ne nous apprend rien de nouveau : seule la conclusion qu'il en tire est une merveille d'invention. Mais il faut lire Chantelauze et l'analyser ; il faut suivre la controverse entre cet écrivain et la *Légitimité*, peser le pour et le contre ; et sûrement on dira avec M. Victorien Sardou. « Toutes les prétendues preuves alléguées n'ont aucune valeur. Le livre de M. de Beauchesne est ridicule. Celui de M. Chantelauze n'est pas plus sérieux » (1). Ou, avec le *Journal de Genève* (n° du 29 décembre 1889) : « Leur zèle (de Beauchesne et Chantelauze) trahit leur plume... Il leur arrive *de négliger des témoignages, de nier des faits acquis*, et, pour le lecteur attentif, exempt de toute idée préconçue, *ils font preuve d'un parti-pris qui rend leur œuvre vaine* ».

Par contre, il y avait au Temple, logée à quelques marches au-dessus de lui, une personne qui ne pouvait se méprendre sur l'identité du Dauphin ; c'était Madame Royale, sa propre sœur. Aussi s'est-on gardé de la confronter avec le cadavre !

1. Delrosay, *La Question Louis XVII*, p. 195.

Serait-ce par humanité et pour éviter à la jeune princesse une douloureuse émotion ? Il serait difficile de faire accepter à qui que ce soit une bourde de cette force.

Serait-ce parce que sa jeunesse lui aurait interdit de signer un procès-verbal de reconnaissance ou un acte de décès ? Mais Marie-Thérèse de France avait alors seize ans, et les municipaux n'avaient pas attendu cet âge pour lui faire apposer — et à son jeune frère comme à elle — sa signature sur les divers procès-verbaux de fouilles et perquisitions exécutées dans leurs chambres.

Serait-ce alors de crainte du scandaleux éclat qui se serait produit quand Madame Royale se serait écrié : « Qu'avez-vous fait de mon frère, ce cadavre n'est pas le sien ! » Oui, mille fois oui ! et c'est là le motif, la seule et unique raison de cette illégalité, car c'est en violation formelle de la loi, de la loi telle qu'elle existait alors, que la princesse n'a pas été appelée à certifier le décès.

Nous avons insisté sur ce point, car toute la bonne volonté de falsifier l'histoire sur cette question ne va pas jusqu'à contester la présence de Marie-Thérèse au Temple au 8 juin 1795 !

La seule omission d'une reconnaissance du cadavre par la fille de Louis XVI, à laquelle il n'y avait à faire descendre que quelques marches, de sa chambre du troisième étage à celle du deuxième où se trouvait le corps, serait déjà une

PREUVE, et une preuve suffisante de la supercherie.

La Convention avait tout intérêt à faire constater rigoureusement le fait historique de cette mort et tout démontre qu'elle s'est efforcée de donner le change.

Cependant, la prison du Temple renfermait, à cette heure même, en dehors de la sœur du prétendu décédé, d'autres témoins irrécusables ; on peut avec une certitude absolue en citer au moins deux : Caron et Meunier.

Ces deux hommes avaient appartenu au service de la maison royale (1) ; ils n'avaient point quitté le Temple ; ils avaient vu le Dauphin avant et pendant sa captivité. Caron, notamment. et M. de Beauchesne le reconnaît, avait monté l'eau chaude et aidé la femme Mathieu à nettoyer l'enfant, par ordre de Laurent, après la visite de Barras. Il portait à manger au petit prisonnier. Ces deux hommes étaient là sous la main, plus faciles à intimider que Madame Royale et, toutefois, on n'a pas osé invoquer leur témoignage !

Tous deux, d'ailleurs, semblent avoir participé à l'évasion et, en tous cas, ils y ont cru (2).

1. Caron faisait partie, comme gobeletier, du service de la bouche du roi Louis XVI et il avait obtenu, sur une autorisation de Pethion, de le suivre au Temple.

Meunier, attaché aux cuisines royales, servait en la même qualité au Temple.

2. Dans le rapport du ministre de la Police au ministre de l'Intérieur, du 2 août 1817, on lit :

9.

Caron, lui, a disparu, victime de l'affirmation de cette croyance (1).

Voici à cet égard, la déclaration de M. Caron fils :

« Employé au service de la bouche de Louis XVI, en qualité de gobeletier, M. Caron, mon père, âgé de quarante-six ans en 1792, parvint après la journée du 10 août, l'arrestation et le transfert au Temple de la famille royale, à s'introduire dans cette prison, d'après un ordre de Péthion, et à se rendre utile aux augustes prisonniers. M. Caron voyait souvent le Dauphin.. C'est ainsi qu'il put avoir pleine et entière connaissance de l'enlèvement du jeune prince, de la manière et par les sollicitudes de qui il fut exécuté... Après l'enlèvement, M. Caron en rendit naturellement compte à la fille du roi...

2° « Qu'elle (la femme Simon) ne doute nullement qu'il (le dauphin) ait été enlevé de la prison du Temple parce qu'elle fut *informée*, dans le temps, PAR LE CUISINIER DE LA PRISON (Meunier) ET DE CE FAIT ET DE LA TRANSLATION AU TEMPLE D'UN ENFANT rachitique et contrefait...

1. M. Louis Blanc rapporte dans son *Histoire de la Révolution* le fait de la disparition de M. Caron et le motif auquel elle est attribuée.

Une disparition, à cette époque, et pour le même motif n'est pas un fait isolé, et M Xavier Laprade, avocat, dans deux lettres (12 novembre 1840 et 26 mai 1851) rapporte, d'après des communications reçues du comte et de la comtesse de la Roche-Aymon, ainsi que de la duchesse de Narbonne, leur tante, que le suisse de leur hôtel et sa femme, ayant raconté qu'ils savaient l'évasion du dauphin, furent en 1816 ou 1817 mandés, par ordre du ministre de la Police, à Rouen où s'instruisait l'affaire de Mathurin Bruneau, le faux dauphin. *Ils n'ont jamais reparu* et toutes les démarches de Mme la comtesse de la Roche-Aymon demeurèrent infructueuses (*Légitimité*, 2° année p. 815).

« A la rentrée en France, en 1814, de la famille des Bourbons, la fille de Louis XVI, qui n'avait point oublié les services que M. Caron avait rendus à elle et aux siens dans les jours de malheur, le gratifia d'une pension.

« A la seconde restauration, Louis XVIII, inquiet de ce que la duchesse d'Angoulême lui avait raconté relativement à l'enlèvement du Dauphin, et plus encore de ce que Martin venait de lui révéler à ce sujet, fit appeler M. Caron et l'interrogea sur ces faits.

« M. Caron, mon père, à qui la flatterie était inconnue, et qui devait croire d'ailleurs que le roi n'avait d'autre but que de s'instruire de la vérité des faits, ainsi que de toutes les circonstances qui les avaient accompagnés, lui raconta tout ce qui s'était passé au Temple...

« Louis XVIII en parut satisfait et congédia mon père, après l'avoir remercié du zèle dont il a fait preuve à ces époques désastreuses.

« Ma famille ayant observé que mon père était plus sombre et plus taciturne depuis qu'il avait vu le roi, chercha à obtenir de lui quelques éclaircissements ; ce fut en vain : il s'obstina à garder le silence. Mon père reçut dans ce moment la visite du prince Jules de Polignac, avec lequel il s'enfermait et causait. Le prince mettait par écrit tous les dires de M. Caron, et emportait soigneusement tout ce qu'il écrivait. De temps à autre, le prince l'emmenait dans sa voiture. Où allait-il? On l'ignore!!! Mais, chaque fois que mon père rentrait, sa femme et ses enfants remarquaient qu'il était inquiet et qu'il évitait avec soin tout ce qui pouvait provoquer une explication quelconque au sujet de sa conduite si extraordinaire sous tous les rapports...

« Enfin, le 4 mars 1820, mon père sortit vers une

heure de l'après-midi, en annonçant qu'il allait voir sa fille aînée et qu'il rentrait immédiatement.

« Plusieurs heures s'écoulèrent ; celle du dîner se passa et, ne voyant point revenir mon père, ma mère et moi, étonnés d'une absence aussi insolite, nous nous rendîmes chez ma sœur aînée, qui répondit qu'elle n'avait pas vu son père depuis quelques jours ».

Dévorée d'inquiétude la famille Caron s'adresse alors à la police.

« Ma mère écrivit au préfet de Police, aux ministres de la Police et de l'Intérieur, et à tous ceux qui auraient pu rencontrer mon père... Ce fut en vain, personne ne l'avait vu !..

« Je me présentai en outre chez le secrétaire des commandements de S. A. R. la duchesse d'Angoulême, pour savoir si mon père avait reçu sa pension ou s'il avait envoyé quelqu'un pour en toucher le montant. Ce secrétaire me répondit, même un peu sèchement, que M. Caron n'avait point paru ni personne de sa part, et qu'il était *surpris que sa famille mit tant de persistance dans ses recherches !..*

« Cette réponse, plus qu'inconvenante de la part du baron Charlet qui, s'il n'eut reçu des instructions particulières sur cette affaire, aurait dû approuver toutes les angoisses d'une famille justement alarmée, l'encourager et l'aider même dans ses recherches, fit soupçonner que M. Caron pouvait être victime d'un horrible guet-apens dont le but était évidemment de le forcer à garder le silence sur ce qu'il avait vu et entendu au Temple... Ce qui prouve toute la justesse de cette observation, c'est que ma mère a été privée de la part lui revenant de la pension de mon père, et ce, contre tous les usages reçus !..

« Un fait, qui par lui-même paraissait d'abord sans importance, vint nous éclairer... Comme je demandais mon père et que je racontais son malheur à tous ceux que je croyais susceptibles de me donner de ses nouvelles, je fus accosté au café qui était celui du théâtre des Variétés, par un individu que j'y rencontrais parfois et que je connaissais à peine ; cet individu me tînt ce langage : « Je sais que vous faites des démarches très actives pour découvrir le sort de monsieur votre père qui a disparu inopinément. Je vous engage, dans votre intérêt, à cesser vos recherches ; elles ne peuvent aboutir qu'à vous. compromettre et voilà tout !.. »

« Étonné d'un tel langage et d'une confidence si inattendue, j'adressai à cet homme une foule de questions auxquelles il refusa de répondre, et il s'éloigna pour éviter toute espèce d'explication ».

M. Caron fils tomba malade sur ces entrefaites et n'a plus jamais entendu parler de son père (1).

Il y avait au Temple, outre Caron et Meusnier, les porte-clefs Gourbet et Lapierre, qui connaissaient le prince et d'eux aussi on n'a point voulu.

Aucun de ces noms ne figure sur l'acte de décès, tandis qu'on y voit mentionné un nommé Rigot, inconnu de tous, et porté comme *ami* du prince.

On connaissait le procès-verbal d'autopsie,

---

1. Ce récit, publié dans la *Restauration* de M. Suvigny, est confirmé dans une lettre du 5 février 1883. signée Carpier, 18, rue Dauphine. Il le tenait de la bouche de M. Caron fils, à cette époque régisseur de M. H. Hostein, alors administrateur de l'Ambigu-Comique.

ci-dessus mentionné, mais on a longtemps cherché en vain le document principal, l'acte de décès.

Napoléon Ier, puis Louis XVIII se sont employés sans succès à cette recherche. . Enfin, M. de Beauchesne, mieux servi, l'a découvert et publié ! Enfin, la Commune de 1871 aurait fait disparaître, par l'incendie, le précieux document, aujourd'hui reconstitué comme les autres actes de l'état civil détruits à cette époque.

Cependant, Me Jules Favre disait à la Cour, en 1874 :

« On dit qu'il a été brûlé lors des derniers incendies de la Commune.

« C'est *une erreur*.

« Il n'était ni au Palais de Justice, ni à l'Hôtel de Ville ; il avait dû être déposé aux Archives générales, qui n'ont jamais souffert d'aucune dévastation. *Or, en 1851, les archives ont été interrogées. Leur honorable directeur a reconnu que l'acte en question n'y est pas.* »

En tout cas, vrai ou supposé, cet acte de décès a figuré comme authentique au procès de 1874 et il a été utilisé à la consommation du déni de justice.

Le voici :

« Du *24 prairial* de l'an *III* de la République. — (*12 juin 1795*). 364. Acte de décès de *Louis-Charles Capet, du vingt de ce mois, trois heures après-midi,* profession ——, âgé de *dix ans deux mois, natif de Versailles, département de Seine-et-Oise, domicilié à Paris, aux tours du Temple, section du Temple, fils de Louis Capet, dernier roy des Français, et de Marie-Antoinette-Josèphe-Jeanne d'Autriche.*

« Sur la déclaration faite à la maison commune par *Etienne Lasne,* âgé de *trente-neuf* ans, profession : *gardien du Temple,* domicilié à *Paris, rue et section des Droits de l'Homme, n° 48,* le déclarant a dit être *voisin* ; et par *Remy Bigot,* âgé de *cinquante-sept ans,* profession : *employé,* domicilié à *Paris, Vieille rue du Temple, n° 61,* le déclarant a dit être *ami.*

« Vu le certificat *de Dussert,* commissaire *de police* de ladite section, *du vingt-deux de ce mois.*

Vrai ou supposé, nous le répétons, cet acte, désormais *officiel,* peut servir d'instrument d'iniquité, mais il n'en est pas moins RADICALEMENT NUL et celui qui se permettrait, agissant à l'encontre du pouvoir, en contradiction avec une *raison d'Etat* quelconque, de se prévaloir d'un document aussi irrégulier n'aboutirait qu'à s'attirer une laide affaire.

Quelle était la loi en 1795 ?

Le décret du 20-25 septembre 1792, titre V, était en vigueur ; en voici la teneur :

Article premier. — La déclaration du décès sera faite par *les deux plus proches parents ou voisins* de la personne décédée, à l'officier public, DANS LES VINGT-QUATRE HEURES.

Art. 2. — L'officier public se transportera au lieu

où la personne sera décédée et, après s'être assuré
du décès, il en dressera l'acte sur des registres dou-
bles.

Aucune des prescriptions légales, on le voit,
n'a été respectée et l'une des plus graves infrac-
tions est celle de ce retard de *quatre* jours apporté
à la rédaction de l'acte.

Bien mieux, s'il fallait en croire M. de Beauchesne qui aurait eu tous les bonheurs à la fois,
et qui aurait découvert dans les inépuisables
archives, où lui seul a su fouiller avec succès, la
déclaration du décès et le procès-verbal d'inhumation, l'enterrement aurait précédé de deux
jours l'acte de décès.

On a eu tant de *bonheurs* successifs que nous
possédons deux déclarations de décès données
sous la même date. Eh bien ! elles ne se ressemblent pas.

« D'abord, voici une chose plus qu'étrange (1).
C'est le commissaire qui reçoit la déclaration et
préside à l'enterrement : ce devrait donc être lui
qui parle. Point du tout. Ce sont Goddet et Arnoult, qui n'ont certes pas qualité pour cela.

« La première déclaration constate que Dussert
a été requis par les déclarants, Lasne et Gomin,
comme le veut la loi.

« La seconde, signée tout de même par les mêmes individus, qui se contredisent, ou que l'on

1. La *Légitimité* 1ʳᵉ année, p. 18-6187.

fait se contredire maladroitement, à trois heures de distance, fait requérir Dussert par Goddet et Arnoult, qui n'ont rien à lui déclarer.

« Dans la première, c'est le commissaire qui reçoit la déclaration. Dans la seconde, ce sont Goddet et Arnoult ; et le commissaire est relégué au second rang.

« Nous voyons Lasne et Gomin signer deux déclarations qui ne sont pas l'acte de décès, et sur ce dernier la signature de Bigot, tandis que les rédacteurs de ce procès-verbal qui se donnent le caractère de « délégués pour constater le décès », disparaissent le 12 juin, quand l'officier de l'état civil dresse l'acte mortuaire. Est-ce assez d'invraisemblances ?

« Dans la première déclaration, il n'est point dit que Dussert et les témoins le reconnurent. Dans la seconde, il est dit que Lasne, Gomin et Guérin ont représenté au commissaire de police et aux deux commissaires de section un cadavre, « lequel *a été reconnu* pour être celui de Louis-Charles Capet. » Reconnu par qui ? Suivant M. l'avocat-général Benoist, le procès-verbal « énonce que c'est bien le corps du Dauphin, reconnu par le commissaire de police, qui a été déposé dans la bière ». Où donc M. l'avocat-général voit-il cette reconnaissance alléguée ? Nous ne lisons rien de pareil dans cet acte. Et, dans tous les cas, il serait indispensable, pour donner la certitude, d'établir que Dussert avait connu le

Dauphin avant son emprisonnement et que ce commissaire de police aurait pu, sans danger, dénoncer une substitution.

« Et puis, était-il si facile de reconnaître le Dauphin mort? « Le scalpel de la science, dit M. de Beauchesne, avait mutilé ce corps *déjà défiguré* par les tortures » et par les ravages de la maladie scrofuleuse, de sorte que s'il eût été celui du fils de Louis XVI, il n'aurait guère pu être reconnu comme tel par ceux qui l'avaient vu bien portant avant le 10 août 1792.

« Mais Dussert et les commissaires ont-il pu voir son visage ? Le *Moniteur* dit : « Ils le trouvèrent *découvert*, et, en leur présence, il fut mis dans un cercueil, » sans dire positivement qu'il fut *reconnu* par qui que ce soit.

« Le procès-verbal d'inhumation ne parle pas, au contraire, de l'etat du visage, mais dit que l'enfant « fut reconnu », sans dire comment, ni par qui.

« La déclaration du décès ne dit rien de tout cela. »

De quelque côté que l'on tente de porter la lumière on ne rencontre que contradictions.

Quant à l'heure de l'inhumation, Beauchesne dit : six heures.

Le procès-verbal : sept heures.

Le *Moniteur universel* : huit heures et demie !!!

Pour le jour de l'inhumation, ce qui est plus

grave encore, la même incertitude continue à régner ; la déclaration et le procès-verbal d'inhumation parlent du 22 prairial. La Restauration, s'appuyant sur la relation officielle du *Moniteur*, sur les déclarations des commissaires Simon et Petit, sur celles de Bureau, concierge du cimetière, Voisin, directeur des pompes funèbres, et du commissaire de police Dussert, adopte la date du 24 (12 juin) (1).

En présence de toutes ces hésitations, de ces flagrantes contradictions, Louis Blanc s'écrie :

« A cette époque, comme aujourd'hui, en cas de décès *dans une prison*, il en devait être donné avis sur-le-champ à la municipalité qui se transportait immédiatement sur les lieux, vérifiait le décès et signait l'acte. Qu'arrive-t-il cependant ? L'enfant était mort le 8 et l'acte de décès fut dressé le 12 seulement ! Pourquoi ce délai inusité ? *Y eut-il hésitation sur la question de savoir s'il valait mieux avouer l'évasion ou faire un faux ?*

« Quant à l'acte de décès lui-même, cet acte qui devait attester la mort d'un enfant, pour les *prétendus* droits duquel des flots de sang avaient coulé et coulaient encore, *au lieu d'être dressé*

---

1. Suivre toutes ces contradictions, discuter des procès-verbaux, composés de deux procès-verbaux soudés en un, démêler tous ces mensonges nous mènerait ici trop loin, mais ce travail existe, complet, indiscutable, dans les n°' 12 et 13 de la *Légitimité*, 1re année, 1883.

de manière à écarter tous les doutes, il fut fait en dehors des prescriptions légales, en l'absence du commissaire (1) de section préposé par la loi spéciale du temps à la garde du prince, et *fut signé par deux témoins obscurs, lorsque deux jours s'étaient écoulés depuis l'enterrement du corps.* »

Or, on peut être en désaccord politique avec M. Louis Blanc, mais on ne saurait contester sa compétence et son autorité au point de vue des recherches historiques et on voit ce qu'il pense de la mort du Dauphin au Temple.

Il se trompe, croyons-nous, avec bien d'autres d'ailleurs, sur la date de l'enterrement. Les recherches faites à ce sujet par la Restauration conduisent à l'adoption de la date du 12 juin au lieu de celle du 10.

Elle est conforme à la date indiquée par le *Moniteur* (2) ; elle est enfin adoptée par Peuchet, l'archiviste de la police.

Dans ses *Mémoires de Tous* il expose ainsi sa pensée :

« Il ne faut pas perdre de vue que le décès de Louis XVII est annoncé dans l'acte mortuaire

1. On voit que Louis Blanc n'admet pas à ces fonctions le citoyen Bigot dont M. de Beauchesne, embarrassé de ce personnage, s'était imaginé de faire un commissaire.

« Avant-hier (12 juin, par conséquent), à huit heures et demie du soir, deux commissaires civils et le commissaire de police de la section du Temple se transportèrent à la tour du Temple pour, en vertu d'un arrêté du Comité de

comme ayant eu lieu le 20 (prairial), et que l'enterrement ne s'effectua que *quatre jours* après. *On s'inquiète de la raison de ce délai.* Est-ce pour laisser le temps de procéder à l'autopsie ? Elle fut terminée dans la journée du 21. Dans quelle intention cette attente de trois jours encore ? Sans doute pour préparer un semblant de funérailles. Pour justifier l'annonce officielle de cette mort, on éprouve plus d'embarras qu'on ne l'avait imaginé d'abord, les obstacles ne sont levés que le *quatrième* jour. Quelle devait être en pareille occurrence, et en présence d'un tel événement, la conduite du Comité de sûreté générale ? Le simple bon sens l'indique. La guerre de Vendée n'était pas éteinte ; elle donnait de vives inquiétudes au gouvernement ; il fallait donc que les Vendéens fussent sûrement convaincus que la mort de Louis XVII leur enlevait leur principal espoir ; il fallait ôter à jamais à la politique royaliste la possibilité de ranimer l'enthousiasme par l'apparition soudaine d'un Dauphin supposé au milieu des armées catholiques et royales... » Dans ces conjectures, pour tout convaincre et

sûreté générale, enlever le corps du fils de Louis Capet. Ils le trouvèrent découvert ; et, en leur présence, il fut mis dans un cercueil de bois et transporté de suite au cimetière Sainte-Marguerite, rue du faubourg Saint-Antoine, où il fut inhumé. Des mesures de sûreté générale ont fait escorter ce convoi, de loin en loin, par des détachements d'infanterie. » (*Moniteur* du 26 prairial an III (14 juin 1795).

pour tout déjouer, pour éviter enfin les résurrections, l'exposition publique du prince défunt et son convoi fait au grand jour, non avec quelques témoins, mais avec des spectateurs, étaient également des mesures indispensables. On aurait dû appeler la foule et lui ouvrir le Temple et le cimetière... Que fit-on ? *On se cacha sous l'épaisseur des murailles et l'on évita la clarté du jour...* (1) »

Le lecteur admirera sans doute comme nous l'extraordinaire bonne fortune qui soutenait M. de Beauchesne dans ses recherches. Voici Peuchet, pendant vingt années archiviste aux Archives de la police ; c'est un grand fureteur, il publie des mémoires, fouille dans tous les cartons confiés à sa garde et ne trouve... rien. M. de Beauchesne plonge la main dans un carton *de ces mêmes archives de la police* et aussitôt il en retire le procès-verbal de l'inhumation que personne ne connaissait. Aux archives de l'Hôtel de Ville il découvre l'introuvable acte de décès, vainement réclamé par Napoléon Ier, par Louis XVIII, par Charles X, recherché sans succès par la police de l'Empire, par la police de la Restauration ! ! !.. On est donc fondé à s'écrier : « Quel homme protégé des dieux que ce M. de Beauchesne ! »

Cependant cet acte de décès est défectueux au

1. M. de Beauchesne apprécie beaucoup Peuchet auquel il fait de nombreux emprunts, mais, ici, on le voit, il est nettement démenti par l'archiviste.

premier chef, et M. Otto Friedrichs énumère ainsi ces défectuosités : « absence des signatures obligatoires ; présence d'une signature qui ne doit pas s'y trouver ; contradiction quant à l'heure du décès ; illégalité frappante quant à la date ; manque de la légalisation de la soi-disant copie de l'original ; non existence de l'original lui-même ; etc., etc. ; tout l'échafaudage élevé péniblement par M. de Beauchesne sur cet acte de décès s'écroule donc et l'auteur n'a pas même la satisfaction, si douce pour l'amour-propre, d'entendre dire : *Si non e vero e bene trovato.*

Nous voyons donc qu'une inique supercherie a frappé Louis XVII de mort civile en forgeant de fausses pièces de décès, en procédant à une inhumation fictive (1), trop naïvement ou systématiquement acceptées par certains historiens.

1. M. Chantelauze dit quelque part :
« Rien n'est plus intéressant que de consulter les papiers de la police, sur les bruits divers qui coururent à Paris au moment de la mort de Louis XVII.
... 24 prairial.— « Dans le quartier du Temple, le peuple disait hautement que les préparatifs faits pour l'enterrement du petit Capet n'étaient qu'une feinte, qu'il n'était pas mort et qu'on l'avait fait partir et sauver bien loin.
... 26 prairial.— « Au café Valois, toujours à peu près les mêmes visages : la conversation de ces habitués ne respire rien moins que les principes républicains ; ils parlaient plus en aristocrates prononcés qu'en conspirateurs ; on y a tourné en ridicule le procès-verbal de l'ouverture du corps du petit Capet. »

Peu à peu le jour se fait sur toutes ces intrigues, et si on demande quel était donc cet enfant? c'est sa mère — elle s'appelait Mme Leninger — qui va répondre ce qu'elle dit à tous ses voisins:

M. Chantelauze cite là des bruits, mais il existe plusieurs témoignages autrement précis. Nous citerons seulement une *déposition* signée de Mme Veuve Desmazes, née Moinac. Son oncle, Jacques Moinac, était premier confiseur de la cour et ses fonctions l'avaient souvent mis en contact avec le jeune duc de Normandie. Après la mort du roi et de la reine Marie-Antoinette, il avait pu pénétrer dans le Temple, ayant réussi à convaincre les gardiens de son ardent *sans culottisme* et il avait revu le Dauphin.

Moinac, devenu suspect aux Simon, avait cessé de venir au Temple, mais à la nouvelle de la mort de Louis XVII il obtint de voir l'enfant mort et reconnut à sa grande joie que ce n'était pas lui:

... « Tout de suite, en sortant du Temple, dit Mme Desmazes, mon oncle vint trouver M. de la Motte, de Lyon... et lui dit: « Je viens de voir l'enfant qui est mort au Temple. Ce n'est pas le prince.— Nous en aurons la certitude aujourd'hui, dit M. de la Motte. » En effet, M. de la Motte sut le jour même, d'un autre côté, que l'enfant qui était mort n'était pas le Dauphin »...

On lit dans la *Correspondance inédite de Mallet du Pan avec la Cour de Vienne, 1794-98* (1884, I. 250): « Cependant la mort prématurée du jeune roi n'est pas naturelle: il était plein de force, de santé, et l'image de son auguste mère en 1793... On le croyait attaqué de rachitisme, mais la promptitude de sa fin paraît incompatible avec le caractère de cette incommodité... Le procès-verbal d'ouverture du cadavre, que l'on a publié, a paru une fiction — Il est très difficile de constater encore le poids que méritent ces diverses conjectures (Berne, 21 juin 1795).— Personne ne s'attendait à cet événement... Généralement on a trouvé cette fin peu naturelle et précipitée (Berne, 27 juin 1795).

« *Ce n'est pas le Dauphin qui est mort au Temple*, c'est mon enfant ! »

Cette femme avait été, croit-on, une des jardinières du potager de Versailles. Plus d'une fois, la ressemblance de son fils avec le jeune duc de Normandie avait frappé les regards de ses voisins à Paris où elle était venu s'établir. Après la mort de son enfant à la tour du Temple, cette femme s'enfuit avec sa fille en Amérique désireuse d'échapper à de périlleuses investigations, et la sœur de l'enfant existait encore à la Martinique, patrie de Joséphine, quand, en 1836. l'*Abrégé de l'histoire des infortunes, du Dauphin* fut publié.

M. Scévola Cazotte, fils du célèbre Jacques Cazotte, et d'abord juge de Louis XVI, a connu personnellement en Amérique cette femme et la jeune sœur de l enfant mort au Temple ; il avait dû connaître et révéler leur nom.

M. Cazotte est mort à Paris le 20 juin 1853, à l'âge de quatre-vingt-neuf ans. Il eut été l'un des témoins de l'identité royale de Nauendorff devant les juges de 1851, si ceux-ci avaient consenti à entendre les témoins.

Ces faits étaient connus et un partisan de cette cause voulut remonter à cette source. Il s'adressa aux trois filles de feu M. Cazotte, Mmes A***, V*** des R*** et la marquise du F***, qui vivaient à Paris sous le même toit. Une de leurs amies, Mme Auvynet, petite-fille par alliance du secrétaire particulier du général vendéen de Charette, voulut bien lui servir d'intermédiaire. Voici une lettre dans laquell elle lui rendait compte de ses démarches :

« Paris (41, rue Sainte-Placide), 10 mars 1884.

« ... Je vais vous dire en peu de mots ce dont il s'agit pour la vieille dame dont j'ai parlé. Sur trois sœurs qui vivent ensemble, deux ont vu Nauendorff (1) et avouent qu'il avait grand air... Comme presque malgré moi, j'insistais toujours sur le fait de l'évasion, la vieille dame a fini par me faire le récit suivant :

« ... J'ai parlé à une femme qui m'a raconté qu'elle avait un charmant petit garçon de l'âge du Dauphin. Il avait les cheveux blonds et bouclés et ressemblait au jeune prince, si bien que dans le quartier — Saint-Antoine, je crois — on l'appelait *le petit dauphin*. Cet enfant était fort malade ; il avait les écrouelles. Un jour, une dame bien mise, quoique fort simple et ressemblant à une dame de charité, vint voir la mère et regarda l'enfant. Pendant sa visite, elle tira de sa poche un petit portrait qu'elle paraissait comparer avec le petit malade. Puis, elle fit remarquer à la mère que l'enfant ne pouvait recevoir tous les soins nécessaires puisqu'elle devait le quitter pour aller en journée. Elle lui offrit de le placer dans une maison de santé — j'insinuai : « l'Hôtel-Dieu ? » mais je n'osai pas insister de peur de troubler le récit (2) ! — La pauvre femme se laissa persuader. On plaça son

1. Mmes des R*** (V. des Roseaux) et la marquise du F***.— M. le marquis du F*** fut un des chambellans de Napoléon III.
2. Pour que la disparition de l'enfant scrofuleux ne donnât lieu à des bruits étranges, dont l'explication serait devenue très gênante, on mit à sa place un enfant bien

enfant qu'elle alla voir souvent. Un jour, elle se présenta pour faire sa visite, il lui fut répondu qu'elle ne pouvait pas voir le petit malade, et, ajoutait-elle, « je n'ai jamais revu mon enfant et, quand on répandit le bruit que le Dauphin était mort, je dis à tous mes voisins : Ce n'est pas le Dauphin qui est mort au Temple, c'est mon enfant ! »

« Voilà, à peu près mot pour mot, ce que cette dame m'a raconté. C'est un détail précieux... »

« P. AUVYNET. »

Aux insistances d'abord inutiles de Mme Auvynet, pour obtenir le nom, cette dame reçut enfin cette réponse :

« Dimanche, 23 mars 1884.

« Chère Madame,
« Est-il possible de vous rien refuser ? Le nom que vous désirez connaître est Leninger. La fille de Mme Leninger était maîtresse de musique au couvent des Dames religieuses de Saint-Joseph, à Saint-Pierre (Martinique), en 1830. Mais, je vous le répète, chère madame, nous désirons rester complètement étrangères à toute cette affaire. Quoiqu'en disent les feuilles que vous avez sous les yeux, mon père n'a jamais connu Nauendorff (1) et nous faisons opposition à ce que son nom figure dans le procès.

portant. C'est ainsi qu'une gazette médicale du temps raconta en le qualifiant de « miracle » le fait, alors inexpliqué, que dans l'Hôtel-Dieu un enfant gravement malade, condamné par les médecins, était guéri dans une nuit et avait pu quitter l'hôpital parfaitement rétabli.

1. Et si ! Puisque c'est grâce aux demi-révélations de M. Cazotte, chez Mme de Rambaud, que notre ami a songé à s'adresser à ces dames. (*Un crime politique*).

« Veuillez trouver ici, chère madame, l'expression de mon affectueuse sympathie.

« B. des R*** »

Nous croyons avoir tenu parole au lecteur en plaçant sous ses yeux des témoignages sérieux ; ils nous semblent difficiles à récuser, et de nature à ouvrir les yeux à ceux qui ne se refusent systématiquement à les clore à la lumière.

Si mystérieusement compliquée qu'apparaisse, à première vue, l'évasion, elle l'est moins que certaines dont l'histoire a accepté sans discussion la réalité. En outre, étant données les circonstances où elle dût se produire, tous les incidents qui l'accompagnent se déroulent logiquement.

Il était, en effet, impossible que la délivrance du Dauphin ne fut point tentée par des hommes politiques : les uns franchement dévoués, les autres jouant un double jeu. Pour ceux-ci, pour Barras par exemple, ayant un pied dans les deux camps, la besogne était relativement facile.

L'évasion, réussie dans sa première phase : la sortie du cachot ; avortée dans la deuxième : la sortie de l'enceinte du Temple, devait passer aux yeux des Comités de la Convention comme un fait accompli. Restait à l'avouer ou à la nier ; on s'arrêta à ce dernier parti, c'est-à-dire à faire le silence sur l'événement.

De là l'inéluctable nécessité d'une première substitution d'enfant et l'introduction secrète, aujourd'hui démontrée, de Charles-Louis Tardif de Petitville, à la place de Louis XVII, encore logé dans les combles de la tour du Temple. La visite d'Harmand, ses réticences, quelques bruits persistants en circulation inquiètent les Comités ou le public... puis l'échéance des articles secrets du traité de la Jaunaye approchent et le *muet*, s'il joue merveilleusement son rôle inconscient, ne semble pas disposé à descendre dans la tombe (1).

L'assassinat du jeune Tardif fut-il discuté? C'est possible, mais nous l'ignorons. Ce qui est constant c'est qu'une décision plus humaine prévalut et un enfant qui se mourait à l'Hôtel-Dieu et dont la ressemblance avec le prince était remarquable vint à son tour remplacer au Temple le fils du baron Jean-Jacques Tardif de Petitville. Ce second substitué, le petit Leninger, ne faillit point à son rôle et mourut dans les délais voulus.

En quoi l'invraisemblance se manifeste-t-elle ici, surtout en présence de la complicité intéressée de certains conventionnels?

Bien plus, les contradictions relevées dans les témoignages de certains agents ou complices de

---

1. Il ne mourut que cinq ans plus tard, à l'âge de dix-sept ans. (Provins. *Le dernier roi légitime*).

10.

l'évasion, loin de l'infirmer, la corroborent en ce qu'elles s'appliquent à deux évasions différentes, puisque, en plus du Dauphin confiné dans les combles, il fallut faire sortir du Temple le jeune Tardif transféré pendant quelques jours dans le palais du grand prieur!

Aux yeux de l'homme de bonne foi, la vérité éclate et il s'écriera avec nous :

NON ! LOUIS XVII N'EST PAS MORT AU TEMPLE !

. . . .

Soit, dira-t-on, le Dauphin n'est point mort au Temple, mais comment prouver l'identité de Nauendorff avec le fils de Louis XVI?

Beaucoup plus facilement qu'on ne le pense, à la seule condition, toutefois, de posséder réunis *bon sens et bonne foi* et de consentir à prendre connaissance des faits établis par de nombreux et irrécusables témoignages.

Il en résultera infailliblement une inébranlable conviction *intérieure*.

Pour arriver, ensuite, à proclamer ou seulement à avouer cette conviction acquise, il faut encore une qualité à ajouter à celles déjà mentionnées,... il faut cette indépendance de caractère et de cœur qui place la vérité au-dessus des mesquins calculs de l'intérêt personnel et de l'intérêt de coterie.

Dans ces conditions notre tâche n'est rien.

Si elles font défaut, notre besogne devient travail d'Hercule, car il faut renoncer à convaincre ceux qui se refusent à voir, ceux qui se refusent à entendre, *oculos habent et non videbunt, aures habent et non audient.*

CHAPITRE V

Nous avons déjà cité l'*Abrégé des infortunes du Dauphin* et nous allons lui faire de nouveaux emprunts. Ce livre, nous le répétons, eut un grand retentissement en Angleterre lorsqu'il y parut (1), et il a mérité d'autant plus le succès

1. Nous lisons dans le *Royal martyr du dix-neuvième siècle*, du comte de la Barre, p. 110:

« L'*Abrégé des infortunes du Dauphin*... a paru à Londres en 1836. 250 exemplaires de cet ouvrage furent expédiés en France. La police et le gouvernement avaient été pris au dépourvu par la célérité et le secret de l'envoi. Au bout de huit jours, tous les exemplaires étaient vendus, et l'on nous demanda une nouvelle expédition. Mais le pouvoir s'était ému de voir la vérité circuler dans Paris et dans les provinces.

qui lui fut fait à l'époque, que nombre de faits ré-
vélés par lui, alors entièrement ignorés, se sont
vérifiés depuis et donnent un grand cachet de vérité à ceux dont la vérification reste encore à faire.
D'ailleurs il n'y a point de négation contre le
fait accompli, et si l'évasion a été opérée, si
Louis XVII a réellement survécu et si Nauendorf
est réellement ce qu'il dit être, le narrateur le plus
digne de foi en cette matière est assurément lui.

A l'appui de son dire viennent : 1° les plus
nombreuses *preuves morales* résultant de l'*impossibilité de lui constituer un état civil* autre
que celui qu'il revendiquait, essai souvent tenté
par ses ennemis, toujours infructueusement; de
ses souvenirs toujours exacts et de la confirmation de leur véracité par les personnes avec lesquelles ces souvenirs étaient communs; de la
conscience de sa personnalité, qui ne l'a jamais
abandonné, même à son lit de mort, même pendant son délire; des *persécutions et attentats*
dont il a été victime; des *traitements particuliers* qui lui furent appliqués par les gouvernements, soit à l'étranger, soit en France; des
circonstances qui ont accompagné le refus de la
duchesse d'Angoulême de le recevoir en sa pré-

Un second envoi fut saisi à la frontière par ordre exprès
du ministre, et le livre n'a point été rendu à la circulation
sans qu'une décision légale intervint. Cette confiscation
était un vol manifeste et la presse resta silencieuse en présence de dénis de justice qui servaient tous les partis.

sence ; des *dénis de justice* subis lorsqu'il invoqua l'intervention des Chambres françaises, le secours des tribunaux français ; de la *reconnaissance implicite de ses droits* par le gouvernement hollandais.

2° Les *preuves morales et matérielles*, résultant des nombreuses *reconnaissances de son identité*, du fait de personnes qui l'avaient particulièrement connu dans son enfance et auxquelles il rappela des circonstances, des faits, des conversations dont lui seul pouvait avoir connaissance.

3° Par les *preuves matérielles* que fournissaient plusieurs *signes corporels* inimitables et dont la réunion sur deux personnes différentes constitueraient une véritable impossibilité physique.

Enfin, ajoutons pour mémoire, sa ressemblance et celle de sa descendance avec les membres de la famille de Louis XVI.

Que le lecteur veuille bien supposer, pour un instant, cette démonstration faite, car elle résultera bientôt pour lui *des faits* mis sous ses yeux, et pour les suivre chronologiquement avec les traces de Louis XVII, revenons à l'*Abrégé des infortunes du Dauphin* (1) :

1. A l'étranger, dit le comte de la Barre, les révélations du fils de Louis XVI produisirent leur effet persuasif sur tout esprit impartial. Nous apprîmes par nos correspondances qu'elles excitaient une grande sensation en Allema-

« J. P. (J. Paulin, le faux maçon du Temple) se *présenta, et il reçut non pas moi, mais le muet à ma place.* D'après les ordres qui lui furent donnés, il mena l'enfant souvent entres les mains de Mme Joséphine de Beauharnais, qui devint impératrice des Français. Cette dernière, en voyant l'enfant, s'écria : « Malheureux ! qu'avez-vous fait. Vous avez livré par cette erreur le fils de Louis XVI aux assassins de son père » Joséphine avait bien connu auparavant le véritable dauphin, ainsi que l'enfant muet, *car c'était elle qui l'avait procuré à Barras, lorsqu'il fut substitué au mannequin.* L'exactitude de ces faits sera prouvée irrécusablement en justice. Le malheureux muet était donc sorti au lieu de moi, et moi je languissais encore dans la tour. Remarquez bien qu'on avait trompé le personnage important qui avait fourni l'argent destiné à mon évasion : *ainsi la translation du muet n'était pas l'œuvre de mes amis* (1), et cette ci

gne, parmi les plus hauts personnages, et que l'archiduc Jean d'Autriche, qui avait lu le livre, disait que d'une manière ou d'une autre, un tel ouvrage exigeait une réponse.

Le chevalier de Caro, célèbre docteur en médecine des facultés d'Edimbourg, de Vienne et de Prague, était praticien à Carlsbad et médecin de Mme la duchesse d'Angoulême. Ce gentilhomme, estimé de toute l'Allemagne et tenu en haute considération, était en relation avec un fidèle serviteur de la duchesse d'Angoulême, qui, après avoir lu et relu le récit du prince, déclara « qu'il le trouvait foudroyant, et il avoua sa conviction que, si la famille royale ne le réfutait pas authentiquement, elle serait à jamais perdue dans l'opinion du monde entier. »

1. Ce sont les comités, ou du moins quelques-uns de leurs membres, plus directement engagés dans les menées dont le Temple était le théâtre, qui avaient introduit le jeune Tardif dans cette prison ; ce fut à eux de l'en faire sortir, lorsqu'ils eurent résolu la deuxième substitution et

constance explique les paroles de Mme de Beauharnais : « Malheureux ! qu'avez-vous fait ? » Elle croyait pour le moment que l'entreprise avait été trahie ; que, reporté dans le lieu d'où j'avais été enlevé, ma perte était désormais assurée, et que Barras avait employé cette supercherie pour se tirer d'embarras. *Elle ignorait alors que l'enfant muet avait été remplacé par un autre très malade.* Des motifs impérieux contraignirent le gouvernement à accélérer la fin de cette victime infortunée (1). Elle mourut, m'a-t-on dit, le 8 juin 1795 et après l'autopsie *son cadavre fut déposé dans une caisse pour être ensuite enterré* (2). Cette caisse, ainsi que le cadavre, fut placée dans la chambre habitée autrefois par mon père. Pendant cette opération. j'avais reçu une forte dose d'opium. On me mit dans le cerceuil, d'où l'on retira l'enfant autopsié et le tout fut effectué presque à la même heure où on venait chercher le cercueil pour le transporter au cimetière. A peine l'enfant mort fut-il caché au quatrième étage (3), lieu où j'étais, que mes amis, ins-

là, encore, il dut y avoir double jeu. Il n'est donc pas improbable que de dévoués et obscurs amis du Dauphin aient été induits en erreur et aient prêté leur concours à l'évasion du *muet*, croyant sauver leur prince. Ainsi s'explique la divergence entre les dates et les modes de l'évasion, la contradiction entre les dires de sauveteurs, divergence et contradiction habilement exploitées par la police ou suggérées par elle aux faux dauphins qu'elle sut mettre en mouvement, afin de brouiller les cartes et de déconsidérer dans l'opinion publique le véritable fils de Louis XVI.

1. Une allusion, sans doute, aux articles secrets de la convention de la Jaunaye.

2 Le prince n'était pas seul à croire à ce nouveau crime de la Convention, mais rien ne confirme ce bruit.

3. Le général comte d'Andigné, prisonnier au Temple

truits de ce qui se passait, chargèrent dans une voiture le cercueil qui me renfermait. Certes, ceux qui ne savaient rien crurent qu'on allait m'enterrer. Mais la voiture était préparée. En allant au cimetière, on me mit dans un coffre qu'on avait pratiqué au fond de la voiture, et pour laisser au cercueil la même pesanteur, on le remplit de vieilles paperasses. Dès que le cercueil fut enfoui dans la fosse, mes amis rentrèrent avec moi dans Paris. »

au mois de juin 1801, après avoir parlé dans ses *Mémoires inédits*, d'un nouveau fossé creusé pour établir un second mur d'enceinte du côté du nord et de l'est, dans l'enclos du Temple, rapporte qu'en cherchant dans ce fossé de la terre pour améliorer les jardinets que le gardien Fauconnier les avait autorisés à organiser, un des détenus découvrit le corps d'un grand enfant, qui avait été enterré dans de la chaux vive.

« ... Les chairs étaient entièrement détruites, il ne restait plus que le squelette. Un de nous en détacha un petit os, qu'il désira conserver comme une relique. Le corps fut recouvert respectueusement, et nous évitâmes d'en approcher davantage.

« Fauconnier se trouvait près de là, au moment où j'allai visiter le squelette. « C'est là nécessairement, monsieur, lui dis-je, le cadavre de monseigneur le Dauphin? » Il parut un peu embarrassé de ma question, mais me répondit sans hésiter : « Oui, monsieur. »

A cette déclaration du général d'Andigné, ajoutons que, dans la dernière édition de son ouvrage, M. de Beauchesne avait déjà dit:

« Quelques voix s'étaient élevées disant que le convoi et les obsèques de Louis XVII, dans le cimetière de Sainte-Marguerite, *n'étaient que simulés et que ses restes étaient enfouis au pied de la tour où s'était accomplie sa déplorable destinée.* »

Nouvelle confirmation, *toute involontaire*, des assertions du prétendu Nauendorff!

11

Voici une affirmation nette. Est-elle contredite par les faits? C'est ce que nous allons examiner.

Louis XVIII, qui n'était pas sans connaître les bruits qui se colportaient sous le manteau au sujet de l'évasion de Louis XVII du Temple, feignit, en 1816, de se préoccuper de la mémoire de ce neveu dont il occupait indûment le trône. Une ordonnance royale, du 14 février de cette année (1), désigna l'emplacement du monument à élever à Saint-Denis en commémoration de « cette illustre victime de la Révolution ».

Quinze jours plus tard, le ministre de la police générale, comte Decazes, ordonnait au préfet de police, comte Anglès, de « découvrir ces précieux restes ».

Les commissaires de police Simon et Petit, des quartiers de l'Hôtel-de-Ville et du Temple, furent

---

On lit dans Chantelauze (*Louis XVII*, p. 486) : « Sur la proposition de Chateaubriand, les deux Chambres, les 17 et 18 janvier 1816, avaient inscrit dans une loi un article ainsi conçu : *Il sera également élevé un monument à la mémoire de Louis XVII* ».

Or, le 11, six jours auparavant, par acte passé devant M° Péan de Saint-Gilles, notaire à Paris, Louis XVIII avait acheté le cimetière de la Madeleine pour 60,000 francs, à Pierre-Louis-Olivier Descloseaux, qui le tenait de l'ébéniste Isaac Jacob, lequel l'avait acheté au domaine national ; cette acquisition avait été faite pour le compte *privé* du roi Louis XVIII. Quand on sait ce qui s'est passé ensuite, ou plutôt ce qui ne s'est pas passé, cela donne à penser. Voir les *Petites Affiches* du 8 mars 1816.

Le *Curieux*, numéro de novembre 1884).

désignés pour cette enquête. Le commissaire de police Dusser, qui avait présidé aux funérailles de l'enfant décédé au Temple, Voisin, le conducteur des pompes funèbres, et enfin l'inévitable Lasne, vinrent raconter qu'ils avaient fait déposer le prince dans une fosse particulière, dont Voisin prétendait désigner l'emplacement. Aussitôt leurs dires furent énergiquement contredits, par Bureau, d'abord, le concierge du cimetière, puis par la femme Bétrancourt, veuve du fossoyeur, et par Decouflet, ami de ce dernier et bedeau des Quinze-Vingts; tous soutinrent en s'appuyant sur leurs propres souvenirs et sur les réglements, inflexibles à l'époque sur ce point, que le cadavre avait été déposé dans la fosse commune, mais déterré la nuit suivante, puis enterré « au dessous du pilastre gauche de l'église, en entrant par le cimetière ». Une femme Valentin, veuve aussi d'un fossoyeur, soutînt que son mari lui avait fait une confidence analogue.

Alors, ajoute Peuchet (1), « les commissaires de police Petit et Simon, chargés des instructions du préfet de police Anglès, stigmatisèrent la déclaration de Dusser qui avait parlé d'un grand concours de monde à la porte du Temple, lorsqu'il était, au contraire, de notoriété publique que l'enterrement, qui n'était nullement une cérémonie, avait eu lieu presque dans la solitude, en

1. Peuchet. *Mémoire de Tous.*

quelque sorte clandestinement, partant sans cortège de commisération et de tristesse.

« Bien que le rapport des commissaires fut de
nature à motiver une fouille dans le cimetière de
Sainte-Marguerite, on ne s'était pas encore mis à
l'œuvre lorsque, au commencement de juin 1816,
on apprit à la préfecture de police qu'un sieur
Toussaint-Charpentier, jardinier en chef du
Luxembourg, pouvait donner des détails *de visu*
sur l'inhumation de Louis XVII ».

Voici cette déclaration de Charpentier, faite le
11 juin par devant le chevalier de Chancy, chef de
la première division :

« Le 25 prairial an III (13 juin 1795), vers cinq
heures après-midi, dit Charpentier, quelqu'un se présenta chez moi de la part du Comité révolutionnaire
de la section du Luxembourg, m'enjoignit de me
rendre de suite au Comité, ce que je fis. Là, un
membre me donna l'ordre de revenir le même jour, *à
dix heures du soir*, avec deux de mes ouvriers munis
chacun d'une pioche.

« A l'heure prescrite, nous arrivâmes tous trois au
Comité, où, après avoir attendu jusqu'à *onze heures*,
un membre revêtu de son écharpe, sans entrer dans
aucune explication, nous fit monter dans un fiacre qui
nous conduisit jusqu'à l'extrémité du Jardin des
Plantes. Il nous fit alors descendre et l'accompagner à
pied jusqu'au cimetière de Clamart, en continuant
d'observer le plus profond silence. Ici, je crois devoir
faire remarquer que cette démarche paraissait enveloppée d'un mystère impénétrable. La voiture, dans
laquelle nous étions partis du Comité, n'était précédée
ni suivie d'aucune escorte.

« Lorsque nous entrâmes au cimetière, il pouvait être *onze heures et demie;* celui sous la direction duquel nous avions marché commanda à l'homme qui nous avait ouvert la porte de se retirer. Cet homme, qui avait vraisemblablement son habitation dans l'enceinte du cimetière, ne se le fit pas répéter ; il obéit sur-le-champ. Pour nous, je veux dire mes ouvriers et moi, nous attendions. Un instant s'écoula, et le membre du Comité, s'étant assuré qu'il n'y avait plus personne après nous, nous fit avancer *sur la droite,* seulement à une distance de huit à dix pas de l'entrée. Alors, il nous dit qu'il fallait nous dépêcher de creuser, à la place où nous nous trouvions, une fosse large de trois pieds sur six de longueur et autant de profondeur ; nous nous conformâmes à ce qui nous était prescrit, du moins quant à la largeur ; mais deux ouvriers ne pouvant travailler ensemble dans un espace de six pieds, nous dûmes donner à la fosse une étendue de huit pieds pour la longueur.

« Nous avions déjà dépassé de plus d'un pied la profondeur exigée, lorsque nous entendîmes le bruit d'une voiture qui ne tarda pas à s'arrêter.

« Au même instant, on nous fit cesser de travailler, la porte du cimetière s'ouvrit, et nous vîmes sortir de la voiture trois autres membres du Comité révolutionnaire revêtus de leur écharpe, comme celui qui nous avait amené.

« Chacun de nous put apercevoir en même temps un cercueil large de huit à dix pouces et long de quatre pieds et demi, que les membres du Comité, avec l'aide du cocher, prirent eux-mêmes la peine de descendre et de déposer à l'entrée du cimetière ; après quoi on nous invita à sortir, mes ouvriers et moi.

« Cependant, un moment après, nous fûmes introduits de nouveau, et nous eûmes lieu de remarquer que, dans l'intervalle, le cercueil avait été placé dans la fosse, et on l'avait recouvert d'à peu près cinq à six pouces de terre.

« On nous chargea de combler la fosse et, l'opéra·tion terminée, on nous ordonna de fouler la terre avec nos pieds et de la tasser de toutes nos forces.

« Nous conclûmes que *le projet était de faire disparaître dans cet endroit, au moins autant que possible, la trace d'une terre fraîchement remuée.*

« Tout étant ainsi consommé, pour ce qui nous regardait, on nous fit la recommandation très expresse de garder le secret sur l'opération à laquelle nous avions concouru.

« On nous dit même, à ce sujet, qu'on *saurait retrouver celui d'entre nous qui aurait commis la moindre indiscrétion.*

« Enfin, on remit à chacun de mes ouvriers un assignat de *dix francs;* quant à moi, on me promit une récompense, que je me gardai bien d'aller chercher pour toute espèce de raison, et qui sans ces raisons mêmes ne m'aurait guère tenté, surtout après que j'avais entendu l'un des *quatre* membres du Comité se permettre de dire en riant : « *Le petit Capet aura bien du chemin à faire pour aller retrouver sa famille.* »

On supposerait que l'autorité, en présence de ces différentes versions, se serait empressée de les vérifier toutes : il n'en fut rien et lorsque l'on affirme qu'il y eut un commencement de fouilles, c'est que l'on a été induit en erreur. Voici ce qu'écrivait à M. de Beauchesne, au cours de ses recherches historiques, un vicaire de Sainte-Marguerite :

« ... Le jour avait été pris pour cette cérémonie (de l'exhumation), et indiqué à M. Dubois, curé de Sainte-Marguerite. Nous étions tous, à l'heure dite, avec aubes, surplis, étoles et la croix en tête, attendant le délégué du ministre de la police, qui devait présider à cette enquête. Il n'arriva point. Au bout de quelques heures d'attente, nous reçumes une dépêche de M. Anglès, annonçant qu'il y avait lieu de différer cette opération...

« RAYNAUD, vicaire. »

Avant ces feintes recherches, il y avait d'ailleurs eu des offres rejetées par la cour. On lit, en effet, dans un article de M. Nauroy (février 1882), inséré dans la *Nouvelle Revue* :

« Il était tellement avéré que les restes de l'enfant mort au Temple avaient été déposés dans ce lieu (le cimetière de Sainte-Marguerite), que la Restauration venue, M. Lemercier, curé de Sainte-Marguerite, crut devoir faire une démarche formelle auprès de Mme la duchesse d'Angoulême. Il lui proposa donc de faire exhumer les restes de celui qu'il croyait être Louis XVII, afin de les mettre dans un lieu plus convenable, et il offrit même de les placer dans une chapelle de son église qu'on aurait disposée à cet effet. Mme la duchesse pleura beaucoup, mais refusa d'ordonner aucune recherche alléguant qu'il *fallait bien se garder de réveiller le souvenir de nos discordes civiles ; que les rois étaient dans une position terrible, et qu'ils ne pouvaient pas faire tout ce qu'ils voulaient...*

« Signé : NE..., (1)
Prêtre du diocèse de Lyon. »

1. M. Chantelauze a mené grand bruit de la découverte dans le cimetière de Sainte-Marguerite, en 1846, des osse-

M. Chantelauze qui ne croit pas, on le sait, à l'évasion de Louis XVII, ne s'étonne pas autrement de la bizarre attitude de la cour, mais il écrit :

« Nous ferons remarquer ici, *en passant*, qu'un certain nombre de royalistes ultra, en haine de Louis XVIII et de son esprit libéral, adoptaient avidement et accréditaient la fable de l'évasion de Louis XVII. »

Chez M. de Beauchesne la note diffère un peu.

« Nous n'avons, dit-il, *ni à justifier*, ni à blâmer le gouvernement de la Restauration de la

---

ments d'un enfant, à n'en pas douter ceux du Dauphin; ainsi tombaient tous les romans basés sur l'évasion. La *Légitimité*, qui a publié *consciencieusement* chaque ligne de M. Chantelauze, comme aussi de M. de la Sicotière, en la faisant suivre d'une écrasante réfutation, a fait justice de cette absurdité. Pour ceux des lecteurs qui ne prendront pas la peine de remonter aux sources, disons que ces ossements ont été scrupuleusement examinés par plusieurs médecins. Le rapport fut rédigé sans conclusion formelle par le docteur Récamier qui rapporte celles de ses confrères. Pour le docteur Bayle, l'enfant avait de quinze à seize ans; le docteur Lallement, de l'Institut, pense de même; le docteur Andral adopte l'âge de vingt ans, à cause des dents de sagesse; le docteur Simon de l'Heïys, par les mêmes motifs, conclut à plus de vingt ans; enfin le docteur Milcent, qui avait d'abord pensé être en présence des ossements du Dauphin, se rétracte, des données anatomiques accusant au moins quinze à dix-huit ans. De cet ensemble résulte donc à l'évidence, selon M. Chantelauze, qu'il s'agit d'un enfant de *dix ans*!

Il faut avouer qu'il n'est rien de tel qu'un homme « réputé sérieux » pour manier magistralement la plaisanterie macabre!

décision qui annula les effets de l'ordonnance royale. Les contradictions inquiétaient sa confiance, sans doute ; mais peut-être *ne devaient-elles point entraver son zèle et l'empêcher de remplir* UN DEVOIR. »

Oui, certes, il y avait là pour le roi et pour Madame *un devoir* impérieux à remplir et ils n'y eussent assurément point failli, sans la conviction qu'ils possédaient de l'existence de celui qu'ils feignaient de pleurer (1).

De cette conviction, Louis XVIII, sous l'influence d'une étrange préoccupation, s'est chargé de constituer une preuve bien singulière en col-

---

1. L'archiviste Peuchet écrit à ce sujet : « La perspicacité populaire découvre qu'on a omis à dessein d'ordonner un service funèbre le 8 juin, en l'honneur de Louis XVII, et de marquer, dans le calendrier, le 8 juin comme un jour de deuil, aussi bien que le 21 janvier.

« Donc, Louis XVIII *et toute sa famille savaient que le dauphin n'était pas mort.* Il était évident qu'on n'avait pas voulu faire dire pour un vivant des prières qui ne sont dues qu'aux morts. Tous les membres de la famille étaient parfaitement instruits de ce qu'était devenu Louis XVII; mais chacun d'eux tenait à l'éloigner de la couronne. Louis XVIII, parce qu'il l'avait placée sur sa tête; les autres, parce qu'ils avaient l'espoir de la placer un jour sur la leur. Quant à Madame, elle ne voulait pas renoncer à la perspective d'être reine un jour; enfin, il y avait un complot flagrant d'usurpation, dont le malheureux Louis XVII était la victime... Les conjectures... étaient à perte de vue dans un certain monde...

« Parmi ceux qui se targuent de ce que sa dépouille n'a pas été retrouvée, il y en a qui supposent qu'on a fait un simulacre de recherches. »

11.

lectionnant un médailler intime composé de six
pièces consacrées aux principaux événements de
la Révolution française.

Lorsque, de retour de l'île d'Elbe, Napoléon Ier
rentra aux Tuileries, il ordonna, avant de pénétrer dans les appartements de Louis XVIII,
qu'un inventaire détaillé de tout ce qui s'y trouvait fut minutieusement dressé. Dans ce document (daté du 20 mars 1815) figurent les six médailles que nous venons de mentionner et dont
la sixième, décrite plus loin, fut trouvée sur la
table de Louis XVIII, attachée à un ruban noir
fané par un long porter autour du cou !

Les deux dernières médailles sont les seules
importantes à décrire pour l'éclaircissement du
mystère qui nous occupe.

Etudiée dans son ensemble, la médaille qui
constate le retour du prince à la liberté démontre
avec quelle intelligence de l'œuvre accomplie elle
a été formée. Elle ne doit pas être isolée de la
cinquième. Celle-ci représente l'image du Dauphin et de sa sœur réunis, tous les deux prisonniers. Autour on lit : Louis-Charles et Marie-
Thérèse-Charlotte, *enfants de* Louis XVI.

Au revers, on voit une toile qui semble cacher
quelque chose; au-dessous on lit : *Quand sera-
t-elle levée?* Cette médaille indique qu'elle voile
un mystère relatif au Dauphin. Avec la sixième,
elle prouve son évasion. Sur un côté de cette dernière on voit l'image du Dauphin. Autour on lit :

Louis, *second fils de* Louis XVI, *né le 27 mars* 1785. Au revers, la toile de la médaille précédente est relevée. On voit un ange écrivant avec un burin sur le marbre : *Redevenu libre le 8 juin 1795.* Il est debout. Un de ses pieds pose à terre sur un flambeau allumé (qui représente la vie), ce qui indique la fumée qui en sort ; l'autre pied s'appuie *sur un cercueil*, au-dessus d'un livre ouvert qui porte les noms des quatre personnes royales décédées : Louis, *premier dauphin* ; Louis XVI, Antoinette, Élisabeth.

Tout le système de l'évasion est là. Les quatre décès antérieurs au 8 juin sont prouvés par le cercueil, contre lequel est adossé le livre qui porte les noms des décédés ; la date du 8 juin rend la liberté au second dauphin par la mort de l'enfant substitué ; le cercueil rappelle celui dans lequel le prince est sorti du Temple.

Indépendamment des mots : *Redevenu libre le 8 juin 1795,* cette vérité est de nouveau reproduite par le soin qu'a eu l'auteur de la médaille d'indiquer que le Dauphin survit *à son frère,* à son père, à sa mère, à sa tante, *en opposant la vie à la mort.* Ainsi la toile levée *laisse voir quatre morts et le Dauphin vivant.*

M. de Souvigné, dont nous venons de transcrire la description, posséda ces médailles et s'efforça de remonter à l'origine. Signalées dans les cabinets numismatiques de Berlin et de Vienne, ces médailles ont été frappées de 1795 à

1796, par un graveur nommé Loos, domicilié à Berlin. Son fils n'a jamais voulu révéler de qui son père tenait cette commande.

En 1826, elles existaient également dans le cabinet numismatique de la Bibliothèque royale, car elles figurent au catalogue imprimé à cette date. La sixième n'était point dénaturée, mais, à côté d'elle, s'étalait en regard du « Redevenu libre le 8 juin 1795 », cette étrange traduction : *Mort au Temple le 8 juin 1795!*

L'honneur royal était sauf et cette bourde numismatique devait mettre fin aux commentaires.

Reprenons maintenant le récit de l'évasion selon ce que relate l'auteur de l'*Abrégé des infortunes*.

« Là, poursuit-il, je fus confié aux mains d'autres amis, sans que je puisse me rappeler la moindre des choses à cet égard. Lorsque je me réveillai, je me trouvai dans un lit, et dans une chambre fort propre, seul avec ma garde-malade (1), qui était Mme *** (Del-

---

1. Mme Delmas avait été nourrice du duc de Berry. Ayant souvent fait le service au Temple, déguisée en garde national (a), elle eut des rapports avec la famille royale prisonnière, et contribua à l'évasion du Dauphin. En lisant dans le journal la *Justice* (b) les détails donnés sur le duc de Normandie, elle fut convaincue qu'ils ne pouvaient venir que du véritable prince, se fit présenter à lui et le

a. Cléry parle de ce fait dans ses *Mémoires.*
b. Journal publié à Paris par les amis du prince lors de son arrivée dans cette ville.

mas), la jeune factionnaire du jardin du Temple.

Très heureusement, cette opération se fit rapidement, car à peine avais-je été mis en sûreté que le mystère de tout fut dévoilé. Mais, malgré les efforts de mes persécuteurs à me ressaisir, j'étais sauvé et bien caché. Déjà *le public à cette même époque répé-*

reconnut, en présence du comte de Bréon, par des souvenirs du royal prisonnier sur des faits bien connus d'elle. Il lui rappela une fille *borgne* qui les avait aidés en plusieurs occasions; il lui dépeignit la couleur (rouge) d'un portefeuille qu'elle avait conservé, et il lui raconta divers mauvais traitements exercés envers le Dauphin, elle étant présente. Elle a laissé par écrit son témoignage dans lequel elle déclare qu'au mois de janvier 1820, *le duc de Berry*, à qui elle avait révélé antérieurement l'existence du Dauphin, lui dit :

« Eh bien! tu vas être contente; j'ai écrit *à mon cousin* et je n'en parlerai pas à sa sœur. »

Mme Delmas a, en outre, certifié que M. le comte de Mesnard, M. le comte de Nantouillet et M. le baron de Fontanes, secrétaire des commandements du feu prince, ont eu connaissance de cette lettre.

« J'atteste, sur la foi du serment, déclara-t-elle, en 1883, que le jeune prince a été enlevé dans une bière. Il était encore au Temple lorsque le jeune enfant de l'hôpital mourut. »

Le comte de Repenties, ami et compagnon d'exil du duc de Berry, confident de son mariage en Angleterre et, comme lui, époux d'une Anglaise, vivait, sous la Restauration, éloigné de la Cour. Il fit, en 1819, le voyage de Prusse pour vérifier les assertions de Mme Delmas et s'assurer de l'identité du prince, dont le duc de Berry avait reçu plusieurs lettres. Ce fut d'après les preuves qu'il rapporta que le père du comte de Chambord embrassa si vivement la cause de son cousin.

Le comte de Repenties mourut peu de temps après le duc de Berry; sa fille, frappée de terreur, n'a pas osé reproduire les documents en sa possession.

tait que ce n'était pas moi qui avais été enterré (1). Ces propos intimidèrent le gouvernement qui donna l'ordre à ses agents de *déterrer le cercueil*, de le clouer fortement et de l'enterrer ailleurs, afin qu'on ne put le trouver en cas de recherche. Nonobstant ces mesures, partout on fit des investigations sous divers prétextes Mes amis, appréhendant que je ne vinsse à être découvert, me déguisèrent (en fille) et m'envoyèrent dans une voiture hors de Paris, jugeant à propos de m'éloigner de la capitale. En même temps, pour donner le change à mes ennemis, *ils firent partir avec ses parents, sous mon nom, un enfant natif de Versailles.* Des serviteurs fidèles me reçurent en route avec la plus rigoureuse discrétion et les plus tendres soins, car je devais me rendre au milieu de l'armée vendéenne. Les attentions les plus délicates dont j'étais entouré ne me préservèrent pas d'une maladie, qui fut la suite inévitable de toutes les infortunes que j'avais eu à subir, et sous le poids desquelles succomba enfin ma santé. Je demeurais seul avec Mme *** qui ne me quittait pas, et me soigna avec la plus touchante affection. Dès que je fus à moitié rétabli, *elle s'occupa de m'instruire dans la langue allemande,* afin que je pusse passer plus facilement pour son fils quand les circonstances permettraient que je reprisse mes vêtements. Elle était née en Suisse et, comme je l'ai rappelé plus haut, veuve d'une victime du 10 août. Pendant tout le temps que je restai avec elle, dans le château d'un de mes amis (2), je ne voyais personne. Seulement un jour il

1. La note de M. Chantelauze, p. 223 *bis*, confirme cette assertion que l'on trouve d'ailleurs souvent renouvelée.

2. Ce château était celui de M. Thor de la Sonde, dont certains fantaisistes ont fait un personnage fictif, bien qu'il ait été plus tard sous la surveillance de la police de M. le

vint trois individus vêtus d'un uniforme que je ne connaissais pas ; elle me dit que c'était le *général de Charette* avec deux de ses amis.

« Ma maladie a duré longtemps, et se développait sous un aspect bien singulier : j'étais enflé à toutes les

comte Decazes : si zélée qu'elle fut, elle ne surveillait cependant pas des ombres !

On lit dans la déposition de M. de Brémond, déjà plusieurs fois citée : « ... Que le roi choisit des serviteurs de confiance pour veiller sur le Temple et avoir les moyens de le servir avec sa famille, en cas de besoin ; qu'un des chefs de ces observateurs était un de mes amis, nommé M. Thor, dit de la Sonde ; qu'en 1820, me trouvant à Paris, j'ai vu dans un des salons du faubourg Saint-Germain, un des neveux de feu mon ami (mort, croyons nous, en 1818), qui assurait que, se trouvant dans un château de son oncle, en 1797, il y vit un jour arriver son oncle dans sa calèche, avec un jeune enfant de l'âge environ de onze à douze ans, cheveux blonds et bouclés, et d'une très belle figure ; que son oncle le fit loger dans sa chambre ; que dans la journée il ne le quittait pas, et en lui parlant il le nommait Monsieur Auguste ; qu'après un séjour de quelques semaines, il partit dans la nuit avec cet aimable enfant, et quelques jours après, il revint seul ; qu'il lui dit alors : *Tu as eu le bonheur de voir le jeune Dauphin sauvé du Temple, gardes-en le secret....* »

M. Thor de la Sonde, qui s'était toujours occupé de la question de Louis XVII, avait été l'objet d'un rapport de police (le n° 2951) du 10 avril 1818.

Son neveu, officier sous la Restauration, donna sa démission en 1830 pour ne pas servir Louis-Philippe ; en 1832, demeurant 26, rue des Mathurins, à Paris, et détenteur du cachet *dit de l'évasion*, il fut en correspondance à ce sujet avec le prétendu Nauendorff, alors à Crossen. La description que lui en fit ce dernier le convainquit, mais il mourut la même année, et ce fut sa veuve qui, en 1833, remit le cachet au prince.

articulations, et je marchais péniblement ; quand, tout-à-coup, il se forma sur tout mon corps des ulcères, dont je porte encore aujourd'hui les cicatrices. Cette crise dissipa les douleurs qui me déchiraient, et peu à peu ma guérison se consolida. »

Nous venons de donner l'évasion du Temple telle que nous la retrace l'*Abrégé des infortunes* et, plus on réfléchit à ce récit, moins on s'étonne des péripéties qu'il relate. Leur complication ne dépasse pas celles d'autres évasions célèbres, et bien plus : étant donnée une situation politique sans précédent dans l'histoire, étant données les compétitions féroces alors en présence, les incessantes intrigues nouées et dénouées dans la même journée, la marche des choses devient logique.

A l'époque où M. Louis Veuillot dirigeait l'*Univers*, ce journal (les temps sont changés) ne trouvait point fantastique la sortie de Louis XVII du Temple.

On lit, en effet, dans l'*Univers* du 6 juillet 1850 :

« ... Les partisans de tous les Louis XVII qui ont paru se sont prévalus de ce que le fils de Louis XVI ne serait pas mort au Temple. Ici, nous n'avons nullement l'intention d'entrer en lutte avec eux ; nous concevons même qu'il règne sur ce point, dans certains esprits, quelque obscurité. Un procès-verbal des docteurs Pelletan et Duman-gin constate le décès du jeune prince au Temple, le 8 floréal an III ; mais le procès-verbal porte :

« On nous a présenté un cadavre qu'on *nous a dit être* celui de Charles-Louis, duc de Normandie. » Ainsi, les médecins ont certainement fait au Temple l'autopsie d'un enfant, mais ils ne constatent point l'identité de cet enfant avec le dauphin. De plus, M. Dumangin a cru avoir été induit en erreur à ce sujet, et l'a écrit contre M. Pelletan qui pensait le contraire.

« Un homme très honnête, le sieur Lasne, gardien du Temple, a attesté de son vivant avoir vu mourir le dauphin et assisté à son enterrement. Mais Lasne est venu au Temple après Simon et d'autres geôliers. La substitution pouvait, à toute force, être faite alors. Il a trouvé un enfant malade ; était-ce le Dauphin ?

« Ce qui est plus grave, c'est que le 16 du même mois de floréal an III on trouve, dans les actes de la Convention, un décret qui ordonne de poursuivre, sur toutes les routes de France, le fils de Capet (1).

1. M. le comte de Cissey, parent de l'ancien ministre de la Guerre, écrivait en 1883 au directeur de la *Légitimité* :

« Oui, on a mille preuves de l'évasion du Temple. La vérité se fait lumineuse sur ce point... Je suis assuré par cent preuves que le Dauphin a été sauvé. *J'ai des écrits nombreux qui le prouvent surabondamment.* J'ai recueilli des témoignages *oraux* qui le prouvent surabondamment encore, *connue l'ordre, expédié le soir même en province, d'arrêter le Dauphin,* puis contremandé pour ne pas divulguer cette fuite, de sorte que quelques courriers seulemen l'avaient emporté... »

« A cette époque, Charette, s'adressant à son armée, sous les murs des Sables-d'Olonne, lui dit : « Voulez-vous laisser périr l'enfant miraculeusement sauvé du Temple, comme ont péri ses augustes parents ? » Dans la Vendée, on croyait généralement que l'enlèvement du Dauphin de la prison du Temple avait été heureusement consommé.

« Ainsi, d'une part, un acte authentique et légal, qui suffit heureusement contre les intrigants et les prétentions absurdes et malhonnêtes des aventuriers ; de l'autre, *des indications, des autorités morales qui tendent à infirmer cet acte.*

« ... En 1814, beaucoup de personnes considérables partagent l'opinion qu'il n'est pas mort au Temple, qu'il a été retiré vivant de ce tombeau. L'évêque d'Uzès, M. de Béthisy, n'en faisait pas un doute. Une grande partie de l'émigration avait vécu et rentrait dans cette pensée... (1)

---

1. Une grande partie de l'émigration, en effet, rentrait dans ces sentiments, auxquels les résultats de l'enquête Anglès, les incidents de Saint-Denis, de Sainte-Marguerite et d'autres ne donnèrent aucune satisfaction. Il régnait parmi les royalistes purs une agitation réelle et non simulée comme certains écrivains ont osé le dire, en prétendant que les *ultras* feignaient une croyance à l'évasion comme moyen d'opposition contre le *roi jacobin*. En 1824, le changement de règne trouva les royalistes dans une sorte d'attente inquiète, et lorsque l'on vit les choses suivre leur cours, Charles X succéder à Louis XVIII, il surgit une recrudescence d'aspiration vers cet inconnu que l'on pres-

« ... Donc, ou le Dauphin est mort au Temple..., ou bien quelque dévouement obscur et d'autant plus admirable l'a arraché à cette prison qui se faisait son tombeau, mais les sources de la vie étaient taries en lui ; il est mort entre les mains de gens ou qui ignoraient qui il était, ou qui, le sachant, se sont bien gardés de le publier, car leurs soins envers l'enfant les eussent compromis et leur eussent valu la mort à eux-mêmes. »

L'*Univers* admet donc que l'évasion n'est point improbable, et il ne se laisse point arrêter

sentait vivant. Nous pourrions citer de nombreux exemples, nous ne signalerons que le suivant :

On avait avancé que Msʳ Tharin, évêque de Strasbourg et ancien précepteur de Msʳ le duc de Bordeaux, avait quitté la Cour en disgrâce. L'ancien secrétaire de ce prélat écrit à l'*Univers* pour démentir ce bruit, mais pour confirmer celui qui le représentait comme convaincu de l'évasion du fils de Louis XVI :

« Non-seulement, dit-il, Msʳ Tharin a cru que l'orphelin du Temple a été sauvé ; mais cette croyance, qu'il a conservée jusqu'à sa dernière heure, j'affirme, moi, qui eus l'honneur d'être son secrétaire et pour qui, je ne crains pas de le dire, il n'avait rien de caché, j'affirme que c'est à la Cour même, et en faisant l'éducation du duc de Bordeaux, qu'elle lui est venue. Il y a plus ; bien qu'il ait prétexté sa mauvaise santé pour s'éloigner de son... élève, qu'il aimait beaucoup, et qui lui était très-attaché, le *véritable motif de sa retraite fut la conviction où il était que le refus qu'avaient fait les Bourbons, et notamment Louis XVIII, de reconnaître le Dauphin, dont ils n'ignoraient pas la conservation, attirerait prochainement sur cette famille et sur la France entière les plus grands mal-*

par cette objection : le silence des libérateurs. Pourquoi, en revanche, veut-il que Louis XVII soit mort chez les braves gens qui le soignaient ? Dès le lendemain, du reste, cette nécessité ne lui semble plus s'imposer, car, dans le n° du 7 juillet 1850, l'*Univers* parlant du faux dauphin américain, William, dit :

« Il faut ajouter que, si le Dauphin a été sauvé du Temple par la pitié de quelque révolutionnaire moins barbare que d'autres, il a dû l'être dans les conditions qu'on expose ici. On a dû l'envoyer en secret, au loin, en pays étranger... »

Enfin, on lit dans l'*Univers* du 15 juillet 1850 :

heurs. Or, pour tous ceux qui ont connu Mgr Tharin, son opinion est d'un très-grand poids. Un homme d'un caractère aussi élevé et d'un mérite aussi éminent, n'a pas cru, sans y être déterminé par les plus puissants motifs, à l'existence du fils de Louis XVI.

« Cette opinion, d'ailleurs, et personne ne le conteste, fut, avant 1830, celle de la grande aumônerie et des seigneurs les plus en crédit à la Cour.....

« *Signé :* DE LA H.....,
Chanoine honoraire,
Ancien secrétaire général de l'évêché de Strasbourg. »

On lit dans l'*Histoire universelle* de Rohrbacher, 3ᵉ édition, t. XXVIII, p. 370 :

« Il régnait à cette époque, dit-il, parmi les sommités du clergé et des royalistes, une *étrange superstition de légitimisme*. Des évêques, des aumôniers du roi, des nobles illustres regardaient Charles X comme un usurpateur. Tels de ses chapelains, que nous avons connus, ne le nommaient plus dans le Canon de la messe. L'évêque Tharin, précepteur du comte de Chambord, passait pour être dans les mêmes sentiments. »

« Quant à la déposition honnête et intéressante de Lasne, elle ne dit rien de plus que ce que nous lui avons attribué dès le commencement. C'est un témoignage respectable ; mais Lasne, soldat, avait-il assez connu le Dauphin pour ne pas se tromper sur son identité, quand on lui donnait à garder un enfant malade qui s'éteignait, qui devait être si différent de ce qu'il avait été à Versailles et aux Tuileries? Nous nous laissons aller à cette réflexion parce que nous voulons être toujours sincère, et qu'*au nombre des communications que nous amène notre travail, il s'en trouve une* DE LA PLUS HAUTE GRAVITÉ *en faveur de l'évasion* du Dauphin de la tour du Temple. Mais, encore un coup, qu'est-ce que cette évasion fait à la question présente ? En quoi légitime-t-elle les prétentions des dauphins passés et futurs ? »

Nous ne connaîtrons jamais, malheureusement, ce témoignage « de la plus haute gravité. »

Assurément le fait de l'évasion admis ne confirme pas des prétentions reconnues fausses par ailleurs, mais il n'est point pour infirmer des prétentions appuyées sur des témoignages sérieux de reconnaissance, sur des signes corporels inimitables. L'aveu de l'*Univers* conserve donc une certaine valeur et il est permis de regretter que ce journal, une fois en veine de franchise, n'ait fait part à ses lecteurs du témoignage « de la plus haute gravité » qu'il ne daigne pas révéler.

Ici, nous demandons la permission d'ouvrir une parenthèse. Nous nous sommes efforcés systématiquement, dans ce travail, de nous priver des preuves nombreuses fournies par beaucoup de Mémoires historiques, afin de ne pas prêter le flanc à cette riposte : « Mais ils sont apocryphes ! » En obéissant à ce scrupule nous ajouterons toutefois que, pour l'édification de nos convictions personnelles, nous faisons peu de différence entre les *apocryphes* et les *authentiques*.

Les premiers, tels que ceux de Louis XVIII, par exemple, rédigés par Lamothe Langon, sont de simples opérations de librairie ; soit. Mais pour que l'opération soit fructueuse comme spéculation de librairie, il faut que le livre soit intéressant, il est nécessaire que les personnages soient ressemblants, conformes à ceux que leurs familiers ont connus ; il est indispensable que les faits cités soient, sinon tous absolument véridiques, du moins se rapprochant beaucoup de la vérité : il ne faut rien de discordant. Portraits et faits sont puisés à bonne source, auprès des amis, chambellans, aides-de-camp, secrétaires, serviteurs même ; parfois à des origines plus intimes encore, et, de l'ensemble, naissent des Mémoires beaucoup plus *vrais*, tout apocryphes soient-ils, que s'ils étaient ornés de la signature du personnage.

Dans les Mémoires *authentiques*, paraphés par l'homme d'État dont ils sont censés relater les souvenirs vrais, c'est autre chose. A moins, ce qui est rare, que l'auteur de ces Mémoires ne soit un caractère tout d'une pièce, à la Joseph de Maistre, et connu pour ne transiger jamais avec la vérité, l'*opération*, opération toute personnelle, consiste à ne se jamais donner un sot rôle, à pallier ses fautes politiques et à en faire endosser la responsabilité, autant que possible, aux *amis* ou ennemis politiques.

Laissant de coté certaines élucubrations haineuses et scandaleuses auxquelles personne ne se laisse prendre, quelle est entre les doux catégories de Mémoires dont nous venons de parler, celle qui possède la plus sérieuse authenticité ?

Voici, par exemple, les *Mémoires de Talleyrand* qui viennent de paraître. A qui fera-t-on croire qu'ils respirent la sincérité, qu'ils procèdent d'une grande passion pour la vérité ? Cela ne nous a pas empêché, comme bien d'autres, d'éprouver une certaine impatience de les parcourir, ne fut-ce que par curiosité de voir avec quelle adresse le rusé auteur de ces Mémoires se tirerait des situations scabreuses (1).

---

1. La question de l'authenticité de ces *Mémoires* s'est bruyamment posée, et le duc de Broglie, leur éditeur, évidemment désireux de décliner toute responsabilité dans les coupures qu'ils ont visiblement subies, annonce qu'il déposera à la Bibliothèque Nationale la copie à lui confiée. (Voir, à ce sujet, Talleyrand. *Mémoires, lettres inédites et papiers secrets*, publiés par Jean Gorsas).

Il faudrait, en effet, posséder une forte dose de naïveté pour croire à la véracité, à la sincérité de l'ex-évêque d'Autun. Le personnage, qui admettait que la parole n'avait été donnée à l'homme que pour déguiser sa pensée, le diplomate, dont on disait qu'il était assez maître de son visage pour que celui-ci n'accusât réception du coup de pied reçu inopinément à ses antipodes, n'aurait pas utilisé sa plume à défigurer la vérité ? Ce serait fort invraisemblable, avouons-le.

Révisés encore, à loisir, par les parents, puis par des hommes politiques, ces Mémoires ne demeureront pas moins, pour la postérité, des Mémoires authentiques (! ! !) où puiser sans contestation possible.

Fermons la parenthèse et retournons à M. le comte de Provence, recevant la nouvelle de la prétendue mort de Louis XVII.

Quoique bientôt avisé de l'évasion de son neveu (1), Monsieur n'en persista pas moins à vouloir porter le titre de roi et à poursuivre ses négociations avec Barras et les autres conventionnels.

Les généraux vendéens, cependant, avaient promptement appris la nouvelle de la délivrance de Louis XVII ; et le comte de Puysaye, dans sa

1. M. Brémond, dans sa déposition de Vevey, affirme, en effet, que M. de Steiger, avoyer de Berne, l'avait informé qu'il venait d'apprendre, par des courriers expédiés à Vérone par les *généraux vendéens*, que le prince s'était évadé.

proclamation du 30 juin 1795, prend le titre de général en chef, en vertu des pouvoirs à lui donnés par *Monsieur, régent de France*. Il terminait pas ces mots : « Soyez les sauveurs de notre patrie, les libérateurs d'un jeune prince, prêt à récompenser vos services. Il est glorieux de recevoir le prix de la valeur, d'un roi qu'on a rétabli dans ses droits (1). »

Une autre proclamation, de la même époque, est également probante ; c'est celle que Charette (2) adressa à son armée, vers la fin de 1795, sous les

1. Cette proclamation de Puysaye, imprimée en 1795, existe encore et a été reconnue authentique par le substitut Dupré-Lassale, dans son réquisitoire de 1855.

2. Cette proclamation de Charette est le *dada* favori, enfourché par les démolisseurs de *faux-dauphins*. Selon ces messieurs, elle est sortie du cerveau de Regnault-Warin, l'auteur du roman royaliste, le *Cimetière de la Madeleine*, publié en 1801. C'est là que Nauendorff, le faux dauphin, le plus honni de l'orléanisme, parce qu'il est le moins *faux* de tous, aurait puisé les premiers éléments de son imposture. Par malheur pour cette thèse commode, il existe des exemplaires de cette proclamation dont un, sans doute, aura été copié par Regnault-Warin, puis agrémenté de détails que son rôle de romancier autorisait pleinement.

Ce qui est moins *justifié*, c'est que les pseudo-démolisseurs en question ont ensuite *faussement* et sciemment attribué ces fioritures à l'*Abrégé des infortunes* où elles ne se trouvent pas, ainsi qu'il est aisé de le constater sur l'exemplaire existant à la Bibliothèque. Le journal la *Légitimité* a d'ailleurs fait justice de ces fausses citations dans un long et consciencieux travail auquel nous renvoyons le lecteur désireux de juger cet étrange procédé, avec pièces en main.

murs des Sables d'Olonne. L'illustre général termine ainsi cette déclaration à ses soldats :

« ... Unique et débile rejeton de ce grand arbre tranché par le glaive, tu n'as recueilli des tiens qu'un héritage de malheur, et pour y mettre le comble, à peine *soustrait à la férocité* de tes bourreaux, tu es devenu victime de la trahison de tes défenseurs plus féroces qu'eux ! Eh quoi, *tu retomberais sous la puissance des tyrans !*... Non, non, tant qu'un souffle de vie animera mon existence, la tienne est assurée ; tant que je jouirai de la liberté, *tu garderas la tienne* »...

Cette proclamation dont nous venons de donner l'un des principaux passages est citée par Bourbon-Leblanc, Sosthène de Larochefoucauld, Labrelé de Fontaine, l'*Univers* du 6 juillet 1850 y fait allusion. Elle a d'ailleurs été signée par plusieurs chefs et officiers de l'armée royale de la Vendée, envoyée à celle de Normandie et du Maine, et conservée avec soin par l'officier qui en était porteur et vivait encore en 1840. M. Bourbon-Leblanc n'a pas pu en obtenir copie de lui, mais la préfecture de police doit encore avoir l'exemplaire sur lequel M. Bourbon-Leblanc fit copier par le baron Tardif, secrétaire de la préfecture, le texte qu'il cite. Elle est encore au ministère de la guerre où M. Mauroy et l'abbé Dupuy ont tous deux pu constater *de visu*, qu'un grand *coup de ciseau a été donné à l'endroit qui paraît gênant.*

Cette preuve de l'évasion n'est nullement affaiblie, ni par l'autre proclamation du même général au camp de Belleville, ni par le manifeste que, de concert avec les autres généraux vendéens, il adressa à la nation française.

Le manifeste rapporté (*Histoire de la Vendée militaire*, 2ᵉ édition, page 363) pas Crétineau-Joly, comme authentique (1) porte la date du 22 juin 1795 ; on y montre la faiblesse du traité conclu avec les républicains... On y parle de la mort inopinée de Louis XVII, et on y fait la profession de foi religieuse et politique des armées de la Vendée.

— C'est là que les signataires reconnaissent le comte de Provence comme roi de France, et ils datent ce manifeste de l'an Iᵉʳ du règne de Louis XVIII.

La proclamation du camp de Belleville est du 26 juin 1795. Le général de Charette y annonce qu'il a appris « que le fils infortuné de notre malheureux monarque avait été empoisonné par cette secte impie et barbare (les républicains), et il conclut : » Nous avons repris les armes et renouvelé le serment de ne les déposer que lorsque *l'héritier présomptif de la couronne de France* sera sur le trône de ses pères. »

Pour nous, ces deux derniers documents, n'an-

1. Crétineau-Joly mentionne la proclamation de Charette sous les murs des Sables-d'Olonne, mais *se tait soigneusement sur sa teneur* qui, sans doute, lui semblait trop nette.

nulaient pas la proclamation du mois de novembre. En effet, le comte de Provence, proclamé roi de France le 16 juin par le prince de Condé, qui croyait le Dauphin mort au Temple depuis le 8 du même mois, prenant lui-même, le 26, le titre de roi, sous le nom de Louis XVIII, et signifia son avènement au trône à toutes les cours de l'Europe. Charette, annonçant, le 22 juin, la prétendue mort du Dauphin, et parlant de son empoissonnement dans la proclamation du 26 juin, nous prouve : ou que, trompé par le rapport de Sévestre, qui faisait mourir l'enfant au Temple, il a cru, lui aussi, à cette mort; ou qu'il désire accréditer le bruit de cette mort afin de cacher l'enlèvement du jeune prince et de faciliter son voyage en Vendée par l'ignorance où étaient ainsi laissés les émissaires de la Convention et ceux de Louis XVIII. Cette dernière hypothèse semble la plus probable. Faisons remarquer d'ailleurs, que si, dans la déclaration du 22 juin, qui était un acte collectif, Charette pouvait se croire obligé de se conformer à l'avis général et de proclamer roi le comte de Provence, il n'est plus question, dans sa proclamation du 26, que de l'*héritier présomptif* du trône. Ce détail suffit pour conclure que Charette, en laissant supposer qu'il croyait à la mort du Dauphin, agissait en habile politique. Les derniers mots de sa proclamation du 26, où il déclare qu'il ne déposera les armes que le jour où l'héritier présomptif de la couronne sera sur le trône de ses pères, laissent voir qu'il commence à prendre des précautions en vue de la délivrance et de l'apparition de son jeune roi, qui ne pouvait pas encore être arrivé en Vendée. Puysaye, moins habile que Charette, proclamait, le 30 juin, l'existence et la délivrance du Dauphin!

On voit donc par ce manque d'entente préalable entre les généraux des armées royalistes, qu'à cette époque l'un d'eux avait la certitude de la délivrance de Louis XVII (1), bien qu'il n'ignorât pas la proclamation de ses collègues. Mais au mois de novembre suivant, les circonstances étaient changées; le Dauphin était caché en Vendée dans le château de M. Thor de la Sonde. Il ne s'agissait plus de dissimuler son évasion, mais de la proclamer au grand jour et de l'annoncer aux troupes pour ranimer le courage des Vendéens. C'est ce que fit Charette sous les murs des Sables-d'Olonne (2). Le lecteur impartial recon-

1. Et il était loin d'être le seul! Frotté et d'autres savaient à quoi s'en tenir.

2. Louis Blanc (*Histoire de la Révolution française*, t. tXII, p. 365), répond ainsi à l'objection de la « non reconnaissance publique en Vendée » :

« On demandera sans doute comment il se peut, s'il es vrai que le fils de Louis XVI ne soit pas mort au Temple, que son existence n'ait été reconnue, depuis, d'une manière certaine et son identité constatée. Il y a effectivement lieu de s'en étonner. Et toutefois l'étonnement diminuera peut-être, si l'on considère qu'à l'époque indiquée comme celle de l'évasion, le Dauphin n'avait pas encore dix ans;

naîtra dès lors que les proclamations des 22 et 26 juin, signées par Charette, sont annulées par celle-ci.

En de pareilles circonstances, l'hésitation des généraux vendéens s'explique et l'on conçoit que la prudence leur commandait d'attendre un mot d'ordre plus précis.

La présence permanente du jeune Louis XVII aux armées aurait en outre été un sérieux embarras, en entraînant des complications de tout genre

« Qu'il était conséquemment livré sans défense à toutes sortes d'embûches ;

« Que dans ce temps-là l'Europe entière vivait dans un état d'effroyable confusion ;

« Que *le parti royaliste était un foyer d'intrigues ;*

« Que ses principaux meneurs ne voyaient dans le rétablissement de la monarchie qu'une proie à dévorer, et, *entre des prétentions rivales, se tenaient prêts à soutenir celles qui leur promettaient une large part dans la curée des emplois* (a) ;

« Que le comte de Provence appelé à ceindre la couronne, faute d'héritier direct, *joignait à une astuce profonde le plus violent désir de régner ;*

« *Qu'il avait un intérêt puissant à laisser dans l'ombre,* dont les événements l'avaient enveloppée, *la destinée de son neveu ;*

« *Qu'après la Restauration, qui mit sur le trône Louis XVIII, le fait de Louis XVII retrouvé, reconnu, aurait tout remis en question et causé des embarras incalculables ;* que, dans cette situation, un gouvernement peu scrupuleux A PU FAIRE FLÉCHIR LES CONSIDÉRATIONS DE FAMILLE *devant les exigences de ce qu'on nomme les* RAISONS D'ÉTAT, ou, s'il ignorait la vérité, s'étudier à ne pas la connaître. »

(a) Voir ce que dit à ce sujet Puysaye lui-même, t. IV de ses *Mémoires*, p. 240-241.

dont la moindre eut été la nécessité d'immobiliser une portion des troupes, forcées de veiller à sa garde.

« Quel redoutable *impedimentum* c'eut été, pour les bandes vendéennes, que cette obligation de traîner à leur suite un roi enfant et peut-être malade. »

Cette préoccupation n'était pas nouvelle, et la reine Marie-Antoinette, ainsi que son conseiller Jarjaye — on ne doutera, pensons-nous, ni de leur compétence, ni de leur dévouement, — avaient formulé l'avis que se diriger vers la Vendée, ce n'était que *chercher un asile dans un camp*, et que, si l'on apportait à l'armée royaliste un puissant auxiliaire, *on lui créerait aussi des difficultés nouvelles.* »

L'évasion de Louis XVII et son arrivée dans l'ouest, plaçaient donc les généraux vendéens dans une situation des plus délicates et le demi-mystère qui plane sur cet épisode de notre histoire n'offre, en réalité, rien de nature à infirmer le fait même de l'évasion (1).

1. Les royalistes de Lyon, plus promptement renseignés que les royalistes de l'Ouest sur la comédie du Temple, préparent un mouvement, aussitôt dénoncé par Chénier à la tribune de la Convention, quinze jours après la prétendue mort du Dauphin.

« Sans compter, dit-il, une foule de pièces que la prudence ne permet pas de divulguer encore, le Comité de sûreté générale tient entre ses mains le cachet qui doit servir de ralliement... Le nom de Précy est gravé sur le

L'Abrégé des infortunes du Dauphin va nous venir encore en aide pour reconstituer les circonstances qui ont suivi sa sortie du Temple.

D'abord relégué dans le château dont il a déjà été parlé, le jeune prince fut découvert une première fois et des gendarmes le mirent en état d'arrestation; mais, aussitôt et grâce à une haute intervention qu'il attribue à Mme de Beauharnais, il était relâché et il fut alors remis aux mains de deux amis fidèles, MM. de Briges et de Montmorin, dont la mort seule devait le séparer (1). Il ne connaissait pas le premier qu'il n'avait jamais aperçu que de loin et revêtu d'habits de paysan. Désormais, il était confié à ses soins, à ceux de

cachet avec le nom de Louis XVII (*Moniteur* du 27 juin 1795). »

Plus tard, la Convention apprend que le général Bonneret, commandant de Belle-Isle, avait été sommé par le commodore Ellison de se rendre au nom de Louis XVII, et qu'il avait répondu qu'il ne reconnaîtrait jamais Louis XVII (*Moniteur* du 11 juillet 1795).

Ce qu'il y a d'étrange c'est que, dans ces deux cas, et dans divers incidents analogues, nulle voix ne s'éleva dans la Convention pour protester contre des prétentions qui tombaient d'elles-mêmes en présence de la mort du fils de Louis XVI.

1. Selon leur habitude, les adversaires de Louis XVII les ont tous deux traités de *personnages fictifs*. Toutefois, la *Légitimité* a publié de nombreux documents — et notamment dans le courant de 1885 — concernant le rôle de M. de Briges.

Quant à M. de Montmorin, on lit dans la *Légitimité*, 2e année, p. 888 :

« Nous avons demandé à M. l'abbé Laprade, ancien

son *chasseur* Jean, qui n'était autre que le comte de Montmorin et à ceux d'une jeune fille nommée Marie.

« Enfin, dit l'*Abrégé des infortunes*, nous partîmes pour Trieste (après avoir passé quelques jours à Venise), et de là pour l'Italie, où nous fûmes protégés secrètement par le Saint-Père Pie VI.... (1).

curé de Mazerolles (Vienne) et aujourd'hui prêtre habitué dans cette même paroisse, lequel fut un des amis les plus dévoués du prétendu Nauendorff, si la famille de Montmorin admettait cette biographie d'un de ses membres, que donne l'*Abrégé des infortunes*. Voici sa réponse :

« Une dame de notre pays, qui avait ses deux filles chez les dames du Sacré-Cœur (de Niort), dont j'étais l'aumônier, était nièce, à la mode de Bretagne, de Cauchon de Lapparent, préfet sous l'Empire (a).

« Placée au couvent des Oiseaux, elle s'était liée d'amitié avec Mlle de Montmorin, nièce du sauveur du prince. Or, cette compagne de ma jeune compatriote lui avait affirmé que le Dauphin avait été sauvé du Temple, et que son oncle avait péri pour le défendre, après l'avoir sauvé et délivré de beaucoup de dangers. »

1. D'après une déclaration de Paulin, Louis XVII aurait vu à Rome le Saint-Père, et aussi ses tantes. L'occupation de cette ville par les troupes du Directoire fit fuir Mesdames.

Beaucoup d'autres déclarations attestent que la cour de Rome était au courant de tout ce qui concernait l'évasion.

De M. le chevalier d'Olry, ancien ministre de Bavière près la cour de Sardaigne, on a la déclaration que « Il (M. Pacca, neveu du célèbre cardinal de ce nom) prétendait que l'évasion était un fait diplomatiquement constaté. »

Labrelé de Fontaine affirme que « les chefs du clergé sa-

a. Préfet de plusieurs départements sous l'Empire, et *préfet de polic e*sous le Directoire.

« Ma mère adoptive, la dame allemande, avec la-quelle j'avais demeuré depuis ma sortie du Temple, s'était remariée. Elle avait épousé un très honnête homme, horloger de son état. Tous les deux vinrent nous rejoindre en Italie. Tant que nous fûmes en-semble, je passais presque tout mon temps avec l'hor-loger, ayant un goût très prononcé pour les arts méca-niques (1). On lui avait procuré quelques outils, et il

vaient à quoi s'en tenir. Ils n'ignoraient point qu'il existait dans les archives de Rome des documents et des actes qui déposaient de l'évasion du fils de Louis XVI. Aussi le haut clergé refusa-t-il constamment de célébrer un service mortuaire et anniversaire à la mémoire de Louis XVII.

Louis XVIII, très irrité de ce qu'il appelait une *mau-vaise chicane*, dépêcha à Rome M. de Blacas, qui revint sans avoir rien obtenu. Aussi le souverain gardait-il ran-cune au comte d'Artois, qui, aussitôt après la bataille de Paris, ayant pris en main le gouvernement comme lieute-nant-général du royaume, avait autorisé les cardinaux romains, internés en France par Bonaparte, à enlever leurs archives déposées à l'hôtel de Soubise.

A ce sujet, Lafont d'Aussonac écrit dans ses *Lettres anec-dotiques et politiques :* « A peine arrivé aux Tuileries, Louis XVIII avait donné ordre de poursuivre les *Cardi-naux noirs* qui allaient rentrer en Italie avec leurs archives : les gendarmes arrivèrent trop tard... Un mois après, un envoyé de Rome vint apprendre à notre roi que, selon bien des apparences, le jeune Dauphin, son neveu, pourrait être du monde... « Nous avons trouvé, dit l'ambassadeur, dans nos archives restituées par la France, une allocution du grand pape Pie VI... Cette allocution, adressée au Sacré-Collège trois jours après l'enlèvement sacrilège de Pie VI, indique le jeune Louis-Charles, duc de Normandie, comme retiré dans le Bocage et l'y représente comme jouissant d'une parfaite santé... »

1. On sait que Louis XVI, lui aussi, avait la même pré-dilection pour les travaux manuels et qu'il était d'une grande habileté comme serrurier d'art.

m'apprenait à monter et à démonter des montres, ce qui me donna une connaissance superficielle de l'horlogerie.

« Pendant les premiers jours de ma résidence dans ce pays, j'avais d'abord été caché dans un cloître. Mais bientôt le pape jugea à propos de m'en retirer, pour me séquestrer avec mes amis dans une maison de campagne tout à fait isolée. La bonne dame et Marie s'occupaient du ménage. Le marquis de Briges était souvent absent ainsi que le *chasseur*. Quant à moi, je ne sortais pas de la maison. »

C'est seulement dans cette retraite que le malheureux enfant, qui se flattait toujours de revoir sa mère, apprit par Marie quel avait été son funeste sort. Ce fut de cette jeune fille qu'il reçut également un médaillon contenant les portraits de son père et de sa mère, ainsi qu'un papier où cette dernière avait écrit son nom et celui de l'orphelin avec la date de sa naissance.

La trève que subissaient ses souffrances ne devait pas durer. Une armée française pénétra en Italie, Pie VI tomba en son pouvoir et les persécutions recommencèrent pour Charles-Louis.

« Déjà, dit le prince, un affreux événement avait eté l'épouvante dans nos cœurs... »

Forcé de fuir — la maison qu'il occupait avait été brûlée, une mort mystérieuse avait successivement enlevé tous les amis qui l'entouraient — le bâtiment sur lequel il s'était embarqué fut pris en mer et le malheureux fils [de [Louis XVI, ramené en France, fut de nouveau jeté dans une prison, après avoir subi les plus mauvais traitements.

M. de Montmorin avait seul échappé à toutes les poursuites et il réussit une fois de plus, ayant constamment suivi les traces de son royal protégé, à intéresser à son sort Joséphine. Celle-ci parvint, à la fin de 1803, avec l'aide de Fouché, à faire recouvrer la liberté à l'orphelin du Temple.

« Pendant l'hiver, dit-il, jusqu'au commencement de 1804, mes amis s'occupèrent activement de mes intérêts; Pichegru fut envoyé au comte de Provence pour s'entendre avec lui. Le monde voudra-t-il croire que ce parent, inaccessible aux sentiments de la nature, n'écoutant que les suggestions d'une politique ambitieuse, abusa contre moi des révélations de Pichegru, trahit l'imprudente confiance de mes amis, et que mon dernier asile fut découvert? Obligés de fuir, nous nous dirigeâmes vers Ettenheim, en Allemagne, résidence du duc d'Enghien, qu'on avait mis dans le secret de mon existence, à une époque où il s'était rendu mystérieusement à Paris (1). Les fati-

1. L'affaire de M. le duc d'Enghien demeurait enveloppée d'un voile mystérieux. « Ce voile, dit M. de la Barre, dans la *Conscience publique*, le duc de Normandie l'a déchiré dans l'*Abrégé de l'histoire de ses infortunes*. L'arrestation du prince, sa détention momentanée dans la forteresse de Strasbourg et son incarcération dans une prison d'Etat, nous reportent aux derniers jours du Consulat... »

Or, en 1804, un vaste plan de contre-révolution avait été organisé; le duc d'Enghien à l'extérieur, le général Pichegru à l'intérieur, devaient diriger cette grande entreprise...

« Louis XVII, en se rendant à Ettenheim, avait été informé

gues qui m'avaient si violemment assailli jusque là, tant de vissicitudes inouïes dans mon existence toujours menacée, avaient gravement altéré ma santé. Notre marche précipitée eut bientôt achevé d'épuiser mes forces; je tombai d'anéantissement, hors d'état d'aller plus loin, aux environs de Strasbourg. Mon ami, après m'avoir fait cacher, en me recommandant les plus strictes précautions, me quitta afin de s'assurer s'il ne découvrirait pas quelque moyen de transport pour terminer notre course. A peine l'avais-je

par son fidèle Montmorin qu'il serait le chef nominal... »

Une trahison surgit, dont les curieux détails sont connus de l'histoire. A la fin du mois d'août 1803, on avait débarqué Georges Cadoudal, avec huit de ses camarades, sur la côte de Normandie, et le 16 janvier 1804, Pichegru foula le sol de la France en compagnie de son ex-aide de camp Lajollais... Vendu à la police pour 100,000 francs et arrêté, ainsi que les autres conspirateurs, Pichegru fut conduit au Temple, le 28 février, mis au secret et gardé à vue jour et nuit par deux gendarmes.

Au cours des débats, Cadoudal et ses complices reconnurent l'existence du complot et déclarèrent que pour sa mise à exécution on attendait l'arrivée d'un prince français. Thiers, dans son *Histoire du Consulat*, dit : « ... De nouveaux complices de la conspiration qui ne laissaient aucun doute sur l'ensemble et les détails du plan... sur la présence d'un jeune prince à la tête des conjurés... » Le nom seul du prince demeura le secret des chefs du complot.

L'auteur des *Mémoires secrets* sur Napoléon Bonaparte donne à ce sujet de longs éclaircissements pleins de réticences calculées, mais voici un point où il se rencontre une si frappante corrélation avec ceux donnés par le duc de Normandie que nous devons le signaler : — « Bonaparte, dit-il, s'était formé une compagnie d'espions... indépendante de la police générale... le nombre de ces dangereux stipendiaires s'élevait, au mois de mars 1803, à trois mille six cent quatre-vingt-douze, y compris le *détachement*

perdu de vue qu'un bruit de galop se fit entendre, c'étaient des cavaliers armés qui parcouraient la route. Effrayé, je fis un mouvement pour me cacher davantage derrière un buisson; ce léger bruit attira de mon côté l'attention d'un de ces hommes qui vint droit à moi; dépliant ensuite un papier, qui contenait probablement mon signalement, il m'examina et demanda d'un ton brusque : « Où est ton camarade? » A cette question, revenu de mon premier effroi, je compris tout le danger que courait mon fidéle Montmorin, et je répondis avec une apparente tranquillité que je ne savais pas de quel camarade on voulait me parler. Plusieurs autres cavaliers s'étaient rapprochés. Malgré des gestes et des paroles menaçantes, je ne songeai plus qu'à assurer le salut de mon ami par un

ambulant; c'était une centaine des plus instruits, des plus déliés, et surtout des plus audacieux de la troupe... La surveillance de la famille des Bourbons... était de leur département; c'est à l'un de ces malheureux que l'on doit la lettre qui détermina le consul à faire assassiner le duc d'Enghien. »

Bientôt (le 13 mars), au mépris de la neutralité badoise, des gendarmes cernaient Ettenheim, enlevaient le duc d'Enghien et le conduisaient à Vincennes. Dans la nuit du 20 au 21 mars, le malheureux prince était fusillé dans les fossés du château. Pour celui-ci Joséphine arriva trop tard.

La *Légitimité* fait remarquer que Louis XVIII ne connaissait *certainement* pas le projet du duc d'Enghien, ce qui prouverait que ce prince ne travaillait pas pour lui, puis aussi que le duc de Rovigo nous apprend que, dès les premiers jours de la Restauration, avant même l'arrivée du roi, tous les papiers concernant le duc d'Enghien avaient été enlevés des archives et n'ont jamais reparu depuis...

Quant à Pichegru, étranglé dans sa prison peu de jours aprèsla fusillade de Vincennes, voir *Les Secrets des Bonaparte,* par Ch. Nauroy.

silence absolu. *Je fus conduit à Strasbourg et mis au secret dans la forteresse* jusqu'à ce que des gendarmes vinssent m'y prendre. Enlevé dans une chaise de poste, je roulai pendant trois jours et trois nuits sans interruption. Au milieu de la troisième nuit, on me renferma au fond d'un cachot....

« Nous arrivâmes, je crois, à minuit : on me fit descendre de ma voiture et marcher à pied assez loin. Nous nous arrêtâmes devant une porte qui donnait dans un haut édifice ; mes conducteurs ouvrirent cette porte, au-delà de laquelle nous traversâmes un long corridor qui se dirigeait à droite et à gauche, tellement que je ne savais plus où j'étais (1). On me déposa dans une oubliette *d'une obscurité noire*, qui n'avait d'autre ouverture que la porte : j'y fus enfermé, et j'entendis aussitôt, par le bruit sourd de leurs pas, que mes conducteurs s'éloignaient. La nuit plus ténébreuse m'enveloppa. Au moment où je me trouvai seul, je fus en proie aux plus sinistres appréhensions.

« J'ignore combien de temps avait duré celte situation, lorsque les verrous se tirèrent, et bientôt un homme avec une lanterne sourde parut devant moi ; il m'apportait une soupe qui me sembla mêlée de vin et qu'il me fit manger en sa présence. Cet homme était mon geôlier ; il me fit coucher et s'éloigna. La soupe était bien chaude. Elle me remit un peu de mes cruelles fatigues ; et l'épuisement de mon corps l'emportant sur l'abattement de mon âme, je m'endormis. Lorsque je me réveillai, en vain, je cherchai la lumière. Il m'était impossible de m'imaginer que mon cachot n'avait point de lumière : aussi je croyais

---

1. Il était dans un des cachots souterrains du château de Vincennes, où, presqu'en même temps, arrivait son cousin le duc d'Enghien.

avoir dormi toute la journée et m'être seulement réveillé pendant la seconde nuit ; je le croyais d'autant plus que mon geôlier revint avec sa lanterne. Il ne m'apportait pas cette fois une bonne soupe au vin ; mais il mit sur ma table de gros bois une cruche d'eau et un petit pain rond, d'environ deux ou trois livres, singulièrement coupé en forme de vis, quoique aucun morceau n'en eut été séparé. Il s'éloigna sans proférer un seul mot. Malgré l'amertume du chagrin qui me dévorait, je me rendormis et me réveillai encore dans l'obscurité la plus complète. Je me levai, car j'avais faim. J'allai, en tâtonnant, vers la table sur laquelle je trouvai la cruche ; pour le pain, il avait disparu. Alors je m'imaginai qu'il existait avec moi d'autres êtres vivants qui habitaient mon cachot. Retombé sur mon gîte, le sommeil ne me ferma plus les yeux ; la faim me tourmentait trop péniblement. Attentif à ce qui pouvait se passer autour de moi, je ne tardai pas à entendre le pas de mon geôlier, le bruit des verrous et la porte s'ouvrir. Cet homme m'apparaissait sous l'aspect d'un de ces spectres dont on parle dans les légendes des temps passés. Il m'apportait du pain et de l'eau. Vainement je lui demandai qui avait pris le pain que je n'avais pas mangé ; vainement je le priai de me dire où j'étais ; pas un mot de réponse ; il se retira comme s'il eut été muet. Je mangeai tout de suite la moitié de mon pain, je bus de l'eau et je me recouchai. A mon réveil, je cherchai le reste de mes provisions ; elles n'y étaient plus comme auparavant, il fallut donc prendre patience jusqu'au retour du geôlier.

« Pourtant il me semblait que mes yeux avaient changé, soit par l'habitude des ténèbres, soit que la clarté du jour fut plus grande. Je voyais à la voûte de mon cachot une espèce de soupirail qui laissait pénétrer quelques rayons de lumière dans cette tombe où

j'étais enterré tout vivant. Je pouvais au moins distinguer mes mains lorsque je les faisais passer devant
mes yeux, de même que le soupirail. C'étaient les
seuls objets visibles ; il m'était de toute impossibilité
d'entrevoir à mes pieds.

« Je languissais depuis je ne sais combien de jours
dans cette horrible réclusion, et mon pain m'était
fréquemment enlevé sans que je pusse découvrir le
voleur. La faim qui m'assiégeait me prescrivait la
prudence. Alors, aussitôt que j'étais approvisionné,
après avoir mangé la moitié du pain, j'enveloppais le
reste, en me couchant, dans ma couverture.... Je me
vis contraint par la suite de manger tout mon pain
d'une seule fois, si je ne voulais éviter de le partager
avec mes voisins à longue queue ; car je supposai que
c'étaient de grands rats, ainsi que j'en ai depuis acquis
la certitude.

.... « Mon gîte se composait d'un monceau de paille
étendu par terre dans un coin de mon cachot, et d'une
couverture de laine ; il formait un carré voûté, humide
et froid ; je ne recevais jamais ni linge, ni vêtement,
et je n'eus bientôt plus de chemise. Ma redingote
ainsi que mon pantalon n'existaient qu'en lambeaux,
et pour me bien couvrir, il me fallait entourer mon
corps de cette couverture mille fois trouée par les rats
qui vraisemblablement en avaient fait le coucher de
leurs petits.

« J'étais âgé de dix-neuf ans lorsque je fus enseveli
au fond de ce souterrain, réduit ténébreux, qui ne me
permettait d'entrevoir ni les rayons du soleil, ni les
lueurs de la lune. Toute idée du jour s'était effacée de
mon esprit, de même que celle de la division du
temps. Je me figurais, par le délabrement de mes vêtements, que ma captivité n'avait point duré moins d'un
demi-siècle. Je savais tous les pas de mon cachot, et
mes oreilles pouvaient saisir, dans le lointain, ceux

de mon geôlier. A l'exception de ce bruit, je n'en entendais pas d'autre que celui des tambours, qui me semblait le bourdonnement d'un tonnerre fort éloigné. Le soupirail, par où l'air ou la lumière aurait pu pénétrer plus abondamment, me produisait l'effet d'un long tube, dont l'extrémité eut plongé dans de l'eau sale que le soleil éclairait à sa surface, ou eut été masquée par des toiles d'araignées. L'espace entre les murailles dessinait un carré d'un diamètre d'environ douze pieds. Seul, sur ce point inaperçu de la terre, abandonné de tout le monde, je réfléchissais avec amertume qu'il ne me restait plus d'ami ; je me regardais comme ayant devancé l'heure de mon ensevelissement éternel. Le plus souvent, réduit à une sorte d'abrutissement, je ne parvenais pas même à démêler l'objet distinct de mes pensées... Mes cheveux, que je ne pouvais pas couper, étaient redevenus longs et bouclés, ma barbe avait considérablement épaissi, et quand je venais à tâter mon visage avec la main, je me prenais pour une bête fauve. Mes ongles avaient tellement crus qu'ils se brisaient par morceaux, et je ne pouvais me soustraire au mal qui en était la conséquence qu'en les rongeant avec les dents.....

« Tel je languissais dans l'attente de ma fin prochaine, quand subitement, je fus réveillé au milieu de la nuit par deux êtres qui m'appelèrent par mon nom. Une vive lumière frappa ma vue, un inconnu dirigeait sur moi une lanterne sourde. Je me levai, entouré de ma couverture, plongé dans un état de saleté repoussant, et saupoudré des hachures de la paille qui, n'ayant pas été renouvelée, s'était broyée sous mon corps. A cet aspect, à celui de ma figure sauvage et de l'effroyable misère dont toute ma personne offrait l'affligeant spectacle, mes libérateurs s'écrièrent, saisis d'une émotion de surprise et d'attendrissement : « Eh ! quoi !! Qu'est-ce que cela veut dire? » Mon geôlier, qui était présent avec sa lanterne, faisait des signes de tête affirmatifs en disant : « *Oui, oui, c'est bien lui-même!* » Cet homme avait sur la joue gauche une *longue balafre* (1), qu'avait vraisemblablement produite un coup de sabre. *Il me prit par la main pour montrer un de mes doigts qui portait une cicatrice dont la cause était connue de mes sauveurs* (2)...

« Ces amis courageux m'emmenèrent immédiatement hors de mon cachot; dès que j'eus respiré l'air

1. Dans une lettre de Mme Ducray, fille de M. de Brémond (2 juillet 1872), elle raconte qu'un M. Stromeyer, réfugié allemand recueilli par son père, lui avait raconté avoir bien connu cet homme en Suisse où il était appelé aussi *le Balafré*, à cause de la cicatrice qui lui partageait la joue gauche. Cet individu, qui avait gardé le Dauphin de 1804 à 1808, n'en fit point mystère et dans un interrogatoire qu'il eut à subir, par suite d'une affaire où il avait été impliqué, se donna comme ayant été le geôlier du fils de Louis XVI.

Ce qu'il savait de cet homme coïncidait trop bien avec les dires du prétendu Nauendorff pour ne pas valoir à celui-ci la confiance de M. Stromeyer qui remit au duc de Normandie, se rendant en Angleterre, une lettre pour M. Harry Nelford, rédacteur du *Morning Chronicle*.

2. C'était une profonde blessure circulaire au petit doigt de la main droite. Elle avait été reçue par le prince dans une des luttes soutenues contre ses persécuteurs, s'efforçant de lacérer le signe qu'il portait à la cuisse. Nous avons fait allusion à ces tortures, p. 219.

Dans la *Légitimité* (2e année p. 889) est relatée la visite, reçue par le prétendu Nauendorff, d'un gentilhomme de Sens, se donnant comme membre influent des Comités royalistes, et qui le reconnut à cette blessure.

On possède aussi un témoignage de la mère Cousin relatif aux sévices exercés sur le malheureux, pendant sa détention.

libre, je tombai évanoui, et, lorsque je repris connaissance, j'étais dans une voiture qui roulait si rapidement qu'on eut dit qu'elle avait des ailes. Nous
arrivâmes la même nuit dans une nouvelle retraite,
où je fus caché dans une chambre isolée et d'où je
ne sortais pas pour éviter le danger d'être repris. Je
reçus là de mes amis les plus tendres empressements. »

Le fugitif put alors goûter quelques heures
d'un sommeil réparateur.

CHAPITRE VI

C'était encore à Montmorin que le prince devait son salut et sa joie fut immense en retrouvant cet ami fidèle.

Cette fois encore, une grave maladie se déclara chez le malheureux, mais il se rétablit promptement.

« ... A peine, continue-t-il, pouvais-je chanceler sur mes jambes que mon asile fut découvert par mes persécuteurs. Nous n'avions dû notre tranquillité passagère qu'aux poursuites dirigées vers l'Allemagne contre quelques-uns de nos amis, nos traces ayant été perdues. Le courage et la confiance en moi-même

13.

commençaient à remplir de nouveau mon cœur. Je partis rapidement, accompagné du seul ami Montmorin. Accablés, exténués de tant de secousses, nous arrivâmes à Francfort-sur-le-Mein, où nous prîmes quelques jours de repos et où nous échangeâmes nos vêtements chez un juif; nous étions alors au printemps de 1809. J'appris dans cette ville, de mon ami Montmorin, que j'étais demeuré environ quatre ans au fond du cachot dont j'ai donné la description. J'avais vingt-quatre ans.

« En arrêtant le compte de mes jours de détention, depuis mon emprisonnement dans la tour du Temple avec ma famille, je réunissais en ce temps-là *dix-sept années de captivité* plus ou moins rigoureuse, car alors même que j'étais entre les mains de mes amis, je me trouvais encore captif. Sachant que Mme Joséphine avait été ma protectrice, je m'informai auprès de Montmorin pourquoi elle m'avait laissé si longtemps dans la misère. Il me dit que Bonaparte, son mari, avait pénétré le secret de sa coopération à me soustraire à ses persécutions, et que, pour la détourner de contrarier ainsi continuellement les ordres qu'il prescrivait contre moi, il avait été assez persuasif pour lui laisser entrevoir que son intention était d'élever après lui son fils Eugène au trône de France.

« L'amour-propre d'une femme, dont la loyauté d'ailleurs n'était pas équivoque, avait prévalu sous les charmes d'une ambition aussi séduisante. Montmorin ajouta : « C'est cependant elle qui vous a sauvé cette dernière fois, et qui a révélé à vos amis le lieu de votre détention, qu'ils eussent toujours ignoré sans ses bienveillantes communications. Ne croyez pas, continua-t-il, que sa conduite soit l'effet de sa grandeur d'âme; non, c'est tout simplement un calcul d'avenir; le projet de son mari est de se séparer d'elle après votre mort, et de convoler à un second mariage. Voilà

le motif auquel vous devez votre liberté. » Napoléon,
qui n'avait pas décidé de se débarrasser de moi directement, se flattait sans doute que la rigueur de ma
détention, le froid et l'humidité d'un souterrain où
l'air ne se renouvelait jamais, serait un poison lent
mais certain qui viendrait en aide à sa politique,
si toutefois il n'entrait pas dans ses intentions de
me faire mourir avant de contracter son second mariage.

« Mon ami m'avait aussi, dans une autre circonstance, appris les détails relatifs à notre dernière séparation, lorsque, sur la route de Strasbourg, j'avais été
emmené par la maréchaussée. « En arrivant avec
une voiture, me dit-il, à l'endroit où je vous avais
laissé, vous ayant cherché vainement, je ne doutai
plus de l'affreux malheureux qui m'enlevait jusqu'à
l'espoir de vous rejoindre, et de découvrir le lieu de
votre nouvel emprisonnement. Comme je présumais
qu'on vous entraînait dans l'intérieur de la France,
j'en pris aussi la route, afin de me concerter avec vos
amis. Votre infortuné cousin, *le duc d'Enghien*, fut
également arrêté. *Un des nôtres, tombé au pouvoir
de nos ennemis*, fut assez lâche pour trahir le prince
qui se croyait en sûreté à Ettenheim.

« Comme vos persécuteurs avaient tout à craindre
de cet homme énergique, on s'empara de sa personne
et on le fusilla. Nous fûmes accablés de ce funeste
événement, et pendant longtemps nous ressentîmes
avec amertume les coups du sort qui venait de nous
frapper si cruellement... « Oui, ajouta-t-il péniblement,
le duc d'Enghien a été sacrifié à la politique ombra-
geuse de Bonaparte. *Notre secret fut la cause de sa
mort.* » Mon ami, à l'appui de ces communications,
me donna beaucoup d'éclaircissements, que je ne crois
pas devoir publier maintenant, et qui tous avaient
rapport à mes intérêts. J'omets aussi bien des inci-

dents de voyage, bien des particularités qui ne sont pas indispensables à la liaison des faits, réservant de plus amples explications, comme témoignages à l'appui de la vérité, pour le temps de la justice, s'il arrive jamais, pour moi; car alors seulement je suis certain que l'imposture ne pourra pas s'en servir, en s'appropriant et en dénaturant mes paroles.

« Le procès-verbal des marques que je portais sur mon corps, afin qu'en cas d'évasion je fusse dans tous les cas infailliblement reconnu, se trouvait avec d'autres preuves entre les mains de Montmorin, et pour les mettre en sûreté, *il les avait cousus dans le collet de ma redingote*, en me recommandant avec instance de ne les confier à personne, parce que ce serait la démonstration irrécusable de mon identité devant les rois et leur justice...

« Quand nous eûmes reçu des nouvelles de nos amis de France, avec une lettre de crédit, nous quittâmes à la hâte Francfort et suivîmes en poste la route de Bohême. Nous trouvâmes, après une longue course en Allemagne, dans une ville située au milieu d'une vallée sur l'Elbe, un homme qui nous conduisit auprès du duc de Brunswick, lequel nous donna une lettre de recommandation pour la Prusse. Nous nous reposâmes dans une petite ville appelée Semnicht, sur la frontière d'Autriche; ensuite nous partîmes pour Dresde, dont on nous refusa l'entrée. Nous fûmes obligés de prendre un long détour et nous gagnâmes le royaume de Prusse. Nous descendîmes à un village et nous logeâmes dans une auberge dont je n'ai pas conservé le nom. C'était le soir; nous étions excessivement fatigués; en conséquence, aussitôt après avoir soupé, nous nous retirâmes dans une espèce de chambre pour nous coucher. Nous venions de nous endormir profondément, lorsque nous fûmes réveillés, arrêtés comme espions, nous disait-on, et conduits chez le comman-

dant d'un corps d'armée qui, depuis le même soir,
occupait ces environs; c'était le major Schill (1). Montmorin lui remit la lettre du duc de Brunswick, il
parut entièrement satisfait, et me demanda avec bienveillance s'il y avait longtemps que j'étais en Allemagne. « Depuis peu seulement, lui répondis-je; au surplus, ajoutai-je en désignant d'un geste mon ami,
Monsieur Jean pourra donner à mon égard les renseignements désirables. » A ces mots, l'officier supérieur
me sourit gracieusement, et se tournant vers *Jean :*
« Eh bien ! Monsieur Jean, nous nous en rapportons
à vous... Mais ne sommes-nous pas déjà d'accord ?
Au reste, faites vos dispositions comme vous le jugerez
convenable. » Alors, s'adressant à moi : « Vous avez
beaucoup souffert, Monsieur, me dit-il, mais j'espère
que le malheur a enfin cessé de vous persécuter. »
Nous causâmes quelques instants; ensuite un jeune
officier ayant reçu, relativement à nous, les ordres de
son chef, un logement nous fut assigné dans l'hôtel
même où se tenait le quartier-général. Je ne me rappelle plus à quel propos je demandai à mon ami s'il
avait été instruit de la proposition étrange que m'avait
faite antérieurement les envoyés de mes ennemis, de
me retirer dans un couvent, et *s'il connaissait l'enfant
qu'on devait investir de mon nom, de ma qualité et
de mes droits.* « Tant que je conserverai la vie, me
répondit-il, les complots de vos persécuteurs seront
déjoués; mais, si je venais à la perdre, je vais vous

1. Ferd. von Schill était un jeune officier prussien qui,
à peine guéri d'une blessure reçue à Auerstaedt, avait
obtenu l'autorisation de créer un corps franc dont il reçut
le commandement et qui devint plus tard le régiment des
hussards de la garde. Schill fut tué à Stralsund, dans un
violent combat engagé dans les rues de cette ville, attaquée
par les Hollandais.

confier un secret dont vous ferez usage avec prudence. »
Alors *il me rapporta une particularité remarquable relativement à mon évasion du Temple, et qui m'éclaira sur les menées de la politique, au sujet des faux dauphins qu'on m'opposerait.* Il me dit :

« Lorsque vous étiez encore au Temple, et bien qu'à cette époque votre délivrance eût été jugée presque impossible, on songea, néanmoins, pour soutenir le courage et les espérances du parti royaliste, à en répandre le bruit dans l'*armée vendéenne.* Pour donner à cette nouvelle un caractère de vraisemblance plus authentique, on choisit, pour vous représenter, un enfant de votre âge dont les parents avaient péri sur l'échafaud. Son sort avait quelque analogie avec le vôtre ; tout fut disposé pour que ce projet réussit complétement. Cependant, au moment de l'exécuter, la crainte de quelque danger ultérieur y fit renoncer. Avant tout, il s'agissait d'opérer votre enlèvement. Une occasion se présenta ; on la saisit, et vous fûtes sauvé. *L'enfant, qui sous votre nom devait être conduit en Vendée, prit votre place au Temple* ; mais sans que ceux qui étaient restés fidèles à votre famille et à la cause de la légitimité en fussent instruits. Cependant, un *autre parti* avait aussi le projet de vous enlever ; dans ces temps de terreur *où la trahison habitait chaque foyer, on agissait isolément* dans la crainte de se voir dénoncé. *Comme vous, cet enfant fut délivré plus tard* ; et ceux qui favorisèrent sa fuite, *le prirent réellement pour vous.* Cette circonstance nous engagea à vous retenir loin de l'armée vendéenne. »

Les explications de Montmorin furent malheureusement interrompues par la mise en marche des troupes de Schill. Cet officier, que les Français serraient de près, donna aux fugitifs une escorte de cavalerie, dont le chef, un jeune comte allemand — du nom de Vetel, croit se souvenir le prince, ne serait-ce pas plutôt Wedel? — fit tous ses efforts pour les protéger. Mais, cernés de toutes parts par des forces supérieures, la situation devint bientôt critique.

« Le jeune comte seul, poursuit le duc de Normandie, qui avait un bon cheval, put se sauver. Mon fidèle Montmorin tomba près de moi le sabre à la main, la tête fendue par un misérable qui lui porta un coup par derrière; déjà, antérieurement, il avait perdu son schako. Moi-même je fus blessé; lorsqu'on tira sur moi, mon cheval tomba mort, de sorte que mon pied gauche demeura engagé sous lui, dans l'étrier, et malgré mes efforts, je ne pus parvenir à me dégager. Un fantassin s'approcha de moi et me frappa vigoureusement à la tête de la crosse de son fusil... »

Il se retrouva, au réveil de son évanouissement, à l'hôpital, seul au monde, puis jeté sur la paille dans un chariot et transporté à la forteresse de Wesel. Quelques jours après, il se voyait dirigé sur la France avec plusieurs de ses compagnons, en route pour Toulon où Napoléon envoyait les prisonniers des bandes de Schill! Le malheureux n'avait plus un sou; il avait tout perdu, sauf *sa redingote* qu'il avait pu sauver... Un nommé Friedrichs, hussard au régiment de Schill, le reconnaît et lui propose de fuir de l'hôpital où tous deux étaient entrés en route...

Ils se concertent et profitent d'une nuit d'orage.

« Nous descendîmes dans une cave que j'aurais volontiers prise pour un tombeau : il y avait des caisses qui ressemblaient à des cercueils. De là, nous n'avions à franchir qu'une petite croisée ovale, au travers de laquelle était une croix de fer qui nous empêchait de nous glisser au dehors par cette ouverture. Les caisses dont je viens de parler nous servirent d'échafaudage ; et, bientôt, la vieille croix de fer, déjà fort endommagée par la rouille, fut brisée. Nous sortîmes et nous nous trouvâmes dans un enclos entouré de murs fort élevés, gardés par deux factionnaires qui, pour se mettre à l'abri de la pluie battante, s'étaient enfermés dans leur guérite. Nous avions de grandes précautions à prendre, dans la crainte d'attirer l'attention des factionnaires par le plus léger bruit. Je fus donc obligé de faire *la courte échelle* à Friedrichs qui monta avant moi sur le mur. Il portait sur lui un *bissac*, dont je ne connaissais pas alors le contenu. Ce bissac, dont il me tendit l'extrémité, me servit de corde pour grimper après lui. Toutefois, malgré cet aide et tous mes efforts réunis, je ne pouvais y parvenir. Je fis du bruit, et aussitôt un « *qui vive* » de la part des sentinelles retentit à mes oreilles. Soit par peur d'être repris, soit par le résultat immédiat de la volonté de la Providence, j'arrivai prompt comme un éclair, sans pouvoir m'expliquer comment, auprès de mon compagnon, sur le sommet de la muraille. Nous ne sautâmes pas de l'autre côté, mais nous tombâmes dans un fossé profond. Ma chûte fut loin d'être heureuse : je ne pouvais plus marcher. Je ne saurais concevoir pourquoi on ne nous poursuivit pas. Friedrichs me prit sur ses épaules et, nonobstant la gêne qu'il dût éprouver de cette charge, nous ne tardâmes pas à atteindre un bosquet dans l'épaisseur duquel il me déposa...

Nous ne suivrons pas les voyageurs, étape par étape, dans leur long et pénible voyage. Friedrichs était berlinois et il avait hâte d'atteindre la frontière prussienne au-delà de laquelle il se croirait seulement en sûreté. « Nous nous dirons alors *déserteurs prussiens,* » disait-il à son compagnon.

C'est Friedrichs qui allait à la maraude recueillir des provisions.

« Il était près de neuf heures, raconte le royal orphelin, quand Friedrichs me quitta pour se procurer des vivres. Son bissac à côté de moi, je restai blotti dans le chêne creux et je m'endormis bien tranquille sur le sort de mon ami, selon ma coutume, tandis que lui remplissait sa tâche habituelle. Pendant son absence, un grand chien noir découvrit ma retraite et, par ses aboiements, attira l'attention de son maître qui le suivait, et me retira du creux de l'arbre : c'était un berger qui gardait ses moutons dans les alentours. Il m'adressa aussitôt cette question bien naturelle : « Comment diable vous trouvez-vous là ? » Cette rencontre inattendue me fit frissonner ; mon hésitation à répondre et mon air effrayé le frappèrent : « N'ayez pas peur, me dit-il en riant, si vous êtes ce que je suppose, vous trouverez en moi un ami, » et il me tendit la main avec bonté. « Je suis un *déserteur prussien,* » lui répondis-je.

« Oh ! oh ! fit-il en m'interrompant, un déserteur prussien !... C'est westphalien que vous voulez dire... »

« Je me tus et baissai les yeux. « Soyez sans inquiétude, ajouta le vieillard, moi aussi j'avais un fils dans l'armée westphalienne... Mais s'il est encore vivant, il doit être actuellement en Espagne, dans l'armée de Napoléon. »

« Je crus m'apercevoir que ce souvenir amenait des larmes dans les yeux de ce bon père, et sa voix me sembla émue. Ma situation lui inspira de la pitié; il essaya de me persuader de demeurer auprès de lui jusqu'au soir, me promettant même de me cacher quelques jours dans son grenier à foin pour, disait-il, me refaire un peu.

« Je lui fis comprendre que je n'étais pas seul, et qu'il me fallait attendre le retour de mon camarade... Le berger me demanda le signalement de Friedrichs, et quand il le connut, il s'écria : « Ah ! vous ne verrez plus ce brave homme, les *chevaliers de la corde* l'ont pris. Il n'y a pas longtemps qu'ils l'ont reconduit par ici dans la ville voisine. — Qu'est-ce que les chevaliers de la corde ? lui dis-je. — Ce sont, me répondit-il, les nouveaux gendarmes qu'on appelle ici *Strickreiter*. »

Atterré de ce nouveau coup, le voyageur profita de l'hospitalité du brave homme qui, avec sa femme, lui firent le meilleur accueil, songeant à leur fils unique enlevé par le service.

Au bout de deux jours, il se remettait en route et suivait les conseils de son hôte, marchant de nuit comme il le faisait alors qu'il cheminait de concert avec Friedrichs; bientôt il arrivait en Saxe où les mêmes précautions n'étaient plus nécessaires.

Un jour, dans sa marche incertaine, il traversait une grande forêt. Il s'y était égaré, en cherchant des mures pour étancher sa soif, lorsque le son d'un cornet de postillon retentit à son oreille. Il était près d'une route qu'il gagna promptement et s'assit sur une pierre en attendant la voiture qu'il apercevait au loin.

« Au moment où le postillon allait passer, dit le prince, je le priai de me dire si j'étais sur la route de Berlin et s'il s'y rendait. Un jeune homme, qui occupait la chaise de poste, s'écria : « Halte-là ! *beau-frère* » (expression du pays), et aussitôt il me questionna, ou par un sentiment de curiosité, ou par l'intérêt que lui inspirait mon triste état. Touché sans doute de mes réponses, il me proposa une place à côté de lui, en disant qu'il voulait bien me mener jusqu'à Wittenberg. J'acceptai sans balancer et j'entrai dans la voiture. Lorsque nous nous fûmes réunis en route, il me dit : « Avez-vous remarqué la pierre sur laquelle vous étiez assis tout à l'heure (1) ? Elle est assez curieuse ». Sur ma réponse insignifiante, il ajouta : « Vous n'êtes donc pas de ce pays-ci ! — Je suis de Wismar (2), répondis-je. — De Weimar, vous voulez dire, reprit le jeune homme en souriant. — Que portez-vous là dans cette besace ? — Mon Dieu ! je l'ignore, car elle appartient à mon camarade, et je ne l'ai pas visitée. — Comment ? Vous l'ignorez ! Vous portez une besace et vous ne savez pas ce qu'elle contient ? C'est singulier, » répliqua-t-il.

« En même temps, il s'en empara pour y regarder. N'en ayant sorti que des haillons, mon nouveau pro-

---

1. Cette pierre portait l'inscription : « Docteur Martin Luther. »

2. Le berger lui avait conseillé de se dire, au besoin, de Wismar pour ne pas être ramené en Westphalie.

tecteur se disposait à les lancer hors de la voiture, quand, s'arrêtant brusquement, il s'écria : « Halte-là ! il y a autre chose là-dedans ; » et avec son canif, il coupa les coutures. Nous trouvâmes enveloppés dans divers lambeaux plus de 1,600 francs en or. A cette vue, je fus stupéfait. L'étranger me regarda malignement, comme pour deviner ma pensée... Je me vis forcé de raconter à mon compagnon tout ce qui s'était passé entre Friedrichs et moi depuis notre évasion.

« Oh ! observa-t-il vivement, votre camarade avait le cœur bien noble, puisqu'il vous a abandonné son argent lors de son arrestation, et qu'il eut pu le reprendre s'il eut voulu, surtout au moment où il se voyait replongé dans la misère. Certainement, il a mieux aimé tout perdre que de vous faire partager son danger. Quelle âme généreuse ! » reprit-il.

« Nous atteignîmes Wittenberg, et je descendis avec le jeune voyageur à l'hôtel de la *Grappe d'Or*. Là, nous prîmes une chambre commune. Ma première occupation fut de changer mes vêtements. Il fit lui-même ma barbe et m'arrangea les cheveux ; bientôt je n'étais plus reconnaissable. « Maintenant, me dit ce bienveillant inconnu, comment vous faire passer la frontière de Prusse ? On y est très sévère, et vous n'avez pas de passeport. Eh bien ! nous trouverons des moyens. » Il fit venir quelqu'un de sa connaissance qui lui prêta son équipage, dans lequel je fus transporté le lendemain à Treinpretzen, première ville sur la frontière de Prusse. Là, il me reprit dans la chaise de poste jusqu'à Potsdam, d'où il me fit conduire à Berlin dans une autre voiture particulière. Étant parti avant moi, il m'y avait devancé et m'attendait aux portes de la ville. *Il remit son passeport à la police* comme étant le mien, pour me faire entrer. La voiture franchit la barrière, et je me trouvai dans la capitale de la Prusse... »

Son compagnon le conduisit à l'auberge de l'*Aigle noir* et le quitta, non sans lui avoir confié *qu'il était de Weimar et qu'il se nommait* NAUEN-DORFF!

Ici se termine la partie *mystérieuse* de l'existence du fils infortuné de Louis XVI, que nous suivrons désormais pas à pas.

Quant à l'obligeant Nauendorff, le prince n'a jamais pu savoir au juste qui il était, mais dans le rôle extraordinaire joué par cet homme apparaît clairement une intervention de commande. Elle s'explique, d'ailleurs, si l'on se reporte aux agissements de Fouché, jouant à la fois et Joséphine et son maître, laissant évader le Dauphin et le replongeant dans un cachot. On ne saurait douter que, fidèle à cette ligne de conduite, il avait lancé d'habiles limiers aux trousses du fugitif!

Quoiqu'il en soit, le récit dont nous venons de citer quelques passages respire la sincérité et on y sent l'expression de la vérité jointe à un caractère de grandeur difficile à affecter.

On conçoit, à cette lecture, la gêne éprouvée par Mme la duchesse d'Angoulême, qui se renfermant dans le silence, n'en sortit que pour prononcer ces étranges paroles: *Il a lu cela dans des livres!*

Dans lesquels, s'il vous plait?

Au surplus, nous allons voir, en Prusse, les invraisemblances des récits, dépassés par les invraisemblances des faits, des faits pourtant constatés officiellement et demeurés indéniables !

Quelques jours de repos qu'il dut s'accorder furent mis à profit par le fugitif pour recueillir plusieurs renseignements ; il chercha d'abord l'ancien régiment de Friedrichs et fit une tentative pour s'y faire recevoir ; son compagnon d'évasion l'y avait beaucoup engagé. Ce fut peine inutile, car l'officier commandant repoussa sa demande, vu sa qualité *d'étranger*. Il fallait vivre, en attendant qu'il put poursuivre les démarches qu'il projetait ; aussi mit-il à profit les connaissances élémentaires qu'il avait acquises en horlogerie et, louant un logement au n° 52 de la Schützenstrasse, il s'y établit comme horloger, patroné, dans ses premiers pas, par un confrère du nom de Weiler.

Cette détermination de sa part fit à la police une obligation de s'occuper du nouveau venu, auquel les réglements interdisaient l'exercice d'une semblable profession, sans avoir satisfait aux exigences légales.

Mandé devant le magistrat, celui-ci réclama la production de *l'extrait de naissance* de l'étranger, de *son passeport* et *d'un certificat de bonne conduite*. Grand embarras pour Charles-Louis. Sur ces entrefaites, Mme Sonnenfeld, femme d'un horloger de ce nom, et alors âgée de cinquante ans, voulut bien se charger de s'occuper de l'intérieur de son ménage.

M. Nauendorff, en quittant le prince, lui avait donné une lettre pour cette femme, digne personne que son fils ne rendait pas heureuse. En présence des difficultés soulevées par le magistrat, le fils de Louis XVI fit part à cette femme des difficultés qui surgissaient pour lui et lui confia le secret de sa naissance (1).

M{^me} Sonnenfeld, que cette confidence plongeait dans une grande surprise, lui fit toutefois observer que, dans le besoin où il se trouvait de s'assurer l'appui du gouvernement, l'intervention d'un ami sûr lui devenait indispensable.

Elle lui suggéra, en conséquence, la pensée de recourir à la bienveillance de M. Le Coq, Français d'origine, alors investi des fonctions de président de la police générale du royaume de Prusse.

1. Cette confidence est un démenti à la thèse qui soutient que la pensée de l'imposture de Nauendorff n'a surgi en lui que beaucoup plus tard.

Peu après cette première confidence (à Spandau cette fois), le prince, logeant chez des amis, M. et M{^me} Preiss, fut amené à en faire une deuxième. Son ami, ayant pris un portrait de Louis XVI que le prince avait oublié de retirer de dessus son lit, le regardait avec curiosité et fut frappé de l'émotion qui se peignit alors sur le visage de son hôte. Celui-ci, fort ému, s'écria en le reprenant : « Aussi vrai qu'il y a un Dieu, c'est mon père ! »

Le général hollandais Steuerwald ayant eu occasion, en 1845, de voir M{^me} Preiss recueillit de sa bouche le récit de cette anecdote, dans les mêmes termes qu'il l'avait entendu raconter par le duc de Normandie, et il en a donné une attestation.

« J'adoptai cette démarche, dit l'auteur de *l'Abrégé des infortunes*, et je l'informai par écrit de mon origine ainsi que de ma situation à Berlin, le priant de solliciter en ma faveur la protection du Roi.

« M. Le Coq vint me visiter et, m'ayant mis ma lettre sous les yeux, il me demanda si c'était bien moi qui l'avais écrite? Sur ma réponse affirmative, il me questionna beaucoup et désira que je lui communiquasse des preuves de mon identité. J'avais pu conserver ma redingote de Francfort, et en ayant décousu le col devant lui, j'en tirai les papiers qu'on y avait cachés, et je les lui montrai.

« Il reconnut l'écriture de ma mère ainsi que le cachet et la signature de mon père. Il me quitta alors pour aller prendre les ordres du roi à mon égard. Le lendemain, il me pria de lui confier mes papiers pour les soumettre à Sa Majesté. Je les lui refusai d'abord, et j'insistai afin d'être moi-même présenté au roi. Il observa que ma requête pour le présent ne pourrait être accueillie. « Mais, ajouta-t-il, vous verrez Sa Majesté, dès que le Président des Ministres, M. de Hardenberg, aura lu vos documents. » Après avoir eu la précaution de couper en zigzag *l'empreinte du cachet de mon père*, que j'ai toujours conservée depuis, je remis à M. Le Coq tous les écrits. Il prit seulement l'écriture de ma mère et s'éloigna en me promettant de me secourir, et que je n'aurais plus à essuyer aucun tourment, parce qu'il allait s'occuper de ce qui me concernait, *vis à vis des magistrats de Berlin*.

« Malgré cette assurance, quelques semaines plus tard, le magistrat me cita encore devant lui. Je me transportai aussitôt chez M. Le Coq ; il garda l'assignation, et m'affirma que je devais être sans inquiétude, que je ne tarderais pas à être fixé sur mon sort, et que le délai de la solution provenait de ce que le ministre n'avait pas encore statué sur mes affaires. Au bout d'un temps assez rapproché, le président de la police me manda chez lui et me dit : « Il est impossible de vous laisser à Berlin, *il y a trop de danger pour vous et pour nous ; car le magistrat n'a pas le droit de vous dispenser de produire les justifications exigées par la loi.* »

« Il m'interrogea ensuite sur l'individu qui m'avait rencontré dans la forêt près de Diebingen. Je ne pus lui donner d'explication, sinon que je savais seulement son nom de famille qui était Nauendorff, natif de Weimar. M. Le Coq envoya chercher son passeport à la police (1), et m'engagea, pour me soustraire à mes persécuteurs, à m'établir dans une petite ville, près de la capitale, *sous le nom de mon ami.* « Pour vous en faciliter les moyens, continua-t-il, je vous enverrai une patente, vous serez libre ainsi de choisir le lieu qui vous conviendra, et quand le magistrat de votre nouvelle résidence voudra se faire représenter vos pièces, vous lui répondrez « QUE VOUS LES AVEZ DÉPOSÉES ENTRE MES MAINS. » Je lui répliquai que je n'avais pas d'argent, qui put suffire à mon déménagement. « Oh ! c'est vrai, » s'écria-t-il ; puis, ouvrant son secrétaire, il me donna un rouleau d'or, en me disant : « Acceptez cela pour le moment ; j'aurai soin de votre avenir. » Je retournai chez moi ; peu de jours s'étaient écoulés, quand un homme de la police, que je n'ai jamais connu, m'apporta à ma résidence une patente d'horloger, sous le nom de *Charles-Guillaume Nauendorff.* Je restai dès lors tranquille jusqu'à l'époque à laquelle je changeai ma résidence actuelle pour celle de Spandau. M. Le Coq m'en avait intimé l'ordre en me prescrivant les plus rigoureuses recommandations

1. Il y avait été déposé dès son arrivée et échangé contre un permis de séjour.

d'être discret, et en me répétant que la plus légère imprudence me perdrait, parce que le roi de Prusse n'était pas maître de faire ce qu'il voulait ; qu'il importait donc de toute nécessité que je portasse *un nom emprunté*, pour me soustraire au pouvoir de Napoléon, contre l'influence duquel le gouvernement ne pourrait me protéger (1). Le président examina avec plus d'attention le passeport de M. Nauendorff, afin de s'assurer si le signalement pouvait un peu se rapporter à moi. « *Cheveux noirs*, dit-il hautement, *yeux*

1. Les deux dépositions suivantes viennent confirmer ce point.

« Moi soussigné, Nicolas Hippolyte Poulin, comte du Fays, maréchal de camp en retraite, au service militaire depuis 1780 jusqu'en 1822, retraité depuis cette époque, déclare être prêt à déposer, en justice et sous la foi du serment, des faits suivants :

« ... J'appris en outre qu'en 1795, lors de son évasion, il fut transporté chez une dame d'origine allemande, dont le mari avait été tué dans la journée du 10 août, et qui demeurait rue de Seine. Je venais, d'après cela, de me mettre sur ses traces en 1797, lorque je sus que cette femme et le Dauphin étaient disparus sans que personne put m'indiquer ce qu'ils étaient devenus.

« A cette époque, je retournai à l'étranger, où je servais. Ce fut là qu'en 1810, me trouvant dans l'armée prussienne, j'appris par des officiers prussiens que mon prince n'était pas mort et qu'il était *détenu* en PRUSSE. »

Ce témoignage, quoiqu'inexact sur un point, a, comme on le peut voir, une très haute valeur. Voici le second : c'est celui de M. le général marquis de la Roche-Aymon, pair de France, *colonel*, en 1810, *des hussards de la mort*. Il est inséré dans le récit de M. Xavier Laprade, du 26 mai 1851.

« ... A mon retour à Paris, dit M. Laprade, j'eus occasion de voir un grand nombre de personnes et de causer avec elles de cette grave affaire ; je n'en citerai que

noirs ; non, cela ne se peut pas. Dites à votre magist-
trat ce que je vous ai conseillé ; *que vos papiers sont
restés entre les mains du président de la police, qui
vous les a demandés, et que, par conséquent, c'est à
lui que l'autorité municipale doit s'adresser pour en
avoir communication ; je m'occuperai du reste.* » Il
écrivit sur un morceau de papier les noms de *Charles-
Guillaume* et le mit dans sa poche. Je me rendis donc
à Spandau, et lorsque le magistrat me demanda mes
papiers pour me conférer le droit de bourgeoisie, je fis
la réponse qui m'avait été prescrite par M. Le Coq, et
je priai le bourgmestre de les réclamer à Berlin.
Mon nom imposé fut inscrit sur les registres, et on
me donna la permission de demeurer dans cette ville.
Je ne sais pas si le président avait oublié ce dont il
était convenu avec moi, il avait répondu au bourgmestre : « CHARLES-LOUIS Nauendorff ». Nonobstant
cette inadvertance, si toutefois c'en était une, j'obtins
le droit de bourgeoisie, sous le nom de *Charles-Guillaume* ; l'acte qui le constate fut reçu solennellement
devant les conseillers de la cité, et contient la preuve
que je n'ai déposé *qu'une seule pièce, un certificat
de bonne conduite délivré par le président de la police, M. Le Coq* » (1).

quelques-unes. Mon voyage en Prusse intéressa particulièrement M. le marquis de la Roche-Aymon, lieutenant
général et pair de France ; il avait habité ce pays et
longtemps servi dans l'armée prussienne.

En 1810, il était colonel du régiment des hussards noirs,
dits hussards de la mort. Il se trouvait en garnison à
Berlin, il connaissait très intimement *M. Le Coq, qui lui
confia*, à cette époque, que le Dauphin existait et qu'il vivait en Prusse sous un nom *supposé.* »

(1) *Nauendorff n'a pas produit son acte de naissance :* la
requête qu'il présenta et l'acte de sa nomination le prouvent. Voici la requête :

Remarquons, dès à présent, à quel degré est illégal le procédé suivi vis-à-vis de l'homme que l'on affuble ainsi, en vertu d'un ordre supérieur, du nom de Nauendorff et des droits de bourgeoisie de Spandau.

La loi prussienne était formelle. En effet, l'ordonnance générale pour les villes prussiennes, du

« Actum *Spandau*, ce 25 novembre 1812.

« En vertu d'assignation paraît :

« 1° L'horloger Charles-Guillaume *Nauendorff* en personne, habitant et dépose :

« Je suis venu de Berlin ici *avec la permission du magistrat de cette ville pour m'y établir comme horloger.* Etant tenu aux termes de la loi de me faire conférer le droit de bourgeoisie, *je présente à cet effet un certificat* du 2 novembre c. in originali, *du président royal de la police, conseiller d'Etat à Berlin, M. Le Coq.* Je sollicite donc en conséquence mon admission comme bourgeois dans cette ville... »

« 2° Le marchand M. Jean-Chrétien-Samuel Beckmann.

« Le même dit : etc., etc.

« Berlin, le 26 mai 1836,

« Pour copie conforme :
WELFF,
« Inspecteur secret de la chancellerie au ministère de l'intérieur et de la police. »

Suit le certificat de M. Le Coq :

« Nous certifions par le présent acte que Charles-Guillaume *Nauendorff*, horloger, pendant son séjour dans cette ville, s'est comporté en habitant paisible et régulier ; et que, d'ailleurs, il n'existe point ici de renseignements défavorables sur son compte.

« Berlin, le 2 novembre 1812.

« Le conseiller d'Etat royal et président de la police de Berlin,

« *Signé :* LE COQ. »

19 novembre 1808, exige impérieusement la nationalité prussienne et *la production de l'acte de*

C'est *sur le vu de cette pièce* UNIQUE que les droits de
bourgeoisie furent conférés par l'acte suivant :

« Le magistrat de la ville royale prussienne de Spandau,
situé en la Kurmark, *certifie et reconnaît,* par ces présentes, que l'horloger Charles-Guillaume *Nauendorff,*
après avoir justifié des qualités requises, a été admis
comme bourgeois de cette ville...

« Délivré, pour lui servir de document authentique, et
scellé du sceau de la ville, à Spandau, le 8 décembre 1812.

Le magistrat de la ville,
« Signé : KATTFUSS. »

Enfin un dernier acte est ainsi conçu :

« Actum Spandau, le 8 décembre 1812.

« En date de ce jour, devant le collège des magistrats,
le serment de bourgeoisie prescrit a été prêté actu cor-
porali.

1° Par Jean-Chrétien-Samuel Beckmann, marchand ;

2° Par Charles-Guillaume *Nauendorff,* horloger.

« *Ont été restituées ensuite au marchand Beckmann les*
pièces présentées par lui, telles que la lettre de bourgeoisie
de Berlin, son certificat de réception comme marchand,
et le congé de la garde nationale; et on a communiqué à
tous les deux le règlement concernant les incendies.

« Le sieur Beckmann a acquitté les droits dus pour
l'acte de bourgeoisie pour la somme de *dix-huit gros,* et
le sieur *Nauendorff,* par celle de *six thalers dix-huit gros,*
attendu que *le premier,* étant déjà *bourgeois à Berlin,* y
a acquitté *les droits principaux.*

« Signé : Charles-Guillaume NAUENDORFF.
Jean-Charles-Samuel BECKMANN.

« Berlin, le 26 mai 1836,

« Pour copie conforme :
Signé : WELFF,
Inspecteur secret de la chancellerie au ministère
de l'intérieur et de la police. »

14.

naissance, pour qu'un individu soit admis à la jouissance du droit de bourgeoisie dans une ville royale, quelconque, en Prusse. Les étrangers ne peuvent être admis à la jouissance de ce droit qu'après la naturalisation ; et celle-ci ne peut avoir lieu qu'après dix années de résidence. *Ils ne sont pas plus dispensés,* au surplus, que ne le sont les sujets de *produire leur extrait de naissance* (1).

Aucune des prescriptions de la loi n'est observée dans ce cas : et pourquoi ?

Voici un individu, *dont la bonne moralité est garantie par le président de la police de Berlin,* puis reçu, en 1812, dans les rangs de la bourgeoisie de Spandau, et on lui fait prêter serment, sous le nom de Charles-Guillaume Nauendorff. On sait donc d'où il vient, on connaît le lieu de sa naissance, sa famille, etc. ; comment expliquer que, plus tard, les ministres prussiens nous disent ingénument que les antécédents de ce personnage, *avant* 1810, *sont un mystère impénétrable* (2); c'est répondre que ce mystère recouvre

1. Voir plus loin p. 27 la réponse des autorités de Weimar.

2. Lorsque M. Xavier Laprade se rendit à Berlin pour réclamer, au nom du duc de Normandie, les papiers qui le concernaient, M. le comte de Rochow ne lui montra que des papiers datant de 1810, et M. Laprade put y lire plusieurs fois les noms de *Charles-Louis* par lesquels M. Le Coq désignait Nauendorff en 1810, dans ses rapports avec M. de Hardenberg. Ce n'était donc pas pour lui

un secret d'Etat qu'il leur est défendu de dévoiler, c'est établir la réalité de l'existence royale qu'ils répudient. Autrement, quoi de plus simple que de suivre la trace du nouveau bourgeois, antérieurement à son arrivée à Berlin, en prenant pour base les renseignements fournis par la municipalité du lieu (où le passeport de Nauendorff avait été délivré, *seule pièce ostensible* qui l'ait fait connaître au directeur général de la police ?

Charles-Guillaume Nauendorff, déclare le magistrat de Spandau, *a prouvé les qualités requises*. Comment ? En déposant son acte de naissance et les autres pièces de rigueur ? PRODUISEZ-LES. L'honneur du gouvernement prussien demeu-

Charles-Guillaume Nauendorff, mais simplement Charles-Louis, c'est-à-dire Louis XVII. Quant aux papiers, remis par le prince à M. Le Coq, et à ceux qui constataient l'évasion ou l'identité de Nauendorff avec le fils de Louis XVI, le ministre de l'Intérieur ne les montra point. C'était toujours la même politique. Cependant, ce même M. de Rochow, qui ne pouvait offrir à M. Xavier Laprade aucun papier concernant l'évasion, croyait qu'elle avait eu lieu, puisque, quand ce dernier voulut commencer à la lui prouver, il l'interrompit en lui disant : « Il est inutile de vous étendre sur cette question; tout le monde sait à quoi s'en tenir à cet égard, et je crois, comme vous, que le Dauphin n'est pas mort au Temple. » Ainsi la Prusse connaissait cette évasion. Nous devons donc croire qu'elle possédait, et qu'elle possède encore sur ce sujet des documents précieux : « Au reste, monsieur, dit enfin M. de Rochow, je ne voudrais pas affirmer que Nauendorff n'est pas le Dauphin de France; mais je vous dirai ma pensée tout entière : il ne peut pas être reconnu pour tel, parce que SA RECON-

rera, aussi longtemps que, *pièces* authentiques en main, il n'aura pas confondu l'*imposture de Nauendorff*, entaché de complicité dans l'usurpation perpétrée par Louis XVIII.

On ne saurait, en effet, prétendre que la magistrature de Spandau eut admis, comme bourgeois, un aventurier sans nom, sans famille *connue*. Elle a donc agi *sur un ordre du cabinet prussien;* ordre qui n'a pu être donné qu'en faveur d'un haut personnage, dont le gouvernement voulait assurer l'*incognito*. Il n'y a pas en Prusse un second exemple d'un fait semblable. Dès lors, ainsi que l'affirme le prétendu Nauendorff, *les qualités requises* ont été prouvées par M. Le Coq,

NAISSANCE SERAIT LE DÉSHONNEUR DE TOUTES LES MONARCHIES DE L'EUROPE. » Ainsi, le cabinet de Berlin sait que Louis XVII s'est évadé; il sait qu'on le méconnaît sous le nom de Nauendorff; mais il refuse de le reconnaître, pour ne point faire paraître au grand jour les iniquités dont toutes les cours de l'Europe se sont rendues coupables envers le fils du Roi-Martyr.

« M. de Rochow me déclara en outre de la part du roi, que les paroles attribuées au roi de Prusse par Mme la duchesse d'Angoulême (paroles citées à M. Morel de Saint-Didier, et que j'avais rapportées dans un Mémoire pour avoir occasion de faire prononcer Sa Majesté à cet égard), ÉTAIENT ENTIÈREMENT FAUSSES, qu'il était bien vrai que la duchesse d'Angoulême avait beaucoup questionné le roi, que Sa Majesté avait pu lui parler des condamnations de Brandebourg, mais qu'il ne lui avait pas dit que *c'était un fou*. J'affirme sur l'honneur la vérité de tous ces détails.

« Londres, 17 janvier 1836.

« Xavier LAPRADE, avocat. »

le président de la police de Berlin, qui, n'ayant pu se compromettre en certifiant la bonne conduite d'*un inconnu*, la moralité d'un étranger *nouvellement* arrivé en Prusse, a nécessairement reçu des communications secrètes satisfaisantes sur l'*individualité* nationale de son protégé (1).

« De là, dit M. de la Barre, le besoin du mystère, de là l'urgence de contrevenir à la loi. Nauendorff, qui ne peut satisfaire aux exigences prescrites en pareil cas, se réclame du président de la police. M. Le Coq est consulté et le bourgmestre reçoit, pour réponse, l'ordre d'admettre le postulant ; *attendu que ses titres sont entre les mains du gouvernement ;* et ces titres ne sont autres que les *papiers d'identité* remis à Berlin. Cette conséquence palpable, la logique des faits commande de l'admettre ; car on a placé Nauendorff dans l'alternative d'être ou Prussien d'origine, ou fils de Louis XVI. Et, du moment que son individualité comme Nauendorff ne peut pas être jus-

1. Voici le texte de la déclaration des magistrats de Spandau, recueillie en 1856 par M. le consul prussien à Rotterdam :

« ... Le magistrat de Spandau déclare que ni d'après les actes qui se trouvent à Spandau, ni d'après les autres actes judiciaires qu'il a examinés, le sieur Nauendorff n'a remis d'autres documents à l'occasion de son domicile à Spandau, qui pourraient donner les éclaircissements désirés, que l'attestation du conseiller d'Etat, président de la police, M. Le Coq. »

« *Signé* : Frédéric CARP. »

tifiée par le gouvernement qui lui confère ce nom, dans des lettres de bourgeoisie prussienne, il reste démontré, par la force de présomptions devenues l'évidence même, que Nauendorff a été sincère dans son récit, qu'il est véritablement le duc de Normandie.

« On conçoit que, dès qu'il s'agissait de commettre une illégalité, il fallait au moins la couvrir d'une apparence de légalité. Le gouvernement n'ayant pas la capacité de dispenser Nauendorff de la production de son acte de naissance, cette infraction à la loi ne pouvait sans danger se pratiquer à Berlin. Là, elle eût donné lieu à mille réflexions, à des réclamations peut-être de la part de la communauté des bourgeois jaloux de conserver leurs privilèges ; elle eût attiré l'attention publique sur cet étranger, si puissamment protégé par l'autorité supérieure ; elle eût, en un mot, trahi l'incognito indispensable qui devait cacher aux yeux de tous le fils de Louis XVI. Ailleurs qu'à Berlin, l'inconvénient n'existait plus, au moyen de la réponse suggérée, et qui serait confirmée par le président de la police du royaume :

« Vous direz que vos papiers ont été déposés entre mes mains et que c'est à moi qu'il faut s'adresser pour la justification des formalités requises par la loi ».

« La loi était censée respectée de la sorte ; car nul ne se fût avisé de soupçonner la véracité du conseiller royal, président de la police. C'est ainsi que les choses durent se passer, si le Nauendorff improvisé est l'orphelin du Temple ; et c'est ainsi qu'elles se sont passées. Si toute cette affaire n'avait pas été traitée hors du droit commun, sans contradition raisonnable possible de la part de la magistrature de Prusse et de son gouvernement, ce dernier n'eût pas silencieusement courbé la tête sous le poids des plus graves accusations, du temps même du séjour en Prusse du bourgeois de 1812 ; il n'eût pas, dans sa diplomatie ténébreuse, attribué tant de fausses origines à l'homme auquel on n'a jamais pu assigner d'autre filiation que celle d'un fils de France.

« Vouloir nier cette vérité si éclatante, c'est vouloir fermer les yeux à la lumière, la combattre par le système de diffamations dans lequel la politique s'est renfermée depuis 1814 ; c'est ajouter à la honte d'une criminelle méconnaissance le scandale de toutes les fourberies qui se sont débitées sous la plume des journalistes, des historiens, dans les ambassades et les ministères ; quoique toutes les inventions de la mauvaise foi contre le proscrit royal se démontrent par un coup d'œil jeté sur les registres de la municipalité de Spandau. »

Le nouveau bourgeois de Spandau se mit courageusement au travail. Dans une nouvelle visite de M. Le Coq, le silence lui avait été plus que jamais recommandé impérieusement, et résolu à se suffire à lui-même, il s'efforça de réunir, par les ressources de son métier, assez d'argent pour pouvoir se mettre à la recherche de sa sœur, dont il ignorait alors là résidence.

D'autre part, les évènements marchaient et, à la suite de la débâcle de Russie, des débris de l'armée française traversèrent Spandau. Parmi eux se trouvait un officier du nom de Marassin, avec lequel l'horloger fit connaissance, et auquel il rendit plusieurs services. Par cet officier, le prétendu Nauendorff recneillit des impressions plus nettes sur l'état actuel de l'Europe et il put pressentir la chute prochaine de Napoléon.

Aussi, écrivit-il à M. Le Coq, puis à M. de Hardenberg, mais sans recevoir aucune réponse ; peu après Spandau était bloqué par les troupes russes et prussiennes. Sa garnison se composait de Hollandais et de Polonais ; ceux-ci avaient reçu au dernier moment quelques renforts Polonais dont les rangs étaient décimés par la fièvre jaune. Cette maladie fit de grands ravages dans la ville et Charles-Louis subit à son tour les atteintes du fléau, tandis que Spandau était soumis à un bombardement furieux qui mit bientôt le feu au quatre coins de la place.

« Après le rétablissement de ma santé, dit le duc de Normandie dans l'*Abrégé de ses infortunes*, et la délivrance de Spandau, je fis connaître ma position et mes droits au roi de Prusse, aux empereurs de Russie et d'Autriche ; j'écrivis encore à M. de Hardenberg et à

M. Le Coq, pour me plaindre de leur silence et leur redemander mes papiers ; je ne reçus jamais de réponse.

« Déjà, en 1809, l'empereur d'Autriche et celui de Russie avaient été informés par Montmorin de mon arrivée en Prusse ; et, en 1811, un avis direct me concernant avait dû aussi parvenir à l'empereur de Russie et aux autres souverains, transmis de France par M. Thor de la Sonde, qui était neveu de l'ambassadeur de France en Espagne, sous Louis XVI. »

M. Thor aurait reçu de MM. de Montmorin et de Briges des papiers importants à transmettre à la sœur de l'orphelin royal. Il lui fit cette communication dès qu'elle arriva à Vienne à sa sortie de prison, mais sans obtenir aucune réponse. Il reçut la mission de renouveler cette tentative lorsque le comte de Provence appela Madame à Mittau pour la marier au duc d'Angoulême. Il n'eut aucun succès et il notifia alors ces faits aux empereurs de Russie et d'Autriche, ainsi qu'au roi de Prusse.

L'absence de résultat attaché à ses démarches n'avait point découragé le duc de Normandie et il résolut de se rendre en France dès que les Bourbons y furent rentrés (1). Il allait partir lorsque survint le débarquement de l'île d'Elbe.

1. Dans la *Correspondance catholique de Bruxelles* (septembre 1886), on trouve ce passage :

« Pour arriver à la couronne, Louis XVIII devait donc se résigner à n'être que roi constitutionnel, comme Louis-Philippe l'eût été à cette époque, et pour conserver cette couronne, il lui fallait rester roi constitutionnel.

Ce ne fut que quelques mois plus tard qu'il put s'occuper de la réalisation de ce projet. Sur ces entrefaites, un incident inattendu vint offrir au proscrit une occasion de préparer les voies pour sa rentrée dans son pays.

L'officier Marassin, revenant en France, avait voulu revoir le digne horloger vis-à-vis duquel il avait contracté une dette de reconnaissance, et il s'arrêta à Spandau.

Le prince le revit avec joie, heureux de s'entretenir à cœur ouvert avec un Français, et il se décida à lui confier le secret de son origine, en le priant de se charger de porter de ses nouvelles à sa famille. L'étonnement de l'officier fut extrême,

« Au reste, la condescendance intéressée de Louis XVIII pour la Russie ne trouve-t-elle pas son explication dans le premier article secret du traité de Paris de 1814.

« Il est dit dans cet article que les puissances placent le comte de Provence à la tête du pouvoir, publiquement sous le titre de roi, *mais dans les transactions secrètes, comme simple régent pour les deux années suivantes. (Histoire de France,* par Anquetil, continuée par Léonard Gallois, édition en 4 vol. in-4°, 1837. IV° volume, pièces justificatives. — L'édition de 1825 ne contient pas cet article secret (c'était sous la Restauration). Les puissances conservaient donc leur liberté pour faire monter sur le trône *celui qu'elles sauraient devoir y monter de droit.* Il est, du reste, remarquable qu'en 1797, dans sa proclamation de Vérone, 14 octobre, le comte de Provence ne prend que le titre de régent de France. Ah! ils étaient loin de s'imaginer, ces bons libéraux de 1789, qu'enfin réinstallé en France, en 1814, le gouvernement de leur choix, le régime de la liberté, mettrait la France sous la dépendance de l'Europe, c'est-à-dire du fort joueur dirigeant l'Europe. »

mais il n'hésita pas à se mettre à la disposition du prétendu Nauendorff, et il se mit en route pour Paris (1).

Marassin arrivait dans cette ville en un singulier moment ; on y causait beaucoup et surtout à la cour, d'un évènement étrange dont le roi s'était montré fort ému. Il s'agit de son entretien avec Martin, de Gallardon.

Honnête cultivateur du village de Gallardon, à quatre lieues de Chartres, Thomas-Ignace Martin vivait fort simplement, estimé de tous ses voisins, se bornant à aller à la messe du dimanche,

1. « Je le prévins, dit l'*Abrégé des infortunes*, que, probablement, ses prétentions et ses démarches éveilleraient l'attention de la police et *qu'on l'arrêterait. Ce devait être là le moment des explications et il avait ordre de déclarer hautement devant le tribunal qu'il n'était que mon envoyé.* »

Marassin fut, en effet, arrêté à Versailles chez l'aubergiste Rémy et de là dirigé sur Rouen pour y être jugé. Le gouvernement, effrayé des secrets dont il était porteur, le fit disparaître et le remplaça par Mathurin Bruneau qui fut condamné comme faux dauphin.

L'affaire fit à l'époque un grand tapage et de nombreux témoins ont déposé à cet égard (Voir le journal *La Légitimité*, première année, p. 712-716).

Quant à Marassin, on n'a jamais su ce qu'il était devenu. En tout cas, ses papiers ont été volés et ont été utilisés en partie par la police pour donner des instructions à certains faux dauphins et les mettre à même de jouer leur rôle.

Dans le *Curieux* (novembre 1885) on trouve le rapport de police suivant (Archives nationales) :

1er septembre 1818.

« Voici textuellement ce qui se répand dans quelques

sans se distinguer par une dévotion exaltée. Aussi la surprise fut-elle grande lorsqu'au village on apprit que Martin entendait des voix, avait reçu mission d'aller trouver le roi. Son curé le fit venir, fort étonné de la bonhomie avec laquelle son paroissien lui confirma ces rumeurs. Bien que Martin ne parlât pas de cette affaire, se bornant à répondre aux questions posées, la rumeur publique allait grossissant si bien que le comte de Breteuil, préfet du département, le manda à Chartres.

Frappé du calme et de la simplicité de ses réponses, M. de Breteuil l'envoya à Paris sous l'escorte du lieutenant de gendarmerie André. Dès son arrivée, Martin fut mis en présence de M. Decazes, examiné par le docteur Pinel, enfermé à Charenton, et enfin, le roi, informé de tout cela par son grand-aumônier, l'archevêque de Reims, voulut le voir.

départements du Midi, d'après des lettres venues de Paris et de Lyon : — Le renvoi de l'affaire du général Canuel au 7 novembre vient de ce que l'on craint de faire connaître l'intrigue de cette procédure avant le Congrès. Le roi, qui a de l'esprit et des connaissances, ne pourrait, à moins d'être aveugle, suivre le système adopté et s'enfoncer dans la révolution, si Louis XVII n'était vivant. La farce de Rouen n'a trompé personne, car le Mathurin Bruneau qui y a été jugé et condamné n'est pas le même qui avait été interrogé au commencement de la procédure ; celui-ci se trouve à Bruxelles (ceci était une fausse piste) sous la protection de la Russie, et accompagné d'un ambassadeur du roi d'Espagne. Le Congrès doit s'occuper sérieusement du sort de ce prince. L'existence très certaine de Louis XVII explique seule la conduite du roi et de nos jeunes princes. »

De cette entrevue, qui eut lieu le 2 avril 1816, il existe de nombreuses relations ; celle donnée par le vicomte de La Rochefoucauld dans ses *Mémoires*, les indiscrétions de Mme du Cayla, les *discrètes* communications faites par Louis XVIII même et celles de Martin, peuvent se résumer ainsi :

1° Martin révéla à Louis XVIII la pensée qu'il avait eue, à la chasse, de tuer son frère Louis XVI ;

2° Il dit au roi ces propres paroles : « Le secret que j'ai à vous dire, c'est que VOUS OCCUPEZ UNE PLACE QUI NE VOUS APPARTIENT PAS ! »

3° Enfin, il lui dit encore : «Vous faites des préparatifs pour votre sacre ; mais prenez bien garde de ne pas vous faire sacrer ; car si vous le tentiez, vous seriez frappé de mort au milieu de la cérémonie du sacre (1). »

---

1. Louis XVIII, qui avait beaucoup pleuré pendant cette entrevue qui dura cinquante-cinq minutes, renonça, en effet, à se faire sacrer.

Quant à s'amender à l'égard de son neveu, c'est autre choses et les lignes suivantes donneront un exemple de sa *bonne foi.*

On lit dans la *Ville de Paris* du 9 septembre 1884 :

« Louis XVIII savait parfaitement à quoi s'en tenir sur l'existence du Dauphin. Une preuve nouvelle nous en est fournie par un de nos honorables correspondants, M. G..., qui nous écrivait le 9 mai 1884 :

« ... Mon père était intime avec l'abbé Perreau, aumônier de la Grande Aumônerie sous Louis XVIII. Ce monarque fit venir un jour l'abbé Perreau dans son cabinet pour lui dire :

On comprend que l'arrivée de Marassin, les esprits étant ainsi préparés, devait causer un certain émoi ; cela explique l'agitation causée par le procès et la substitution opérée par le parquet, faisant condamner Mathurin Bruneau à la place de Marassin. Les débats du procès furent adressés à l'empereur de Russie dont on connaissait la conviction au sujet de l'évasion. A cette lecture il s'écria : « Il est trop avili pour que nous le reconnaissions ! » C'est ce qu'on voulait...

En même temps que partait son émissaire, le duc de Normandie avait écrit à sa sœur la lettre suivante, par laquelle il l'avisait de l'envoi de Marassin à Paris :

« *Spandau*, mars 1816.

« *A Madame la duchesse d'Angoulême, à Paris.*

« Ma bien-aimée sœur, pardonne-moi si, répudiant toute étiquette de cour, la tendresse d'un frère qui ne

« J'ai appris que vous travailliez à réunir des documents pour prouver l'existence de mon neveu ; je serai heureux de les connaître ; j'ai moi-même des preuves, nous les joindrons. »

« Le lendemain elles lui furent apportées. Louis XVIII les parcourut attentivement. « Croyez-moi, dit-il à l'abbé Perreau, vous troubleriez la France et l'Europe. » — Et retournant vers la cheminée où le feu était vif, IL LES Y JETA IMMÉDIATEMENT. »

« A Rome, *encore aujourd'hui*, la croyance à l'évasion est générale et a tous les caractères d'une certitude dont les preuves, nous le savons, reposent dans les archives du Vatican et dans celles de l'Autriche.

« E. BURTON. »

t'a jamais oubliée dicte ces lignes ; car je te le dis :
j'existe, c'est moi, je suis ton véritable frère. Exiges-
en toutes les preuves ; je m'engage à te les fournir,
mais à une condition : c'est que tu m'appelleras près
de toi, et avec le plus profond secret ; ne voulant ni
troubler la tranquillité de notre famille, ni nuire à son
bonheur, et désirant plus que tout autre chose entretenir dans notre patrie cette paix intérieure dont,
hélas ! elle n'a été que trop longtemps privée.

« Ne mets plus en doute mon existence. N'ai-je pas
souffert autant que toi, et en même temps que toi au
Temple ? Pour t'en convaincre, *me faut-il te rappeler
ce jour où je te revis avec tant de joie, après avoir
été si cruellement séparé de notre vertueuse tante ?*
Eh bien ! souviens-toi que, ce même jour, tu fus
traînée devant des juges, et que *personne* au monde,
si ce n'est moi, moi *ton frère, ne pourrait te décrire
le lieu où je te revis ensuite ;* non, personne ne saurais
te répéter l'inique interrogatoire que ces hommes, ces
monstres, osèrent te faire subir, ainsi qu'à notre
vertueuse tante.

« Ces faits seuls devraient t'éclairer, te fixer sur la
vérité, et justifier ainsi la prière que je t'adresse
aujourd'hui. Et pourtant il est encore bien d'autres
confidences que je pourrais te faire, si je ne craignais
de les confier au papier...

« Si tu n'osais te laisser guider par toi seule, tu
pourrais t'adresser au roi notre oncle, Louis XVIII, à
qui je fais part de tout ceci, *par un exprès que je
lui ai envoyé,* sans cependant lui avouer que je t'avais
écrit.

« Alors, comme maintenant, comme au temps de
mon enfance, je n'ignorais pas que je devais être
l'héritier incontestable et direct de mon père. Je
savais aussi que de *Charles-Louis, duc de Normandie, qu'on commença de me nommer au jour de ma*

naissance, on m'appellerait plus tard Louis XVII comme on avait appelé mon père Louis XVI. Eh bien! mon père est mort ; et non-seulement aujourd'hui, on ne veut pas que je porte son nom ; mais encore on voudrait s'opposer à ce que je portasse le mien ! et qui ?... ma famille !...

« C'est aux lois de ma patrie, à ces lois égales pour tous, c'est devant mes juges naturels, c'est aux tribunaux français que je m'adresserai pour réclamer un nom qui, peut-être, sera mon unique héritage.

« CHARLES-LOUIS, *duc de Normandie* »

A cette lettre demeurée sans réponse, succédèrent d'autres tentatives du même genre, tant auprès de sa sœur, qu'auprès de son oncle et de son cousin le duc de Berry.

Le silence dédaigneux qui accueillit chacune de ses démarches successives lui fut bientôt une preuve qu'il ne pouvait se flatter d'obtenir des siens une reconnaissance volontaire; aussi, cédant au penchant qui le portait vers une jeune fille dont la famille l'avait accueilli avec bonté, il résolut de l'épouser et de chercher à oublier, dans le calme bonheur d'une existence modeste, le rang dans lequel la Providence l'avait fait naître, et que sa famille s'obstinait à ne point lui reconnaître.

Mais auparavant, il fit une dernière tentative auprès des siens et, le 18 septembre 1818, il adressait au duc de Berry la lettre suivante :

« Monsieur,

« Tout ce que j'ai fait jusqu'ici pour me réunir à ma sœur a sansété succès. Mon existence et mon identité ne peuvent pas vous être inconnus. C'est pourquoi je m'adresse à vous pour vous demander une justice qui ne saurait m'être refusée, et obtenir enfin du roi que j'en sois écouté. Je n'ai pas l'intention de le troubler dans sa possession illégitime des droits qui m'appartiennent du chef de mon père ; mais je demande que l'infortuné fils de Louis XVI ne reste pas au millieu de ses semblables sans père et sans nom.

« Je suis résolu d'unir ma destinée à celle d'une humble bourgeoise. J'ai cru devoir vous faire cette communication ; et s'il reste encore à un Bourbon de France un sentiment d'honneur, j'espère que vous ne laisserez pas cette lettre sans réponse. S'il vous restait un doute sur mon identité, adressez-vous à la sœur de l'infâme Robespierre (1) ; personne mieux qu'elle ne pourra vous éclairer. Mais dans le cas où je devrais vous compter au nombre de mes ennemis, et où vous partageriez leur projet d'effacer mon origine, je laisse à Dieu le soin de vous juger, et rappelez-vous que la malédiction céleste atteindra jusqu'à vos enfants »

« LOUIS-CHARLES ».

1. Dans *Les Salons d'autrefois*, de Mme la comtesse de Bassanville (t. I, p. 39), on lit :

« Un fait acquis à l'histoire, mais que bien peu de personnes connaissent cependant, c'est que Mme la Dauphine faisait, sur sa cassette, une pension de 1200 francs à Charlotte Robespierre, sœur de l'affreux Maximilien, laquelle... avait invoqué la générosité de la princesse.

« Et qu'on ne mette pas en doute ce que je raconte ici, car j'ai moi-même et de mes yeux vu, ce qui s'appelle vu, une quittance de cette pension écrite toute entière de la main de Charlotte et signée de ce nom sinistre : Robes-

En même temps, il écrivait à sa sœur Marie-Thérèse et les deux lettres restèrent sans réponse.

Passant outre à sa détermination, ce mariage fut célébré, selon la loi prussienne, mais avec *la dispense*, pour la seconde fois renouvelée, *de produire son acte de naissance*. Bien mieux, par une dérogation étrange à la règle, dérogation à laquelle on ne consent que pour les plus grands personnages, la cérémonie fut célébrée, non au temple protestant (1), mais *dans la propre demeure de l'horloger* de Spandau.

« Bien des années, dit le duc de Normandie, se sont écoulées depuis cette époque, ; et je bénis chaque jour l'instant où j'ai choisi cette fidèle compagne de mes malheurs... Elle a supporté, avec une énergie peu commune, les désastres de ma vie. Mère d'affliction,

pierre, quittance qui faisait partie de la célèbre collection d'autographes rassemblée à grands frais par M. le baron de Frémont. »

Mlle de Robespierre avait été pensionnée par une loi sous Napoléon Ier; Louis XVIII avait continué cette pension, alors qu'il laissait mourir de faim les enfants des Vendéens. On voit moins clairement les motifs de la générosité de la duchesse d'Angoulême, si l'on n'admet qu'elle connaissait l'existence de son frère et son identité avec Nauendorff qui lui avait écrit de s'adresser à cette femme pour certains renseignements possédés par elle.

1. Bien que célébrée sous le rite protestant, cette union est absolument valable, *même aux yeux de l'église catholique*. Le concile de Trente n'a jamais été proclamé à Spandau et un concordat, passé entre Rome et Berlin, reconnaît la validité de ces sortes de mariages. Mme la duchesse de Normandie a, depuis, abjuré le protestantisme.

épouse désolée, toujours j'ai trouvé en elle la femme forte et affectueuse, s'élevant au-dessus de l'adversité, qui me suivit partout, pour en adoucir les rigueurs... (1) »

Pendant quelques mois, le prince jouit, ignoré, d'une tranquillité à laquelle le malheureux n'était pas habitué. Il ne devait pas en être longtemps ainsi. La naissance d'une fille, le 31 août 1819, vint réveiller en lui, en lui imposant de nouveaux devoirs, le désir d'agir encore une fois auprès de sa famille et de revendiquer au moins son nom.

Il écrivit à sa sœur (2). Puis, en 1820, il écrivit une dernière fois au duc de Berry. Le duc, mieux inspiré à la réception de cette lettre, s'enquit enfin de ce que pouvaient avoir de fondé les réclamations de cet individu, qui se disait son cousin, et, convaincu enfin, il lui répondit, le

1. Mme la duchesse de Normandie, bien que courbée sous le poids des ans et de l'infortune, a longtemps encore porté dignement, à Bréda, où elle vivait retirée, une vieillesse respectée et honorée de tous dans ce pays hospitalier de Hollande, le seul qui fut clément aux siens !

2.   « Madame,

« Mon cœur ne peut se refuser à vous considérer comme l'objet de toute sa tendresse, quoique vous ayez laissé sans réponse les lettres que je vous ai adressées...

« Je dois croire que mon mariage vous est connu ; je m'empresse donc de vous annoncer que ma jeune épouse m'a rendu père d'une fille, le 31 août dernier ; cette enfant est l'image d'un ange. En me rappelant vos traits, je les retrouve sur la figure de cet enfant. Je n'ose pas lui donner votre nom, il me rappellerait un passé trop cruel ; mais je ui ai donné celui d'*Amélie*. Ce choix doit conserver dans

3 mars 1820, une lettre, malheureusement disparue, car elle eut suffi à dessiller les yeux les plus prévenus (1).

ma mémoire les détails du malheureux voyage de Varennes, et vous convaincre que je n'ai rien oublié de ma première enfance...

« Qui m'aurait dit que, tant d'années après, je donnerais à mon premier enfant le nom d'*Amélie*, que vous portiez pendant ce voyage? Ah! ma sœur! si vous pouviez être témoin, dans cet instant, de la joie mêlée de tant de douleur que mon cœur recèle, certes, vous ne repousseriez pas plus longtemps votre frère!... »

1. M. Marcoux (Jean-Jacques), ancien huissier de la chapelle du roi, fit à ce sujet la déclaration suivante :

« Je, soussigné, atteste que M. Petel, parent d'un des huissiers du cabinet du roi Louis XVIII, m'a fait le récit suivant :

« Peu de temps avant l'assassinat du duc de Berry, ce prince se présenta fort agité pour parler au roi, et au moment d'entrer dans le cabinet, il dit aux huissiers : Laissez-moi. Alors ils fermèrent la première porte et le prince poussa la seconde un peu fort, de sorte qu'elle revint sur elle-même et resta entrebaillée.— La voix du prince s'éleva très haut, ils écoutèrent et l'entendirent dire au roi : — « Je viens de répondre à mon cousin! — Quel cousin? — « Le duc de Normandie. — (Le roi avec véhémence) : « Il est mort! — Non, il n'est pas mort : voilà sa lettre ! « — S'il n'est pas mort, il est mort civilement. Ne savez- « vous pas qu'après moi vous êtes appelé à régner? » — Le duc de Berry répond : « Sire, LA JUSTICE PLUTÔT « QU'UNE COURONNE. » Le roi, d'un ton violent, lui intima l'ordre de sortir sur-le-champ.

« L'huissier, mon parent, en rentrant chez lui, dit : « Le « duc de Berry est perdu! Rappelez-vous qu'il est perdu! » et ses parents lui demandèrent pourquoi.— Pressé par eux, il raconta ce qui précède. »

L'existence de cette lettre a été confirmée par Mme Del-

Le duc de Normandie, presque en même temps, tenta, une dernière fois, de faire sortir le mi-

mas, par le frère de Pezolo qui l'avait lue et qui rappela à M. Laprade ce passage : *Ou vous recouvrerez la couronne, ou j'y perdrai la vie!* M. de Repenties la connaissait : aussi mourut-il subitement peu de temps après son prince et ami.

L'intention du duc de Berry paraît avoir été de passer de la parole à l'action, s'il faut en croire le colonel comte de Couffin du Valès, déposant ceci en 1839 :

« En 1820, avant l'assassinat du duc de Berry, un rassemblement avait été organisé pour soutenir cet excellent prince, qui voulait opérer un mouvement pour faire reconnaître et proclamer le roi légitime. J'étais entré dans cette noble conspiration avec plusieurs autres colonels qui devaient soutenir ce mouvement. L'assassinat du prince fit tout contremander. » Une des dépositions de l'affaire Louvel semble concorder avec ce qui précède. M. Renard, écrivain à Versailles, déposa avoir entendu dire, le 5 février : « Il va y avoir de grands changements; le mois de février ne se passera pas sans que nous voyions du nouveau... Louis XVII sera proclamé. »

Quant à l'assassinat, on était prévenu en haut lieu qu'il se tramait et Peuchet raconte l'aventure d'un ouvrier nommé Clairnel qui eut beaucoup de peine à se faire entendre par M. Decazes pour déposer qu'on avait tenté de le soudoyer pour assassiner le duc; il réussit enfin et si bien... qu'il disparut! Quant aux papiers trouvés sur Louvel, ils furent *enlevés* avant l'instruction où ils ne figurèrent pas.

Lafont d'Aussonne raconte la peine qu'eut le duc de la Châtre à obtenir de Louis XVIII de se rendre à l'Opéra, auprès de son neveu. Le roi ne s'y décida qu'à la pointe du jour alors que le duc de Berry allait expirer.

Le comte Decazes, gravement compromis, honni de tous, accusé en pleine Chambre, reçut de son maître, en récompense de ses services secrets, le titre de duc et le cordon du Saint-Esprit!

nistre de Hardenberg du mutisme dans lequel il se renfermait systématiquement. Voici cette lettre dont les conséquences devaient être si funestes:

Spandau, le 27 mars 1820.

« Monsieur.

« Vous aurez eu la conviction, d'après les papiers que vous m'avez fait demander en 1811, par le président de police, M. Le Coq, au nom de votre souverain, que j'ai accompli ma trente-cinquième année. Vous me connaissez et vous n'ignorez pas le nom sous lequel je vis ici. Je suis maintenant père de famille, et j'ai par conséquent l'obligation sacrée de donner à mes enfants au moins mon nom véritable. Le silence que vous avez gardé jusqu'à ce jour me fait présumer que vous êtes aussi au nombre de mes ennemis politiques. Je ne vous demande point la justice en vous priant: non ! mais je vous somme de me rendre les papiers que vous m'avez pris. Je n'ai nullement l'intention de vouloir troubler la tranquilité de ma patrie. Cependant, à cause de mes enfants, je ne puis plus garder le nom que votre politique m'a imposè. Si vous ne pouvez rien faire pour moi sans le consentement de votre souverain, ou si vous ne voulez pas faire droit à ma juste demande, je vous prie de me faire délivrer un passe-port pour Paris, *sous mon nom légitime.*

« Dans le cas où vous laisseriez encore cette lettre sans réponse, je trouverai moyen d'aborder le roi, car la vérité n'a personne à craindre,

« CHARLES-LOUIS, *duc de Normandie.* »

Cette mise en demeure, un peu impérieuse, ne reçut point de réponse directe, mais elle rouvrit l'ère des persécutions à l'égard de celui qui en était l'auteur. Fatigué de mesquines tracasseries qui lui furent alors suscitées, il prit le parti de transporter à Brandebourg son modeste établissement. Parmi les motifs de ce déplacement, il faut ranger le départ pour cette ville de M. Daberkow qui avait succédé à M. Kattfuss. Ces deux magistrats lui avaient constamment témoigné beaucoup de bienveillance et d'égards (1).

Muni d'un certificat dans lequel il était noté, par les magistrats de Spandau, *comme le modèle de la bourgeoisie*, il n'éprouva, sur la présentation de ses lettres de bourgeoisie, aucune difficulté à être acccueilli par les autorités de Brandebourg :

« Nous faisons savoir à l'horloger Nauendorff, à Spandau, dit l'acte d'admission, en résumé :

« Qu'il n'existe aucun empêchement à ce que sa

1. Dans l'*Abrégé des infortunes*, l'auteur parle souvent de M. Kattfuss :

« Un jour, dit-il, je fus invité par ce magistrat à un dîner public à l'hôtel dit *Palais*. On me fit asseoir en face du bourgmestre, qui m'entretint avec beaucoup d'intérêt. Quand le repas fut fini, il se leva et m'embrassa cordialement en me disant : « *Ce n'est pas ici votre place* »; et tandis qu'il me tenait la main, je voyais des larmes dans les yeux de ce vénérable vieillard. J'étais donc autorisé à soupçonner que M. Le Coq lui avait confié le secret de ma naissance, parce que M. Kattfuss se trouvant, à mon arrivée à Spandau, premier bourgmestre de la ville, c'est lui qui m'avait reçu bourgeois, d'après les recommandations du président de la police. Depuis mon mariage, nos relations amicales se continuèrent toujours les mêmes, et je fus souvent invité avec ma femme à dîner chez lui. »

demande d'être admis au nombre des bourgeois de cette ville, et de jouir des privilèges y attachés, appuyée d'un certificat de bonnes mœurs et de bonne conduite, soit accueillie...

« LE MAGISTRAT.

« Brandebourg, le 26 février 1822.»

L'année 1823 se terminait, signalée par des chicanes de tout genre, lorsque le feu prit au théâtre de Brandebourg et, à la faveur du désordre, le domicile du prince fut envahi et la maison pillée. Tous les objets de prix, toutes les valeurs numéraires disparurent. C'était la ruine complète et ce désastre contribua à porter à son comble l'irritation du malheureux proscrit, à cette époque déjà trois fois père.

Le 21 janvier 1824, il écrivait à Louis XVIII une lettre où débordait son indignation ; elle contenait malheureusement cette phrase terrible :

«... Je retournerai sans votre volonté dans ma patrie, j'exposerai au peuple français la manière dont vous m'avez traité. Une preuve suffisante sera *la lettre que vous avez adressée, en 1803, au duc d'Enghien, et qui se trouve dans mes mains...* »

La riposte ne devait pas se faire longtemps attendre, car Louis XVIII n'était pas homme à accepter bénévolement qu'on lui rompit en visière aussi vertement ; l'entente secrète qui existait entre les gouvernements français et prussien facilitait au monarque, qui occupait abusivement le trône de France, les moyens de se venger.

Le gouvernement de Potsdam ordonna donc au conseiller de justice Voigt d'accuser l'inoffensif horloger, jusque là le modèle de la bourgeoisie, d'avoir mis volontairement le feu à la salle de spectacle de Brandebourg.

Cette absurde accusation, dont la population de la ville était révoltée, aboutit à la condamnation, au carcan et à deux années de travaux forcés, des deux faux témoins qui la soutenaient. Ce n'était pas là le résultat cherché ; aussi le prince était-il brutalement arrêté, le 15 septembre 1824, par le juge Schulz, qui lui dit : « Désabusez-vous, si vous espérez vous échapper aussi facilement de mes mains. »

Et le dénonciateur, quel était-il ? Un homme à qui Schulz avait fait déposer que ce même jour, 15 septembre, vers sept heures du soir, M. Nauendorff avait jeté dans la Sprée un sac rempli de faux écus... Fabriquer de faux écus de Prusse pour les jeter dans la Sprée est une spéculation bien plus onéreuse que lucrative, et le fameux témoin ne s'est pas jeté à la nage pour sauver le *sac* et *les écus*, produire ensuite le corps du délit qui, du reste, n'a jamais pu être produit : une raison péremptoire empêchait tout cela, c'est qu'à sept heures du soir, ce jour-là, M. Nauendorff n'était pas sur les bords de la Sprée ; il était dans la diligence de Berlin, d'où il revenait avec M. Reichenow, après une absence de trois jours, et n'arrivait à Brandebourg qu'à neuf heures du soir, la dilligence, par suite d'un accident, ayant eu un retard de deux heures sur l'heure réglementaire de son arrivée. Le dénonciateur était en outre un faux monnayeur, arrêté comme tel, qui avait fait l'aveu de son crime, et dont le père avait été poursuivi, en 1821, pour la même cause.

Malgré tout, le juge fit durer l'instruction une année, en tenant le prince au secret le plus rigoureux : tout ce que l'infortuné captif put obtenir, ce fut d'aller, conduit par la force armée, pleurer quelques heures en famille, embrasser pour la dernière fois sa petite Berthe-Julia qui se mourait...

Mais Engel (c'est le nom du dénonciateur) s'était livré lui-même. Les nommés Suppe et Ritter, compagnons de captivité du prince, appelés par Schulz, déclarèrent à ce juge et sans avoir pu se concerter ensemble (étant détenus dans des cachots séparés), l'un, Suppe, qu'Engel lui avait dit que M. Nauendorff était *innocent*, que, s'il l'avait accusé, c'était dans *l'espoir de faire sa position meilleure;* l'autre, Ritter, que cet Engel avait rétracté son accusation devant lui : sur cette observation que lui fit Ritter « puisque cet homme est innocent, vous ne pouvez pas

1. Voyez *Survivance*, p. 174 et suiv. — *Branche aînée*, p. 194 et suiv.

vous dispenser de reprendre la dénonciation »,
Engel répondit par ces paroles révélatrices :
« M. Nauendorff ne doit pas m'en vouloir, je lui
en demanderai pardon, je n'ai pu faire autrement, mais je ne puis reprendre ma dénonciation,
quand cela me coûterait la vie ».

Sur ces entrefaites, le magistrat de Brandebourg prit, à la demande du juge d'instruction,
des renseignements à Weimar, et le 22 décembre 1824, l'accusé fut mandé devant son interro-
gateur Schulz pour recevoir la communication
suivante :

« Il résulte d'un écrit du conseil de la ville de Weimar, du 17 décembre 1824, adressé au magistrat de la
ville de Brandebourg, qu'après *une recherche minutieuse* dans les registres d'églises du pays, le nom de
Nauendorff n'a pu être trouvé et que les plus ancien-
nes familles ne se souviennent pas *qu'il y ait jamais
existé à Weimar quelqu'un du nom de Nauendorff.* »

Le juge Schull s'écria alors : — *Si vous êtes
d'une honorable famille,* pourquoi ne pas dire la
vérité ?

— Monsieur, répartit vivement le prétendu
Nauendorff, JE SUIS PRINCE NATIF, et malheureux sans le mériter ; mais ce n'est point à moi
de vous découvrir ce mystère...

— Bah ! reprit arrogamment le juge Schulz, cela
n'est pas vrai !

— Ce n'est pas à vous de me juger, répliqua le prince ; écrivez au roi, voilà votre mission.

M. Schulz rédigea aussitôt un procès-verbal constatant cette réclamation, afin de la transmettre au ministre de Hardenberg, et cette pièce fut signée de M. Schulz, de M. de Renne, alors référendaire et du prétendu Nauendorff.

Alors intervient l'incroyable et inique jugement, dont voici la teneur authentique :

« Attendu que, *bien que les indices qui s'élèvent contre l'accusé* Charles-Guillaume Nauendorff *ne soient pas suffisants pour le condamner,* UNE CONDAMNATION DEVIENT NÉCESSAIRE *dans ce cas, parce qu'il s'est conduit, pendant le cours du procès, comme un menteur impudent, se disant prince natif, et laissant supposer qu'il appartient à l'auguste famille des Bourbons* (1). »

Le malheureux, par suite de cette inique condamnation, fut transféré dans la maison de correction d'Altstadt-Brandebourg.

Tandis que s'accomplissait cette infamie, d'importants évènements se passaient en France : Louis XVIII allait rendre ses comptes à Dieu, et Monsieur, comte d'Artois, continuant l'œuvre d'usurpation, montait sur le trône sous le nom de Charles X. Ce prince, lui aussi, connaissait l'existence de son neveu et passait outre, non,

____

1. Ce nom même n'avait jamais été prononcé par l'accusé, au cours des débats. (*Survivance*, p. 180-181).

toutefois, sans avoir chancelé un moment devant cette redoutable détermination.

Une lettre de M. de Brémond, adressée au duc de Normandie, l'atteste formellement dans les termes suivants :

« En 1820, je fus informé de bonne source que Louis XVIII avait dans son cabinet une cassette anglaise à double fond, et dans laquelle étaient renfermés : 1° sa propre histoire écrite de sa main : 2° celle de ses relations avec Martin, ainsi qu'une note sur Louis XVII, telle que M. Decazes l'avait trouvée dans les papiers de Robespierre saisis chez Courtois, et le devoir qu'il imposait à son frère de le rétablir sur le trône.

« A cette époque, j'avais rédigé un Mémoire en votre faveur pour Monsieur. Je fus détourné de le présenter, parce qu'il n'était pas appuyé de preuves suffisantes, et que dans tous les cas j'échouerais en me perdant. J'eus recours au moyen de la cassette. On demandait une somme considérable pour l'enlever et me la confier pendant vingt-quatre heures. Je sollicitai une audience de Monsieur ; et je lui exposai si heureusement le danger de sa position, et les besoins qu'il avait de connaître les plans de son frère, pour les déjouer s'ils étaient contraires à ses intérêts, qu'il accepta ma proposition en m'imposant le devoir de consulter M. le président Séguier, sans l'approbation duquel il ne se permettrait pas un tel acte. Je réclamai un second pour cette conférence, et le fils du comte d'Escar fut nommé. Nous nous rendîmes chez M. Séguier. J'exposais les graves motifs qui exigeaient le déplacement de la cassette, pendant vingt-quatre heures, pour connaître les plans du maître, et prendre des mesures en conséquence en faveur de Monsieur.

M. Séguier approuva les motifs, mais désapprouva les moyens, se fondant surtout sur ce que, si Monsieur se permettait un tel acte, il ne pourrait, lorsqu'il serait roi, se plaindre si l'on violait le secret de son cabinet. Cela était juste, et l'affaire manqua. Mais à mon voyage de 1824, Monsieur me donna un travail à suivre avec M. Franchet, directeur de la police. J'en profitai, et je lui racontai l'histoire de la cassette de 1820. Je le priai de vérifier dans la journée si elle existait toujours dans le cabinet, et alors de prendre les mesures nécessaires pour que personne ne puisse s'en emparer. Le lendemain, M. Franchet m'assura que la cassette que je lui avait désignée existait et qu'il avait pris les mesures convenables. Le jour de la mort de Louis XVIII, il m'assura l'avoir portée au nouveau roi.

« Mais, d'après d'autres récits, la cassette aurait été remise à M. de Villèle, qui fit appeler M. de Peyronnet, pour faire avec lui la lecture des papiers, et vu leur gravité, ils appelèrent le cardinal de Latil (1) en lui déclarant que, dans leur opinion, Monsieur devait proclamer Louis XVII. Le cardinal, au contraire, les subjugua, en exposant que Louis XVII était un personnage inconnu, que sa mort était légalement constatée, que les pièces qui existaient dans la cassette n'étaient qu'une misérable invention de Louis XVIII pour compromettre son frère et la France, que Charles X était bien reconnu pour le nouveau roi légitime comme frère de Louis XVI et de Louis XVIII ; qu'en conséquence il les requérait de le faire proclamer dans l'instant, en laissant au nouveau roi le soin de juger cette affaire ; et cela fut fait ainsi (2). »

1. M. Brémond donne à Mgr de Latil un titre qu'il ne posséda qu'un peu plus tard.
2. Voir l'Appendice, n° II.

Ce fut seulement en 1828 que le prétendu Nauendorff sortait de sa prison d'Altstadt, sur un ordre de S. M. le roi de Prusse, qui l'exilait à Crossen, en Silésie (1). Dans cette nouvelle rési-

1. Le major baron de Seckendorff, qui commandait la maison d'Altstadt-Brandebourg, devait avoir une opinion bien favorable de son prisonnier, car il lui envoya le certificat ci-contre :

« Je, soussigné, atteste et certifie à tous ceux qu'il appartiendra que, pendant la durée de mes fonctions d'inspecteur-général de la maison de correction sise à Altstadt-Brandebourg, j'ai fait la connaissance d'un détenu nommé Nauendorff, ci-devant horloger à Brandebourg, lequel, je puis l'assurer en mon âme et conscience, se distinguait par une très bonne conduite;...

« *Que, pour ma part, je me suis convaincu, après les épreuves et les observations les plus minutieuses, que le nommé Nauendorff est un homme très honorable, moral, dans tout le sens du mot, un honnête homme.*

« *Crossen*, 23 avril 1836.

Signé : Baron de SECKENDORFF. »

Par un autre écrit, ce gentilhomme déclare positivement « *qu'il a regardé la condamnation de Brandebourg comme une* ERREUR *de la justice.* »
Dans une lettre qu'il écrivit au prince à la même époque, il lui disait :
« ... J'espère que vous comprendrez le motif qui m'empêche d'accorder actuellement à ma plume la liberté de tracer *votre rang et vos titres;* bientôt, j'espère, *on reconnaîtra leur légitimité;* mon cœur alors en sera rempli de joie...
« Pendant que les bruits les plus inquiétants se répandaient à Paris sur votre situation,... je chargeai mon fils, qui était alors secrétaire de poste, et séjournait souvent

dence, le libéré était placé sous la surveillance de M. Pezold, syndic et commissaire royal de la justice, auquel on le signalait comme un *homme très dangereux.*

Bientôt, cependant, l'intimité s'établit entre le magistrat, commissaire royal de la justice et « l'homme très dangereux » placé sous sa surveillance : le prince montre à M. Pezold ses papiers confidentiels, lui remet *la lettre que le duc de Berry lui avait adressée, ainsi qu'une autre écrite en 1803 par Louis XVIII, alors connu sous le nom de comte de Lille, au duc d'Enghien,* qui l'avait informé de l'existence du fils de Louis XVI ; le prince, en un mot, se découvre entièrement à son gardien, se confiant à son honneur, à son intégrité, sans lui laisser rien ignorer des cruels incidents de son séjour en Prusse.

Peu après, M. Pezold ayant acquis une conviction irrésistible de l'identité du prince, se constitue publiquement, officiellement son avocat, son protecteur, son vengeur. Ses premiers actes

des semaines entières à l'ambassade de Prusse, à Paris, de tâcher d'employer tous les moyens possibles de vous entretenir de vive voix, et vous offrir ses services ainsi que les miens...

« *Mon fils s'adressa alors à l'ambassadeur de Prusse lui-même ; celui-ci lui montra un long écrit de vous et ajouta qu'il n'y pouvait rien faire,* et qu'il n'avait plus entendu parler de vous. *Mon fils fut plus tard averti qu'on ne pouvait vous appliquer aucune peine à cause de vos droits positifs...* »

en 1829 sont une lettre au roi de Prusse, une à
Charles X, le prévenant qu'il « dénoncerait par la
voie de la presse française toutes les particularités parvenues à sa connaissance touchant cette
importante affaire... » — Il écrit en même temps
à la duchesse d'Angoulême (1). Le silence dédaigneux ou calculé qu'on lui oppose, ne le rebute
pas. En 1830, il sollicite au nom du prince, avec
une opiniâtre persévérance, la revision des actes
de la procédure de Brandebourg, la déclarant
infâme, et s'engageant à prouver la fourberie du
juge d'instruction. — Publiquement, il se trans-
porte aux diverses ambassades accréditées auprès
de la cour de Berlin et remet à chacune d'elles,
les notes explicatives du prince et sa protestation
contre toutes les illégalités dont il a été victime
depuis sa prison du Temple jusqu'à la prison
prussienne dont il ne fait que sortir. Il saisit
également de l'affaire des journaux allemands

1. La réponse ci-après qu'il reçut enfin détrompa péniblement M. Pezold sur l'opinion qu'il s'était faite du caractère de la fille de Louis XVI :

« J'ai reçu, Monsieur, la lettre que vous m'avez adressée pour Mme la Dauphine ; *je l'ai remise à son Altesse
royale*, qui m'a chargée de vous mander *qu'elle ne voulait nullement se mêler de l'affaire dont vous désirez l'entretenir ;* je m'empresse de vous en instruire, Monsieur, et
j'ai l'honneur d'être votre très humble et très obéissante
servante,

« La duchesse de DAMAS.

« Ce 16 juin 1829. »

16

dont certains journaux français se font l'écho (1).

Le 18 juillet 1831, M. Pezold, avec une indomptable énergie, inaugure la série de ses actes officiels par une lettre à S. E. le ministre de la Justice à Berlin, qu'il termine ainsi :

« En raison du devoir qui m'est imposé comme fonctionnaire public et de *la nécessité absolue de ne m'arrêter à aucune considération contraire* à l'innocence de celui que je suis chargé de défendre, j'ose espérer, etc...

1. On lit dans *le Constitutionnel* du 27 août 1831, n° 239 :

« *La Gazette de Leipzig* publie dans ses annonces l'avis suivant, qui ne laisse pas d'être curieux :

« A Crossen, à peu de distance de Francfort-sur-l'Oder, réside, *sous un nom supposé*, le fils du roi Louis XVI, Louis-Charles, duc de Normandie et, après la mort de son frère aîné, Dauphin de France.

« Pour bien asseoir l'opinion sur son compte, il écrit l'histoire de sa vie, de ses souffrances ; forcé de la faire imprimer, il cherche un éditeur pour les conditions.

« On pourra s'adresser, franc de port, à son mandataire spécial, le commissaire de la justice Pezold, à Crossen. »

L'Universel, qui se publiait à Carlsruhe en langue française, inséra l'annonce dans sa feuille. On lut alors dans *le Correspondant impartial* de Hambourg que l'horloger de Crossen, qui se disait le fils de Louis XVI, *était le fils d'un chaudronnier*.

« Le rédacteur en chef de ce journal, raconte Nauendorff, fut sommé de faire connaître le nom du chaudronnier qu'il me donnait pour père, et de publier une protestation qui lui fut adressée. Il répondit « qu'il ne pouvait faire droit à « ma réclamation, que le *chargé d'affaires du gouverne-* « *ment français s'y était formellement* opposé. »

Les actes officiels suivants parleront plus haut en faveur de la légitimité des droits réclamés par l'horloger de Crossen, que toutes les plus éloquentes dissertations.

Le 22 juillet, il écrit en sa même qualité au
ministre de l'intérieur à Berlin ; il l'informa qu'il
a signalé cette grave situation aux cours de
Russie, de Suède, de Bavière, de Saxe, de Dane-
mark. Mais les avenues sont bien gardées et le
silence est la réponse. L'ambassade autrichienne
à laquelle il s'adresse retourne la note en répon-
dant que l'ambassade *ne peut pas s'occuper de
cette affaire*. Le chargé d'affaires des Pays-Bas
en use de même avec ces mots : *que ce sont des
bêtises déjà connues de lui*.

Toutefois, M. Pezold adresse, le 24 septembre,
à S. M. le roi de Prusse, une supplique en revision du procès de Louis XVII à Brandebourg, et
le gouvernement prussien, ainsi mis en demeure
par un personnage officiel, bien au courant des
lois et en réclamant l'application, se voit enfin
forcé, d'ordre du roi, de communiquer à M. Pezold
les actes de la procédure criminelle poursuivie
contre le prince.

Mais, en même temps, tout est mis en œuvre
pour intimider Pezold (1) et pour l'obliger à renon-

1. Dans cette entrevue, le prince de Carolath va jusqu'à
laisser échapper ces paroles : « Vous êtes magistrat, n'est-
ce pas ? Eh bien ! comme tel, vous ne devez pas vous mêler
de cette affaire. » — « Prince, répondit M. Pezold, puisque
vous incriminez ma conduite, plus spécialement parce que
je suis magistrat, c'est comme magistrat que j'aurai l'honneur
de vous dire que mon client n'est autre que le fils de l'infortuné Louis XVI. Je suis sur le point de provoquer une
enquête sur sa naissance royale, les noms et les titres qu'il

cer à ses courageux projets. Le prince de Carolath et le baron de Senden se chargent de cette
laide besogne et l'héroïque défenseur ne faiblis-
sant pas, l'entretien se termine sur ces paroles :
« *C'est ce que nous saurons bien empêcher,
soyez-en sûr.* »

Huit jours après, elles avaient un sinistre épilogue et Pezold mourait empoisonné (2) !

« Si Pezold, syndic et commissaire royal de
la justice, dit M. Daymonaz, avait été *un fou*, un
maniaque, on lui aurait enlevé ses fonctions;
imposteur, il aurait été poursuivi, condamné,
destitué; il n'était qu'*honnête homme* et justifiait
d'une façon éclatante son titre et sa qualité de

prétend lui appartenir. Si, par le résultat de cette enquête,
il était prouvé qu'il n'est qu'un imposteur, je serais le premier à invoquer contre lui la plus grande sévérité de nos
lois; mais aussi, dans le cas contraire, il est de mon devoir, comme honnête homme et comme magistrat intègre,
de faire usage en sa faveur *de tous les documents qu'il
m'a remis, et de toutes les preuves que je possède sur la
légitimité de ses plaintes...*

— « *Je rappellerai à M. Pezold*, fit observer M. de Senden en l'interrompant vivement, *qu'il y a en Prusse des
forteresses où l'on enferme les personnes qui s'obstinent à
se mêler des affaires qui ne les regardent pas.*

— « Ce que vous dites n'est que trop vrai, Monsieur le
baron, répartit Pezold, mais *je sais aussi que servir un roi
malheureux et proscrit, c'est servir noblement sa patrie !*
Je sais encore qu'à Sa Majesté seule appartient le droit de
désigner ceux à qui sont destinées les forteresses dont
vous parlez, et je vous déclare qu'avant huit jours je sol-
liciterai l'honneur d'une audience de Sa Majesté, pour

commissaire royal de la justice... Que fait-on? on l'empoisonne, et la justice prussienne se déclare satisfaite, en mettant les scellés sur tous ses papiers. M. Lauriscus, successeur provisoire de Pezold, ayant promis de continuer la suite des réclamations du prince, *meurt subitement* quatre semaines plus tard : immédiatement *tous les papiers de Pezold sont saisis y compris ceux que le prince lui avait confiés, et* DONT IL NE PUT OBTENIR LA RESTITUTION après le décès de ses deux amis ».

La plume se refuse parfois à enregistrer cette longue série de crimes impunis, commandés par cette raison d'État qui laisse partout derrière elle des traces sinistres. La béate correction des rela-

l'instruire de l'affaire qui, selon vous, ne me regarde pas.

— « *C'est ce que nous saurons bien empêcher, soyez-en sûr* », telles furent les paroles menaçantes qui terminèrent l'entretien.

L'exécution suivit de près la menace et le duc de Normandie, dans le *Récit des infortunes*, relate les derniers moments de son fidèle défenseur.

M. de Laprade, dans le voyage qu'il fit en Prusse, reçut du frère de Pezold la confirmation de l'empoisonnement. M. Gobel, professeur, et l'un des hommes les plus recommandables de Crossen, dit à M. de Laprade : « *Il serait à présumer que sa vie lui a été ôtée; la cause en doit être cherchée dans sa protection de M. Nauendorff.* »

Le frère de l'infortuné Pezold, raconte M. de Laprade, était tellement craintif, qu'il me conjurait de ne pas partir pour Berlin, de quitter la Prusse sans me faire connaître. « Si l'on savait, me disait-il, que vous êtes un ami de « M. Nauendorff, vous auriez le sort de mon frère... »

16.

tions officielles les repousse le plus souvent, mais que faire pourtant lorsque ces infamies sont avérées, lorsque tous ces faits monstrueux s'enchaînent sûrement et qu'ils concourent, avec une implacable logique, à l'œuvre d'iniquité poursuivie depuis bientôt un siècle !...

Il ne reste qu'à les enregistrer, la honte au front, et à plaindre sincèrement les malheureux aveuglés qui vont répétant partout, sans avoir rien lu, rien examiné : « Comment ! vous donnez dans le Nauendorfisme ! Mais c'est une question vidée, jugée depuis longtemps... Ce Nauendorff était un juif polonais, bien connu... Ces gens-là n'ont jamais pu apporter un seul témoignage sérieux !... Ce sont des racontars de vieilles femmes, bons tout au plus à semer la division dans le parti royaliste !... Pouah ! ne vous mêlez donc pas de cela... Comment se fait-il d'ailleurs que l'on n'ait jamais entendu parler de tout cela avant 1840 ? avant que cet imposteur ait pu étudier son rôle dans des livres ?... »

Voici, ami lecteur, à quoi se résument les arguments contre la vérité, et Victorien Sardou y répond spirituellement en contant l'histoire de ce voyageur auquel on montrait le Château des Papes à Avignon, et qui s'écriait :

« Les Papes à Avignon ! La bonne blague !... S'ils y étaient venus, ça se saurait !!.. »

En regard placez les documents que nous mettons sous vos yeux et, s'ils ne vous suffisent pas, — car nous sommes forcés de couper, de retrancher, pour rester dans les limites de notre cadre restreint, — remontez aux sources citées, parcourez les réfutations depuis longtemps opposées aux dénégations intéressées, réfléchissez à la lumière que cette affirmation d'un droit criminellement nié jette sur l'histoire, et comparez !...

CHAPITRE VII

Le prince avait été vivement affecté de la perte de son généreux défenseur, en même temps que l'enlèvement des papiers qu'il lui avait confiés lui portait un coup funeste. Le sacrifice que Pezold avait fait de sa vie ne devait cependant pas être stérile, car ses efforts avaient attiré l'attention en France et la correspondance qu'il avait entamée avec M. Thor de la Sonde et M. Albouys (1) devait bientôt servir à faciliter la recon-

1. Aux premières demandes de renseignements reçues de M. Albouys, Pezold lui avait répondu en l'adressant à M. Thor de la Sonde, 26, rue des Mathurins, à Paris, — le même qui, possédant le *cachet de l'évasion*, avait, par les explications fournies à ce sujet par le prétendu Nauendorff, reconnu son identité avec Louis XVII — et lui avait fait part de ses convictions bien arrêtées, à la suite des communications reçues de son côté.

naissance du duc de Normandie par les anciens serviteurs de sa famille.

Ce moment approchait, car un avis secret, reçu de Berlin, annonçait au prince « que Sa Majesté le roi de Prusse, par le conseil de ses ministres, avait donné l'ordre de le faire arrêter, et de le déposer dans une forteresse, qu'il n'avait que le temps de se sauver ». Dès le lendemain, il s'était muni d'un passeport pour Berlin (1), sous le nom de *Charles-Louis, natif de Versailles*, et il parvint à gagner secrètement Dresde. Il était temps, car trois jours après, le bourgmestre de Crossen, venu pour l'arrêter, faisait subir un long interrogatoire à sa femme.

Aussitôt à Dresde, le prince sollicita une audience du roi de Saxe, mais, à cette demande, il fut répondu par l'ordre de quitter le territoire saxon, sous prétexte que son passeport n'était pas régulier et n'était valable que pour l'intérieur de la Prusse. Il réussit néanmoins à le faire viser pour la France et il poursuivait sa route, lorsque, parvenu à la frontière de Bavière, l'inspecteur chargé de la vérification des passeports, en lui rendant le sien, lui dit : « *La nuit dernière, de grands seigneurs sont aussi passés par ici, ils se sont informés si vous aviez déjà franchi la frontière.* »

1. Le demander pour l'étranger ne se pouvait, car il eût fallu le réclamer à Berlin.

Renseignements pris, c'était l'*ambassadeur de France et son secrétaire M. de Belleval ;* il y avait là matière à réflexion et rappel à la prudence.

Cependant, pour l'exilé, les mêmes périls ne le menaçaient plus sur le sol français : ses proches, balayés par une révolution nouvelle, avaient repris, eux aussi, le chemin de l'exil. Martin, dès 1826, avait annoncé qu'un châtiment prochain menaçait les princes usurpateurs et dès 1830, malgré l'auréole d'Alger, les pavés de leur capitale s'étaient soulevés contre eux.

A Rambouillet, Charles X s'était souvenu de l'avertissement, et le roi, dont la couronne ne tenait plus sur la tête, avait fait appel au paysan retombé dans l'obscurité qu'il aimait. Le général de Larochejaquelin, accompagné d'un seul aide-de-camp, fut envoyé auprès de lui, mais il rapporta comme réponse ce peu de mots foudroyants dans leur laconisme :

« *Le roi sait bien que la couronne qu'il porte ne lui appartient pas, qu'il n'essaie donc pas de la défendre ; car tout le sang qu'il ferait répandre pour cette cause retomberait sur lui. Le roi n'a qu'à partir pour l'exil où il mourra.* »

Le vieux roi courba silencieusement le front, et il s'en alla mourir en exil. Après lui, les caveaux de Goritz s'ouvrirent trois fois encore pour se refermer sur la sœur du prince spolié et sur deux nouvelles générations de rois condamnés : Louis XIX, d'abord (1), puis Marie-Thérèse (2), enfin Henri V, l'enfant du miracle.

Quant au *mort-vivant*, il réussit à franchir la frontière et à gagner péniblement Nantes où il espérait se mettre en rapport avec Mme la duchesse de Berry, mais, redoutant d'être arrêté, n'ayant pu la voir, il réussit à traverser une seconde fois sans encombre la France et à ga-

1. On oublie beaucoup trop l'absence de détachement des grandeurs de ce monde qui caractérisait la sœur de Louis XVII. Un fait le prouve, il se produisit à la mort de Charles X. M. le Dauphin, arguant de ce que son abdication de 1830 était subordonnée à la reconnaissance du duc de Bordeaux comme roi de France, retira sa parole et assuma le nom de Louis XIX. Personne n'accusera ce prince d'un esprit d'initiative exagéré et il n'eut certes pas agi à cet égard à l'encontre des vues de Mme la Dauphine.

2. Dans un élan bien tardif et, hélas! fort incomplet, Mme la duchesse d'Angoulême, sur le point de paraître devant Dieu, a songé à son frère dont elle ignorait le sort; elle en a fait l'aveu au général Auguste de Larochejaquelin en le suppliant de rechercher ce frère si indignement renié.

La lettre adressée par le fils de Martin au comte de la Barre, se trouve plus loin à l'Appendice n° VII. Le docteur Martin, vieillard vénéré de tous ceux qui l'approchent, vit encore, véritable providence des nombreux malheureux qu'il soigne gratuitement.

Maintes fois, il nous a raconté les incidents auxquels cette lettre fait allusion, parlé de la première entrevue de son père avec le duc de Normandie, à laquelle il était présent et donné aussi des détails du plus haut intérêt sur la mort étrange de son père; malheureusement pour nos lecteurs, il se réserve de publier lui-même ce récit, lorsqu'il jugera le moment venu.

gner la Suisse. Tandis qu'il attendait à Genève une réponse à la lettre qu'il avait envoyée à la veuve de son cousin, il fut sommé par M. Cramer, chef du gouvernement de ce canton, d'avoir à sortir du territoire dans les vingt-quatre heures.

Il partit aussitôt pour Berne où il pria M. le comte de Bombelles, ambassadeur d'Autriche, de transmettre à Vienne une lettre qu'il adressait à Mme la duchesse d'Angoulême. M. de Bombelles, non seulement se chargea de cette commission, mais intervint auprès des autorités suisses lorsque, quelques jours après, elles avaient fait arrêter le prince. Grâce à lui, ce dernier ne demeura que six heures détenu, mais, reconnaissant que le séjour de la Suisse ne le garantissait pas de la persécution, il résolut de retourner en France où, il l'espérait du moins, la lutte pourrait enfin s'engager au grand jour.

C'est au mois de mai 1833 qu'il entra dans Paris et qu'il alla visiter les alentours de cette tour du Temple, de ces châteaux de Versailles et des Tuileries, qui rappelaient à l'exilé tant de souvenirs. Seul, alors, et sans ressources, il errait dans la grande ville, ignoré de tous et cherchant à retrouver quelque personne ayant été attachée à la personne de ses royaux parents.

Il avait écrit à M. Albouys, l'avocat de Cahors, avec lequel M. Pezold avait été en correspondance, et peu après, Mme Albouys arrivait à Paris, accompagnée de son mari et, arrachant le prince à la navrante misère dans laquelle il était plongé, l'installa chez elle.

Bientôt venait accidentellement à Paris, M. Ferdinand Geoffroy, ancien secrétaire de la maison des pages de Charles X, alors gardien des archives de la préfecture des Deux-Sèvres, et résidant à Niort. Il fut le promoteur et le témoin de la première entrevue du prince avec Mme de Rambaud qui, n'ayant pas quitté l'enfant royal depuis le jour de sa naissance jusqu'à celui de son emprisonnement (1), était, mieux que personne, à même de démasquer le plus habile intrigant. M. Geoffroy a fait le récit de cette imposante entrevue, dans une lettre écrite à M. Jules Favre, le 2 juin 1851 ; en voici les principaux passages :

« Le jour de mon arrivée à Paris (8 août), je rencontrai au carrefour Bucy un de mes amis, M. Bricon, alors libraire : « Vous à Paris, me dit-il ; eh bien ! je vais vous apprendre une nouvelle. Vous m'avez parlé plusieurs fois de vos motifs de croire à l'existence du fils de Louis XVI ; il est ici ! ou du moins il y en a un... Tenez, je ne plaisante pas ; vous voyez cet entresol dont les persiennes sont baissées ; il doit être là, en ce moment. C'est un M. Albouys, ancien magistrat, homme très honorable, qui m'a fait

---

1. Mme de Rambaud (*Mémoires de Cléry*) n'échappa qu'à grand'peine au massacre des Tuileries (10 août) et ce fut Cléry qui aida cette dame à rejoindre ses parents à Versailles.

connaître le personnage... *J'ai lu des lettres d'Allemagne* vraiment très curieuses, et M. Albouys me presse de faire imprimer son Mémoire. Mais il faudrait, pour ajouter aux preuves, la reconnaissance de quelques anciens serviteurs ; n'en connaissez-vous point, vous, qui étiez dans la maison de Charles X ? Venez chez moi ce soir. M. Albouys s'y trouvera, et vous en causerez. »

« Je fus exact au rendez-vous. On me communiqua, en effet, *des lettres fort importantes d'un M. Pezold*, notaire et commissaire de justice à Crossen, en Prusse, dont la mort subite avait donné lieu à bien des conjectures ; mais qui avait eu le temps de léguer ses renseignements et sa conviction au magistrat français que je voyais devant moi. J'acceptai d'aller le soir même rue de Bucy, et je vis M. Charles (c'est ainsi qu'on le nommait) : son accent était étranger, le mot manquait parfois, mais l'élévation des sentiments se faisait jour. Le maintien était noble, et *les traits frappants de ressemblance* avec ceux qu'on cherchait.

« Rentré à ma chambre, j'avais besoin de repos à la fin d'une telle journée, et le sommeil me fuyait presque. Ai-je rêvé ? me disais-je. Cette main qui a pressé la mienne, quelle est-elle ? d'où vient mon émotion ? — Je ne l'ai point cherché, et je n'y pensais pas !

« Cinq jours s'écoulèrent après l'étonnante rencontre, et je ne m'occupai que du but de mon voyage. Mais le 14 au soir; je fus à Versailles m'acquitter d'une commission près de Mme de Saint-Hilaire, dame fort distinguée, autrefois de la maison de Madame Victoire, tante de Louis XVI, attachée ensuite à l'impératrice Joséphine. — Cette dame écouta avec étonnement et beaucoup d'intérêt ce que je lui dis de l'horloger prussien, et de son unique appui, M. Albouys.

« M. Marco de Saint-Hilaire, son mari, ancien huissier de la chambre du roi Louis XVI, m'entendit aussi et fut extrêmement surpris.

« — Vous aller passer la fête avec nous, Monsieur Geoffroy, me dit Mme de Saint-Hilaire, avec sa grâce accoutumée : c'est un beau jour pour réfléchir à une chose aussi grave.

« Le lendemain, 15 août, en sortant de l'église, Mme de Saint-Hilaire me dit :

« — Il m'est venu une pensée que je crois bonne : je connais à Paris Mme de Rambaud, ancienne femme de chambre, attachée au berceau du Dauphin ; je la connais assez pour lui écrire ; à peine si elle croit à l'existence du prince ; mais vous serez porteur du billet, mon cher monsieur Geoffroy, et sur un mot de moi, elle n'hésitera pas à aller où vous la conduirez. *Si c'est lui !* la Providence viendra à notre secours et fera jaillir la lumière de cette entrevue, sinon, cela aidera à rompre l'intrigue, et à débarrasser ce bon M. de Cahors. »

« Je ne nommai point à M. Albouys la personne que j'allais accompagner chez lui. Je m'assurai seulement d'une heure.

« Ce fut donc le 17 août, à huit heures du matin, que je me présentai chez Mme de Rambaud, qui habitait alors le quartier Bonne-Nouvelle — Très surprise, à la lecture du billet de Mme de Saint-Hilaire, elle se remit bientôt, et écouta avec attention le court exposé que j'eus l'honneur de lui faire.

« — Eh bien ! Monsieur, nous allons prendre une voiture... mais je pense à une chose : j'ai quelque part un petit habit que le prince a porté à cinq ou six ans. » Mme de Rambaud le retrouva. Elle eut aussi l'idée de décrocher un cadre représentant Marie-Antoinette, en buste, vêtue de deuil... et nous voilà partis.

« Arrivés à la maison, rue de Bucy, nous montâmes dans un salon du premier, au dessus de l'entresol que j'ai cité. Quelques minutes après, M. Charles y entra. — Mme de Rambaud était seule sur une causeuse : elle se lève et se rassied sans émotion apparente, malgré les traits de ressemblance et la pose du personnage qui était devant elle. *Elle ne lui dit pas son nom*, mais seulement qu'elle était attachée fort jeune à la Reine et au berceau du Dauphin. — « Fort jeune... *vous seriez* Mme de Rambaud ? Ah !... je suis bien heureux ! » — Ce nom deviné prouvait peu, car il est facile de graver dans sa mémoire tout un personnel.

« Alors Mme de Rambaud, toujours avec une réserve mêlée de doute et de curiosité, lui adressa plusieurs questions sur Mme de Tourzel, ses petits mots d'amitié, et les habitudes d'intérieur ; sur M. l'abbé Davaux, le précepteur. A tout, ses réponses satisfaisaient complètement, ou bien il avouait le souvenir perdu ; rien à demi, ni hasardé. Au sujet de l'abbé Davaux, *il se rappela parfaitement* avoir marché sur son petit manteau, par espièglerie, ce qui causa sa chute dans un escalier.

« Il regarde fixement le tableau de la Reine, qu'il reçoit des mains de Mme de Rambaud ; des pleurs le gagnent ; il veut me remettre le cadre pour atteindre son foulard ; il l'avait laissé à l'entresol ; je sors vivement et, comme je le lui remettais : « Mon ami, dit-il, en pressant ma main, il me semble que vous m'avez amené une mère !.. » La conversation reprit ; Mme de Rambaud observait encore et gardait ses impressions ; elle lui dit : « J'avais conservé un petit vêtement pour me rappeler mon cher prince, puisqu'on ne voulait m'admettre au Temple avec Mme de Tourzel ; peut-être vous souviendrez-vous de l'avoir mis, et dans quelle circonstance, *aux Tuileries* ? » — Dès que cet habit bleu de ciel fut déployé sous ses yeux, le prince élevant la voix : « Oh ! je le reconnais bien ; *ce n'était pas aux Tuileries, mais à Versailles pour une fête... et je ne l'ai plus porté, je crois, depuis la fête, car il me gênait* (1).

« A ce moment, Mme de Rambaud cède à son émotion, elle se rapproche vivement et pose un genou devant lui : « *Il n'y a que mon prince, s'écria-t-elle, qui puisse me dire cela !...* » et elle pressait ses mains... Des larmes coulaient de tous les yeux.

« Non, jamais je n'oublierai cette scène si touchante d'un drame si extraordinaire. Mme de Rambaud n'a pas varié depuis dans sa conviction. Les soins qu'elle donna au prince peu de jours après, dans une indisposition qui nécessita une application de sangsues au cou, lui permirent des remarques qu'elle seule pouvait faire, et qui augmentèrent encore la certitude de sa consolante découverte.

Cette reconnaissance de Mme de Rambaud (2) fut bientôt suivie de celle de M. et Mme de Saint-

---

1. Lorsque, quelques années plus tard, Mme de Rambaud fut expulsée de Prague, à la requête de Mme la dauphine, la moitié de cet habit fut envoyé à cette princesse avec cette mention : « Voici la robe de Joseph. » L'autre moitié est conservée à Bréda.

2. Le prince fut toujours très reconnaissant à M. Geoffroy d'en avoir été l'instrument et M. Geoffroy va nous dire comment il en fut récompensé par le gouvernement de juillet :

« En 1837, j'étais archiviste de la préfecture à Niort. Le livre publié à Londres, au sujet de Charles-Louis, fut saisi à Calais, mon nom s'y trouvait : *ordre fut donné de visiter mon domicile et mes papiers, et de me destituer.*

« — J'ai lu vos réponses au juge, me dit M. Léon Thiessé, préfet ; vous n'avez rien à craindre pour votre liberté, *dès qu'il n'y a pas eu complot pour le ramener comme prince,*

Hilaire ; ces trois personnes firent (confirmées en justice, sous la foi du serment) des déclarations qui respirent la conviction la plus absolue basée sur les motifs les plus probants. Voici celle de Mme de Rambaud :

« Dans le cas où je viendrais à mourir avant la reconnaissance du prince, fils de Louis XVI et de Marie-Antoinette, je crois devoir affirmer ici par serment, devant Dieu et devant les hommes, que j'ai retrouvé, le 17 août 1833, Monseigneur le duc de Normandie, auquel j'eus l'honneur d'être attachée depuis le jour de sa naissance, jusqu'au 16 août 1792 ; et, comme il était de mon devoir d'en donner connaissance à S. A. R. Madame la duchesse d'Angoulême,

mais vous portez avec vous la conviction de son identité, *et je suis obligé de vous retirer vos fonctions.*

« — Cela ne me prouvera pas que ce n'est pas lui. — *Je ne vous empêche pas d'en tirer les conséquences ;* j'ai moi-même trouvé vos notes fort remarquables...

« F. Geoffroy, *avocat.* »

On lit dans le *Galignani's Messenger*, du 28 juin 1837 :

« En conséquence d'une commission rogatoire, envoyée par le ministère au parquet de Niort, le procureur du roi a fait une visite domiciliaire chez M. Geoffroy, gardien des archives de la préfecture des Deux-Sèvres, autrefois attaché à la maison de Charles X. On a saisi quelques papiers relatifs aux prétentions du duc de Normandie, dont cet individu était un des agents les plus actifs. En vertu du même ordre, une visite qui a eu lieu dans le domicile de M. J.-B. Laprade, ex-aumônier des Dames de la Foi, n'a produit aucun résultat, cet ecclésiastique ayant quitté la ville depuis quelque temps. Par une décision du préfet, datée du 27 de ce mois, M. Geoffroy a été renvoyé de sa place. »

je lui écrivis dans le courant de la même année....

« Les remarques que j'avais faites dans son enfance sur sa personne (du Prince), ne pouvaient me laisser aucun doute sur son identité partout où je l'eusse retrouvé.

« Le prince avait dans son enfance le col court et ridé d'une manière extraordinaire. J'avais toujours dit que si jamais je le retrouvais ce serait un indice irrécusable pour moi. D'après son embonpoint, son col, ayant pris une forte dimension, est resté tel qu'il était, aussi flexible.

« Sa tête était forte, son front large et découvert, ses yeux bleus, ses sourcils arqués, ses cheveux d'un blond cendré, bouclant naturellement. Il avait la même bouche que la reine, et portait une petite *fossette* au menton. Sa poitrine était élevée; *j'y ai reconnu plusieurs signes alors très peu saillants, et un particulièrement au sein droit.* La taille d'alors était très cambrée et sa démarche remarquable.

« C'est enfin identiquement le même personnage que j'ai revu, à l'âge près.

« Le prince fut inoculé au château de Saint-Cloud, à l'âge de deux ans et quatre mois, en présence de la reine, par le docteur Joubertou, inoculateur des Enfants de France ; et de la Faculté, les docteurs Brunier et Loustonneau. L'inoculation eut lieu pendant son sommeil, entre dix et onze heures du soir, pour prévenir une irritation qui aurait pu donner à l'enfant des convulsions, ce qu'on craignait toujours. Témoin de cette inoculation, j'affirme aujourd'hui que ce sont *les mêmes marques* que j'ai retrouvées, auxquelles on donna la forme d'un triangle.

« Enfin, j'avais conservé, comme une chose d'un grand prix pour moi, un habit bleu que le prince n'avait porté qu'une fois. Je le lui présentai en lui disant, pour voir s'il se tromperait, qu'il l'avait porté à Paris. « Non, madame, je ne l'ai porté qu'à Versailles « à telle époque ».

« Nous avons fait ensemble des échanges de souvenirs qui, seuls, auraient été pour moi une preuve irrécusable que le prince actuel est véritablement ce qu'il dit être : l'orphelin du Temple.

« Mme veuve DE RAMBAUD,
« Attachée au service du Dauphin, duc de Normandie
depuis le jour de sa naissance jusqu'au 10 août 1792. »

Voici les passages les plus importants de celle de Mme Marco de Saint-Hilaire :

« J'engageai mon prince à venir me voir, et à prendre ma maison pour asile, jusqu'à ce qu'il eut trouvé mieux ; c'est là, dans les conversations particulières, longues et réitérées souvent, *que le prince m'a rappelé des situations, des circonstances d'intimité entre sa famille seule, et que je savais par le rapport que m'en faisait la princesse.*

« *Le prince m'a rappelé tout l'ameublement de l'appartement de sa mère ; les meubles et leur position ; la structure et la couleur des instruments de musique dont la reine se servait, enfin de ces détails qui n'ont pu être sus ni connus de personne que de ceux qui approchaient intimement la famille royale,* et qui n'ont plus été à même de les revoir elles-mêmes, depuis les 5 et 6 octobre.

M. Marco de Saint-Hilaire écrit à son tour :

« Je soussigné Marco de Saint-Hilaire, âgé de 76 ans, ancien huissier ordinaire de la chambre du roi (Louis XVI), servant près de S. A. R. Madame Victoire de France, déclare et certifie devant Dieu et devant les hommes :

« Qu'au nombre de ses souvenirs d'enfance, le prince m'a répété différentes dispositions et constructions qui existaient dans le parc de Versailles et qui ont été détruites immédiatement après la mort du roi, et dont *les personnes actuellement âgées de 40 ans n'ont jamais eu connaissance.* »

Aussitôt après ces reconnaissances, la nièce de Mme de Rambaud, la baronne de Générès, partit pour Crossen, volant au secours de la malheureuse famille demeurée dans cette ville. C'était la grande, la plus cruelle préoccupation du prince. Jeune encore Mme de Générès avait déjà été tristement éprouvée : son mari et un fils unique étaient morts du choléra. Elle vit des douleurs à consoler ; elle s'offrit généreusement au prince pour aller vivre avec ses enfants et s'occuper de leur éducation.

Comprenant les souffrances, elle adopta celles de la famille royale retrouvée, mit tout en commun avec elle et ne se réserva que les tribulations. Elle était arrivée à Crossen dans les premiers jours de janvier et au mois d'avril suivant elle conduisit la tribu royale à Dresde où elle établit sa résidence.

Pendant que sa famille jouissait dans la capitale de la Saxe de quelques instants de repos, le prince, poursuivant ses tentatives auprès de sa sœur, envoyait à Prague un de ses fidèles, M. Morel de Saint-Didier, bien connu de Mme la duchesse d'Angoulême, avec la mission d'obtenir d'elle qu'elle accordât une entrevue à son frère (1). M. de Saint-Didier, précédé de trois lettres fort importantes adressées à la duchesse, celles de Mme de Rambaud, de M^mo de Saint-Hilaire et de M. Brémond (voir à l'appendice le n° IV), arriva le 10 janvier 1834 à Prague, et fut reçu par Mme la Dauphine le 12 janvier, en présence de M. le marquis de Vibraye.

La princesse, d'abord inébranlable, modifia ensuite son attitude, puis ajouta : « Eh bien ! je

1. Dans une déclaration sous serment, M. de Saint-Didier développe ainsi ses motifs de croyance à l'évasion et à l'identité :

« Le 26 septembre 1797, jour de ma fête, ma mère me donna pour bouquet le secret de l'évasion du Dauphin de la tour du Temple, évasion à laquelle elle contribua d'une manière médiate, dans ses rapports avec le comte de Frotté. Elle m'annonça que l'enfant-roi était hors de toute atteinte, ainsi que les preuves de son identité ; que, parmi ces preuves, il en était une inséparable de sa personne... »

(Ici la description du *Signe du Saint-Esprit*, puis quelques mots sur la mission du comte de la Marck, chargé de porter à la cour de Vienne le procès-verbal de l'évasion.)

« J'arrive en 1833, de longues années après la mort de ma mère. A cette époque, le prince était depuis peu à Paris : j'eus le bonheur de le découvrir. Bientôt il s'établit entre lui et moi des rapports confidentiels. Un jour je lui demandai s'il ne portait pas un signe naturel quelconque, qui serait pour moi une preuve importante d'identité. Il me répondit en souriant : « Il n'est pas encore temps que « je vous réponde à cette question. » Mais au mois de janvier de 1834, lors de ma première mission à Prague auprès de Mme la duchesse d'Angoulême, le prince me dit la veille de mon départ, lorsque je fus prendre congé et re--

consens à revoir cette affaire... Mais cette affaire est *trop grave* pour être examinée légèrement ; elle est *trop importante* pour que je n'aie pas besoin d'y consacrer quelques jours ; il me faut au moins une huitaine. D'ailleurs, je vous préviens qu'il faut absolument que je parle au *roi et à M. le Dauphin*, parce que je ne fais jamais rien sans le leur communiquer et sans leur consentement. »

A une deuxième audience, également en présence de M. de Vibraye, Mme la Dauphine congédia M. de Saint-Didier en lui disant de lui apporter de nouvelles preuves, de nouveaux documents...

M. de Saint-Didier rentra à Paris le 3 février ; une triste nouvelle l'y attendait : le prince venait d'être victime d'une tentative d'assassinat, à laquelle il n'avait échappé que presque miraculeusement, car la lame du poignard s'était arrêtée à quelques lignes du cœur, mais, malgré la gravité de ses blessures, tout faisait présager une

cevoir mes instructions : « Vous m'avez parlé d'un signe « naturel que je porte ; quel est-il ? » Je lui répondis par la confidence que j'avais reçue de ma mère. « Eh bien ! « reprit-il, je veux que vous puissiez déclarer à ma sœur « que vous avez vu ce signe qu'elle connaît très bien elle-« même. » Aussitôt le prince le met sous mes yeux, et je reconnus effectivement la vérité entière des détails que je tenais de ma mère. Toute erreur devenait donc impossible ; cette preuve en vaut mille...

« MOREL DE SAINT-DIDIER. »

prompte guérison. Elle eut lieu, en effet, au bout de quelques jours.

Voici en quels termes le vicomte Sosthènes de La Rochefoucauld, qui, très avant dans la confiance de la famille royale et habitant Paris (1), avait été chargé par Mme la Dauphine de contrôler les affirmations de l'homme qui se prétendait Louis XVII, rend compte de cette tentative d'assassinat que l'on avait été jusqu'à nier.

1. A la dernière manifestation des BLANCS *d'Espagne* à Sainte-Anne d'Auray (29 septembre 1890), M. le prince de Valori a pris la parole comme *représentant du roy*, don Carlos d'Espagne et de France.

De ce discours, fort substantiel, car il y est question alternativement du combat des Trente et d'horlogerie, de Jeanne d'Arc et de Napoléon Ier, du Tzar et de Geneviève de Brabant, de la bataille de Tolbiac et du jugement du tribunal de Faenza, du comte de Paris et du *Champ des Martyrs*, nous retenons le détail suivant :

« ... On ne peut s'étonner, dit l'orateur, si quelqu'un s'imagine être le duc de Normandie et même Nabuchodonozor. Il reste acquis que des hommes sérieux ont cru à un duc de Normandie. Un grand seigneur, *le père du chef respecté de la droite orléaniste*, un homme qu'on ne pouvait accuser de mauvaise foi ou d'ambition, y croyait tellement, m'a-t-on assuré, qu'il se rendit auprès du comte de Chambord *pour lui confesser sa conviction*. Vous dire, Messieurs, que Henri V trouva la confidence aimable, n'est pas mon intention. Je suppose que le comte de Paris ne la trouverait pas non plus de son goût (a). »

Cette révélation présente un certain intérêt et il est difficile d'en récuser l'authenticité, car le représentant du roi en France est fort bien renseigné assurément, et trop avisé pour parler à la légère devant un public aussi nombreux

(a) *Journal de Paris*, numéro du 5 octobre 1890.

Cette lettre, datée du 29 janvier 1834, est extraite des *Mémoires* publiés par le vicomte :

« Une circonstance importante a précédé de quelques jours le retour de M. de... Je ne la juge point, bien qu'elle soit grave ; je me borne à la raconter :

« On vint me prévenir, le 29 janvier, en toute hâte, que *le personnage* avait été atteint, la veille, à huit heures du soir, de plusieurs coups de poignard, dont un paraissait assez profond, mais qu'on ne le croyait pas en danger. Je m'y rendis le lendemain, et j'examinai le tout avec le plus grand soin ; je voulus voir, et je vis la plaie et tous les habits percés de plusieurs coups ; tous les linges baignés de sang. *La blessure est à quelques lignes du cœur* ; au-dessous se trouve une contusion fort douloureuse, causée par la pression violente d'une médaille d'argent, percée de part en

et aussi choisi que celui qui l'écoutait le 29 septembre. Il est donc désormais avéré que le vicomte Sosthène de La Rochefoucauld, plus tard duc de Doudeauville et auteur des *Mémoires* que nous avons cités, « père du chef respecté de la droite orléaniste », c'est-à-dire de M. de La Rochefoucauld-Bisaccia, aujourd'hui duc de Doudeauville, a témoigné de sa croyance en l'identité royale du « *personnage* » dénommé Nauendorff, et ce en haut lieu. Ceci est d'autant plus important que M. le vicomte Sosthène de La Rochefoucauld fut spécialement chargé par Mme la Dauphine de se renseigner sur l'identité du prétendu Nauendorff. D'abord fort ardent en faveur de l'homme qu'il avait mission d'examiner, peu à peu refroidi par l'accueil fait à ses communications sincères, on est heureux de constater que, fidèle aux devoirs que lui imposait sa conscience, il n'a pas voulu descendre dans la tombe sans faire à Henri V une communication peu *aimable*, ainsi que s'exprime M. de Valori, car elle équivalait à dire à ce prince que lui aussi faisait acte d'usurpation en se proclamant détenteur du droit légitime.

part, et qui semble avoir paré un coup *qui eût été sans rémission...*

« Comprenant cependant la nécessité de constater tous les faits, j'ai envoyé un homme de l'art habile et discret ; il ignore entièrement quel est le blessé. Les procès-verbaux ont été dressés avec la plus scrupuleuse exactitude ; une saignée faite, un régime ordonné. Le malade est bien ; mais la suppuration annonce *une plaie assez profonde, que quelques lignes de plus rendaient mortelle...* »

Mme de Rambaud s'était, de son côté, empressée d'écrire à Mme la duchesse d'Angoulême pour lui annoncer l'attentat dont son frère venait d'être victime et pour lui demander encore de consentir à une entrevue.

Que la lettre de M^mo de Rambaud fut consirée comme non avenue par la sœur de Louis XVII, il n'y a, hélas, pas lieu d'en être surpris, mais la lettre de M. de La Rochefoucauld n'était point dans le même cas.

Le prince, autour duquel se groupaient déjà de nombreux et fidèles adhérents, reprit le cours de ses projets.

Sachant que Mme la duchesse d'Angoulême avait été impressionnée, malgré elle, du témoignage de Mme de Rambaud, « il obtint du dévouement de cette noble amie qu'elle accompagnât M. Morel de Saint-Didier, en se rendant à Prague avec lui, pour aller offrir de nouvelles lumières à la fille de Louis XVI. Mme la duchesse d'Angoulême se trouvait précisément à Dresde à cette époque. Le prince le sut. Espérant la surprendre et pouvoir l'aborder sans qu'elle fut prévenue, il partit lui-même incognito et se rendit en Saxe. Mais espionné comme il l'était, sa démarche fut trahie par des agents ennemis. Quand il arriva à Dresde, le 5 août 1834, il était trop tard : sa sœur venait de s'enfuir avec une précipitation que personne du pays ne comprenait alors (1). »

Presque à la même date (7 août), M. Morel de Saint-Didier et Mme de Rambaud (partis le 25 juillet) arrivaient à Prague, et le lendemain M. de Saint-Didier se présentait devant la duchesse d'Angoulême.

Ecoutons M. de Saint-Didier, d'après le rapport qu'il remit au prince :

M. de Saint-Didier vit, à cette troisième audience, Mme la Dauphine seule et elle débuta ainsi :

— « Ah ! bonjour, Monsieur de Saint-Didier ; vous voilà donc de retour dans ce pays-ci ? On *m'a dit que vous vouliez me voir :* DE QUOI S'AGIT-IL ?...

« Après ce début peu encourageant, Madame, dit M. de Saint-Didier, *me parut n'attacher aucun prix* aux dépêches que j'avais l'honneur de lui présenter.... Lors de ma première mission, je n'avais désigné le prince à *Madame* que sous

1. M. l'abbé II. Desportes a publié sur l'attitude de la Dauphine un volume : *Le Frère de la duchesse d'Angoulême,* où se trouvent d'intéressants et probants détails.

la qualité de *personnage* ou de *prétendant*, bien que cette réserve fut très pénible à ma conviction ; dans celle-ci, je crus devoir employer continuellement, dans le cours de l'audience, le titre de prince ; car ma conscience, plus forte que toutes les considérations, m'en imposait le devoir rigoureux.

« J'eus l'honneur de déclarer à *Madame* qu'il ne restait plus, aujourd'hui, l'ombre d'un doute sur l'identité du prince chez aucun de ses amis.

« Je fus assez heureux pour que cette déclaration positive rendît la conférence très animée de la part de Son Altesse Royale.....

« Pour *la première fois, Madame* me déclara *qu'elle savait très bien que son frère était mort,* QU'ELLE EN AVAIT TOUTES LES PREUVES.

« *Une déclaration si tardive*, non justifiée, s'accordait fort peu avec l'insistance de *Madame*, à mon premier voyage, pour recevoir du prince surtout *les détails les plus circonstanciés de son évasion du Temple...*

« J'eus l'honneur de rappeler à *Madame* les détails secrets que le prince lui avait transmis...

« — Bah ! Monsieur, me répondit la princesse, tout cela a été imprimé ; il l'a lu dans quelques journaux français ou étrangers, ou dans quelque autre publication. »

« Je me contentai de répondre à Son Altesse Royale que je n'avais jamais entendu dire à personne que de pareils détails eussent été publiés.

« Mais l'instant le plus affligeant pour moi a été celui où j'ai parlé de l'assassinat du prince, « *Allons donc*, Monsieur, *l'assassinat?...* » reprit aussitôt *Madame* en SOURIANT, comme ayant l'air d'en douter (1). Je ne pus que répondre : « Hélas ! Madame, cet assassinat n'est que trop certain ; *et l'on n'assassine pas un imposteur*, Madame : ce crime est inutile ».

« — PARDONNEZ-MOI, Monsieur, repartit *Madame*.

« Enfin, à travers le prisme trompeur d'un calme apparent, je voyais l'irritation se faire jour. Je fus bien douloureusement surpris, lorsque je la vis s'élever au point de m'entendre dire durement : « Monsieur de Saint-Didier, *cet homme n'est qu'un imposteur, un intrigant, mais fort habile...*

...« Le prince avait été exactement informé d'un *voyage mystérieux* que le roi de Prusse avait fait récemment à Dresde et à Pilnitz *sous le voile du plus sévère incognito...*

« Lorsque j'eus l'honneur d'en donner les détails à *Madame*, sa surprise fut extrême ; mais, Son Altesse Royale céda à la nécessité d'un *noble aveu* en me faisant l'honneur de me déclarer qu'il était vrai que ce souverain était venu à Pilnitz comptant l'y trouver, que ne l'y ayant pas rencontrée, le roi de Prusse partit sur le champ

1. *Madame* connaissait pourtant par le menu les détails de l'attentat, ainsi que l'atteste la lettre de M. de La Rochefoucauld, déjà donnée, page 305.

pour Tœplitz, où effectivement elle avait eu une entrevue avec ce monarque ; qu'elle lui avait parlé de l'affaire du prince, et que le roi lui avait répondu : *J'ai eu, en effet, cet homme dans mes Etats : c'est un fou et c'est par considération pour le dérangement de son cerveau qu'il a été traité avec beaucoup moins de rigueur...*

« M'étant armé de fermeté, dit M. de Saint-Didier, je repris :

«... J'ai l'ordre péremptoire d'avoir l'honneur de déclarer au nom du prince, à *Madame*, que Monseigneur a la certitude des deux faits suivants :

« 1° *Que Louis XVIII laissa en mourant une espèce de déclaration testamentaire*, portant injonction à son successeur de reconnaître hautement le prince et de le mettre en possession du trône ; que cette déclaration fut soumise par Charles X à *un Conseil privé*, très peu nombreux, pour avoir son opinion sur la conduite à suivre ; que, *sur l'avis et d'après l'influence de ce Conseil privé*, Charles X *lacéra* de ses propres mains *la pièce testamentaire*, et jeta les morceaux dans le feu (1) ;

« 2° Que le prince sait également que Monseigneur le duc d'Angoulême entretient, depuis son exil, une correspondance secrète avec M. Decazes ; que cette correspondance, relative au prince et répulsive de ses droits, lui est entièrement hostile.

1. Voir appendice III, p. 354.

« De plus, j'ai l'ordre d'informer Madame que le prince déclare avoir à sa disposition les preuves sans réplique des deux faits énoncés ».

« *Madame* m'écouta avec une anxiété visible et attentive. *L'agitation de Son Altesse Royale était extrême.* C'est en vain que la princesse cherchait à me présenter du calme, aucun effort ne put le ramener. Madame nia le fait de la correspondance; *Son Altesse Royale garda le silence sur le premier point.....* »

M. de Saint-Didier dut abandonner la partie, sans avoir rien pu obtenir, pas même une audience pour Mme de Rambaud. Le territoire autrichien fut, au contraire, interdit à cette dame; et voici l'étrange réponse transmise par Mme la vicomtesse d'Agoult à M. de Saint-Didier, hôtel des Trois-Tilleuls, à Prague :

« Je me suis acquittée, Monsieur, de votre commission. La réponse de Mme la Dauphine est :

« *Qu'elle a connu Mme de Rambaud* qui était, il y a plus de quarante ans, femme de chambre de M. le Dauphin ; que *ne pouvant supposer qu'une personne de son âge ait pu entreprendre un voyage si fatigant, elle n'a aucune raison de voir* LA PERSONNE DE CE NOM QUE VOUS AVEZ AMENÉE ICI ; qu'elle a lu tous les papiers que vous lui avez remis, et n'y a rien trouvé qui puisse lui faire changer d'opinion, non plus qu'à la résolution qu'elle a fait connaître, comme vous le savez. »

Samedi, 9 août (1834).

Ce que l'on ne peut concevoir c'est que Mme la

Dauphine ait pu mettre aux mains du frère, qu'elle reniait, une pièce aussi nettement révélatrice des sentiments qui dictaient sa conduite.

Tandis que les ambassadeurs du prince n'avaient plus qu'à lui rendre compte du triste résultat de leur mission à Prague, le passage de Mme la duchesse d'Angoulême à Dresde portait d'autres fruits amers que devaient cueillir la femme et les enfants du proscrit. La présence de cette famille à Dresde faisait beaucoup parler dans cette ville et l'étonnante ressemblance des enfants avec les membres de la famille de Bourbon avait été très remarquée.

« Le prince, dit M. Otto Friedrichs (1), comptait à Dresde de nombreux partisans, entre autres Mme la comtesse de Choiseul-Gouffier, Mme Forest, première femme de chambre de la feue reine du roi Auguste de Saxe, M. le baron de Gablenz, lieutenant-général, commandant militaire de Dresde, M. de Leysser, également lieutenant-général dans l'armée saxonne, M. le baron de Shorlemer, chambellan du roi de Saxe, M. de Lindenau, ministre de l'Intérieur de Saxe, la marquise della Torre, gouvernante chez la grande-duchesse de Toscane et beaucoup d'autres personnages.

« Le bruit de la résidence à Dresde de la famille du duc de Normandie se répandit d'autant plus vite que la capitale de la Saxe est visitée par des

1. *Un crime politique.*

étrangers de tous pays, qui se rendent dans les célèbres villes d'eaux de la Bohême, notamment à Carlsbad, où la duchesse d'Angoulême était venue à différentes reprises. A Carlsbad était établi, pendant la saison des eaux, un médecin renommé, le chevalier Jean de Caro, qui, le premier, avait introduit la vaccination sur le continent de l'Europe et l'avait propagée en Asie sans quitter l'Allemagne...

« Ce docteur, homme distingué et d'une probité proverbiale, jouissant d'une considération immense, était en relation avec beaucoup de personnages les plus éminents des diverses cours de l'Europe (1)...

1. Le chevalier docteur de Caro, dans une lettre au prince, lui racontait une conversation qu'il avait eue avec le commissaire de police qui avait son bureau au Hradschin tout le temps que les Bourbons l'habitèrent.

« Il me montra au bureau du commissaire, dans les registres de janvier et d'août 1834, les noms des deux voyageurs. *En marge de celui de* MADAME AGATHE-ROSALIE DE RAMBAUD *née Mottet, était noté : Wollte mit der Dauphine sprechen, wurde aber nicht empfangen* (ELLE VOULAIT PARLER AVEC LA DAUPHINE, MAIS ELLE N'A PAS ÉTÉ REÇUE)...

« Pendant les trois années et demie que les Bourbons ont habité le Hradschin, ils ont eu un valet de pied italien. Le connaissant depuis longtemps, je lui demandai, il y a quelques jours, entre autres questions, s'il se souvenait d'avoir vu parmi les Français qui venaient se présenter à la famille royale, un M. Morel de Saint-Didier, arrivé la seconde fois avec une vieille dame nommée de Rambaud. Il me répondit qu'il se souvenait fort bien de ce Monsieur qui fut reçu par Mme la Dauphine dans son premier et son second voyage; mais que, *quant à la Dame, il y avait eu*

« Il avait fait la connaissance de la famille du duc de Normandie et était promptement devenu un des partisans convaincus de la légitimité de ses prétentions ; il en parlait chaleureusement à tout venant.

« Il écrivit un livre, *Mes relations avec Louis XVII* et y nota quelques observations physiques.

« La ressemblance des enfants Nauendorff avec les Bourbons étant presque phénoménale, n'échappa pas à mes observations. La famille possédait à Dresde quelques anciens portraits de Marie-Antoinette dans sa jeunesse, étonnamment ressemblants à Mlle Amélie (1).

« Le fils aîné, Edouard, ressemblait par sa taille et par sa démarche à M. le duc de Berry.

l'ordre exprès donné dans l'antichambre de ne jamais la recevoir, et que le duc de Blacas y était venu lui-même pour en faire un devoir à chacun des valets de pied. Sur quoi, je ne me suis nullement gêné de lui expliquer pourquoi le duc avait si peur de cette présentation. Il me raconta que, même à table, la famille royale, entourée de ses gens de service, parmi lesquels était mon Italien, avait parlé assez haut, pour être entendue des valets, du duc de Normandie *comme d'un prince mort depuis longtemps,* et *de la fable réchauffée par M. Morel de Saint-Didier.* La famille royale sachant si bien le contraire, et craignant à un tel degré la présence, le témoignage et les preuves de Mme de Rambaud, il est évident que l'assertion de la mort du duc de Normandie, *faite indécemment à haute voix, en présence de nombreux valets,* n'était qu'une ruse de leur part, concertée pour donner le change à tous ces gens-là... Après le départ de M. Morel de Saint-Didier et de Mme de Rambaud, il n'en fut plus question dans l'antichambre... »

1. La fille aînée du prince.

« Mme la duchesse d'Angoulême ayant eu à Carlsbad, en 1836, un érysipèle très grave de toute la tête, j'eus l'occasion d'observer ses traits avec l'attention la plus scrupuleuse. Cette princesse avait en général les paupières rouges, par suite, disait-on, de toutes les larmes que lui avaient coûtées les malheurs de sa famille. Sans douter le moins du monde de toutes celles qu'elle avait versées à tant de titres (1), j'observai cependant que cette rougeur n'indiquait aucune inflammation, mais que c'était une couleur rosacée, fixe, qui rendait ses paupières presque transparentes. Eh bien ! Mlle Amélie avait la même couleur transparente des paupières, qui n'en étaient pas moins fraîches.

« Les quatres dents incisives de la mâchoire supérieure de l'auguste tante, au lieu de former une arc dentaire, étaient en droite ligne. Celles de Mlle Amélie, qui étaient très fraîches et bien tenues, avaient la même position. »

Pendant le séjour à Dresde de la famille du prétendu Nauendorff, Mme de Générès avait sollicité par écrit la faveur d'aller témoigner à Mme la duchesse d'Angoulême son respect et son *dévouement à la cause de la légitimité.* Une dame d'honneur lui fit savoir que Son Altesse Royale la recevrait le 4, dans la soirée, au château de Pitnitz, où elle devait dîner. L'épouse du prince et ses

1. Le marquis de Villeneuve rapporte dans ses *Mémoires* que, lors de sa visite au Hradschin, en 1835, Mme la Dauphine lui dit : « Mes parents m'avaient fait au Temple une loi de ne pleurer jamais, et ce devoir que j'observai est devenu une habitude. » La princesse faisait ainsi justice de la légende qui attribuait aux larmes versées en captivité l'apparente inflammation de ses paupières.

enfants, Mme de Générès, Mme Forest, ancienne femme de chambre de la feue reine de Saxe, allèrent ensemble à Pitnitz, et furent reçues au château, chez Mlle Dupont, attachée, en qualité de gouvernante, à la maison du prince de Saxe. Tous assistèrent au repas de la cour, dans une galerie placée au-dessus de la salle à manger. La duchesse d'Angoulême était assise auprès du roi de Saxe, Antoine Ier, et le duc de Bordeaux auprès de la princesse royale, femme de Frédéric-Auguste II. A la table royale se trouvait encore la marquise della Torre, avec qui Mlle Dupont était liée assez intimement, et qui, peu de temps après, tint à honneur de se faire présenter à la famille du prince dont l'identité n'était pas douteuse pour elle. Elle fut scandalisée d'un propos impertinent tenu par le duc de Bordeaux en réponse à une observation de la princesse royale. Cette princesse avait constamment l'œil sur les personnes de la galerie, et à l'aide d'un lorgnon elle reconnut Mlle Amélie. La désignant alors au jeune prince, elle lui dit : « Voici votre cousine. » Le duc répondit en riant : « Oh! madame, j'en ai beaucoup comme ça, de cousines. » Pauvre prince ! c'était le fruit de l'éducation qu'il recevait !

« Les nobles hôtes quittèrent la table pour aller prendre le café. Mme de Générès, la famille du prince et les deux dames qui les accompagnaient étaient venues se placer, avec d'autres personnes admises, sur le passage de la cour, dans

la galerie vitrée. La duchesse d'Angoulême donnait le bras au roi. Vivement troublée à l'aspect
de la famille du prince, si visiblement royale par
la ressemblance de tous les enfants avec les
Bourbons, elle fixa surtout la fille aînée, et se
tournant vers le roi, lui demanda brusquement :
« *Qu'est-ce que c'est que cette famille-là !* » Personne n'entendit la réponse ; mais bien certainement, d'après la recommandation faite antérieurement par le roi à ses ministres, Sa Majesté aura
répondu d'une manière bienveillante ponr la
famille. Ce qui est certain c'est que Mme Générès,
à l'heure qui lui avait été assignée pour son audience, se rendit aux appartements de la duchesse
d'Angoulême. Elle s'attendait à être introduite
aussitôt ; quand elle se fut nommée, on lui répondit que la princesse ne pouvait pas la recevoir.
N'ayant plus de mesure à garder, elle prit alors
une généreuse résolution. Elle écrivit à Son Altesse Royale pour lui déclarer que ses neveux et
nièces résidaient à Dresde, avec la duchesse de
Normandie leur mère ; et elle la suppliait de ne
pas quitter la Saxe sans être venue s'assurer, de
ses propres yeux, que leur père ne pouvait être
que le royal orphelin du Temple, son frère. La
lettre fut envoyée, et bientôt après rapportée par
un messager qui avait l'ordre de dire que Madame n'avait plus le temps de s'occuper de voir
personne, à cause de son départ immédiat. Le
cachet de la lettre en avait été détaché circulai-

rement, suivant la constante habitude de la princesse ; ce qui prouve qu'elle l'avait lue.

Depuis que la famille du duc de Normandie résidait à Dresde, l'ambassadeur français avait à plusieurs reprises sollicité son éloignement. La Prusse, à son tour, la réclamait comme *sujets prussiens* (1). Elle gênait Mme la duchesse d'Angoulême et le gouvernement saxon finit par céder à ces diverses pressions et signifia sa décision en ces termes :

« Le ministre de l'Intérieur confirme l'avis particulier qui lui a été donné en date du 14 de ce mois par la délégation de la police de cette ville, dans lequel on fait connaître les motifs qui ont engagé ladite autorité à accorder une prolongation d'autorisation de séjour en cette ville jusqu'au mois de mars de l'année prochaine, à l'épouse et aux enfants de LOUIS-CHARLES DUC DE NORMANDIE, se nommant Nauendorff, horloger de Crossen, desquels la qualité de *sujets prussiens* a été reconnue par le gouvernement prus-

1. Quelques mois plus tard la famille du duc de Normandie étant en Suisse, la Prusse refusait un passeport à la duchesse, les *reniant* comme sujets prussiens. A méditer la réponse de la légation prussienne à Berne, aux autorités suisses :

« Il résulte de la réponse que le ministère sus mentionné a reçue de M. le ministre de la police, que le mari de la titulaire, le ci-devant horloger Charles-Guillaume Nauendorff, qui plus tard a séjourné à Paris sous le faux nom de Louis-Charles, duc de Normandie, et qui fut envoyé quelque temps après en Angleterre, a quitté les Etats prussiens il y a déjà plusieurs années, dans l'intention de n'y plus revenir.

sien ; mais juge à propos de lui déclarer qu'après l'expiration dudit délai, la famille Nauendorff n'obtiendra pas une prolongation ultérieure de permis de séjour ; et le ministère s'en rapporte à la délégation de la police de la ville en lui envoyant les pièces produites, pour faire en son temps à cet égard ce qui sera nécessaire,

« Dresde, 23 août 1837.

« Ministère de l'Intérieur, IIe division.

« Signé : D. MEERBACH. »

A Paris, M. le duc de Normandie, en même temps qu'il poursuivait auprès de sa famille ses infructueuses revendications, et avant de songer à s'adresser aux tribunaux ordinaires, avait tenté de se faire écouter par les Chambres. Il avait fait déposer au bureau de la Chambre des députés une pétition, à laquelle il ne fut, contrairement au droit commun, donné aucune suite.

« En conséquence, dans l'opinion de M. le ministre, *il doit être considéré comme libéré de tous ses devoirs comme sujet prussien*, en sorte que sa femme, qui, ainsi que ses enfants, sait la condition de son mari, ne peut plus être envisagée comme ressortissante du royaume, d'autant qu'elle a quitté le domicile qu'elle avait conservé à Crossen, après le départ de son mari, et s'est pareillement rendue à l'étranger.

« Par ces motifs, il ne nous paraît pas qu'il y ait lieu à délivrer à la dame Nauendorff un nouveau passeport prussien, ni à prolonger celui ci-joint... »

La diplomatie sait toujours se retourner ; après les iniquités, le lavement des mains de Pilate !

Voici cette pièce :

« *Pétition adressée à la Chambre des Députés par Charles-Louis, duc de Normandie (18 décembre 1834).*

« Messieurs,

« Fils de Louis XVI, j'apporte les preuve de mon identité.

« C'est à la face de la Nation que je demande à les produire.

« Vainement m'opposerait-on un acte mortuaire, cet acte ne m'est pas applicable. Il constate le décès d'un enfant mort au Temple, sous le nom de Louis-Charles Capet ; moi, je m'appelle Charles-Louis de Bourbon, duc de Normandie .. Tels sont les noms que présente mon acte de naissance. Seul il établit légalement, jusqu'à preuve contraire, que Charles-Louis de Bourbon, duc de Normandie, existe encore, et ce prince malheureux, ce fils du plus malheureux des rois, c'est moi...

« C'est moi qui, enlevé du Temple, n'en franchis les portes que pour connaître de nouveaux malheurs, que pour courir tant de dangers nouveaux.

« C'est moi qui vécus seize ans captif, souvent exposé à la faim et à la plus affreuse misère, dans des cachots infects et ténébreux.

« C'est moi qu'un raffinement de cruauté chercha vainement à défigurer pour anéantir ma ressemblance avec le roi et la reine.

« C'est moi qui fus arrêté en même temps que le duc d'Enghien, aux environs d'Ettenheim, où ce prince m'avait donné rendez-vous, qui demeurai quatre ans dans une prison, privé de lumière, et qui fus sauvé par Joséphine, épouse de Napoléon.

« C'est moi qui, sous un nom violemment imposé,

transplanté successivement de Berlin à Spandau, de Spandau à Brandebourg, de Brandebourg à Crossen, fus toujours méconnu, toujours avili, toujours persécuté par des ennemis puissants qui avaient juré ma perte.

« C'est moi qui écrivis souvent à ma famille au milieu de laquelle je ne trouvai que l'infortuné et loyal duc de Berry pour défendre ma cause auprès de Louis XVIII.

« Il périt victime de son amour pour la justice et la vérité.

« Si l'infortuné fils de Louis XVI n'existait pas, Messieurs, comment s'expliquer les apparitions successives de ces imposteurs, depuis le sabotier Mathurin Bruneau jusqu'à l'intrigant « Richemont » qui vient d'être jugé ? Que signifieraient de semblables manœuvres si odieusement conçues pour m'anéantir par un personnage qui vous est suffisamment connu !

« C'en est assez, je ne m'étendrai pas davantage sur des détails si peu faits pour un cœur comme le mien.

« Je demande à la France un nom qui m'appartient ; elle apprendra bientôt que je suis digne de le porter.

« Je demande à la France une patrie que je n'ai plus ; elle verra si je mérite d'être au nombre de ses enfants.

« La loi d'ostracisme qui exclut du territoire français Charles X et sa famille, n'est point applicable au fils innocent du roi-martyr ; cependant il ne sait où reposer sa tête. Poursuivi par ses ennemis, de retraite en retraite, il n'a pour subsister *à la porte du palais de ses pères*, que le pain du pauvre et le denier de la veuve.

« Je me résume.

« Mon avocat est chargé de plaider ma cause devant vous, Messieurs, et de vous présenter mes preuves.

18.

« Ayant en horreur le parjure et le mensonge, il ne vous parlera que le langage de la vérité ; à cet effet, je réclame de vous une audience.

« Si ma présence est nécessaire, je me rendrai moi-même au milieu de vous sous la sauvegarde de la Nation.

« Mais, comme mes ennemis sont puissants et perfides, comme j'ai déjà été atteint le 28 janvier dernier de six coups de poignard, qu'un de ces coups a pénétré à une demi-ligne du cœur, la protection ordinaire des lois est insuffisante pour moi ; la prudence m'ordonne en conséquence de réclamer les sûretés nécessaires pour me préserver de la trahison.

« Placé sous la protection d'une garde fidèle que je choisirai dans les rangs de l'armée et de la garde nationale, je me présenterai devant vous, et vous ne douterez plus de mon identité.

« CHARLES-LOUIS,
« Duc de Normandie.

« Rue des Postes, 29.

« Paris, 18 décembre 1834.

Tout avait été épuisé. Aussi, les conseils du prince, MM. de Joly (1), de la Barre, Bourbon-Leblanc et Briquet, arrêtèrent, en sa présence, les bases d'une action en réclamation d'état dont il devait saisir la justice ; et, en conséquence, le 13 juin 1836, Charles-Guillaume Nauendorff fit assigner, devant la 1re chambre du tribunal civil de Paris, Mme la duchesse d'Angoulême, M. le duc d'Angoulême et le comte d'Artois

---

1. Voyez à propos de M. de Joly l'appendice n° VI.

(Charles X), pour qu'il fut, contradictoirement
avec eux, déclaré être fils du roi Louis XVI et
de la reine Marie-Antoinette.

« Ainsi, dit M. de la Barre, était accomplie la
démarche si impatiemment désirée par l'orphelin
royal, si appréhendée par sa famille de Prague.
Mais les mesures étaient prises, depuis longtemps, pour toutes les hypothèses possibles, afin
d'empêcher une reconnaissance judiciaire. Mme la
duchesse d'Angoulême, avec l'assistance du cabinet autrichien, s'était fait promettre un déni de
justice contre son frère, par le gouvernement do
Louis-Philippe. Aux scandaleuses sollicitations
venues de là, les ministres français avaient répondu : *Qu'on soit tranquille, le procès n'aura
jamais lieu.*

« Par suite de cette détermination des conseils
du roi-citoyen, le 15 juin, de très bonne heure
dans la matinée, et avec une hâte qui décelait de
sinistres intentions, de nombreux agents de police firent une descente chez Mme de Rambaud,
rue Richer, où logeait le prince. Cinq commissaires de police introduits dans sa chambre
lui déclarèrent aussitôt, sans préambule, *sans
justification d'aucun ordre*, qu'ils venaient l'arrêter et saisir tous ses papiers, au nom du roi,
de la loi et de la justice, si criminellement invo-
quées, en violant tous les droits de citoyen, ga-
rantis par une charte dérisoire. M. Gisquet,
préfet de police, avait reçu en même temps l'in-

jonction formelle de faire partir de Paris le prisonnier, dans les vingt-quatre heures. *Cette séquestration projetée* ne put avoir lieu, par suite des réclamations immédiates que je fis auprès de ce fonctionnaire...»

Au bout de vingt-six jours que le duc de Normandie avait passés, écroué au dépôt de la préfecture de police, le fils de Louis XVI fut mis entre deux gendarmes, conduit à Calais et embarqué pour l'Angleterre. M. de la Barre nous apprend que la troublante préoccupation du préfet de police conduisit ce fonctionnaire, comme cela avait eu lieu naguère en Prusse, à le désigner sous les prénoms de CHARLES-LOUIS Nauendorff, *natif de Prusse*, dans le passeport qui lui fut délivré !

Peu de jours après M. de la Barre partait pour l'Angleterre, où arriva bientôt, également, la famille du prince, qui quittait le château de Grand-clos (1).

---

1. C'est dans ce château que M. Brémond avait loué dans le canton suisse de Fribourg qu'il avait donné l'hospitalité à la famille du duc de Normandie.

Le 3 juillet 1883, M. Brémond fils écrivait la lettre suivante au directeur du journal *La Légitimité* :

« En 1836 arriva à Sensales M. Nauendorff. Mon père le reconnut comme le Dauphin de France, fit venir sa famille d'Allemagne, la plaça au château de Grandclos, et la garda là pendant neuf ou dix mois... Il dépensa à cette cause tout son cœur et environ soixante mille francs. Il se serait dépouillé de tout et aurait laissé sa famille dans le besoin pour soutenir la cause du Dauphin, lorsque Nauendorff

Vers cette époque, M. de Brémond avait eu, pendant quelque temps, des relations assez suivies avec le neveu du général vendéen, le baron Athanase de Charette de la Contrie, père de l'ancien colonel des zouaves pontificaux (1).

Dans une lettre à M. l'abbé Appert, M. Brémond parle de ces négociations :

« ... Il (M. de Charette) m'a dit qu'un curé de la Bretagne assurait, depuis plusieurs années, que Louis XVII vivait, qu'il avait été voir lui-même ce bon curé, et que, convaincu de sa sincérité, *il en avait parlé à la duchesse de Berry,* qui en avait *témoigné sa surprise* en disant : « Je ne croyais pas tirer les marrons du feu pour un autre que mon fils. Mais si l'orphelin du Temple existe, *dès que la preuve en sera donnée,* je le reconnaitrai pour mon roi. » *Il m'a dit en avoir parlé plusieurs fois à la duchesse*

publia la fameuse *doctrine céleste,* contre laquelle la foi catholique de mon père se révolta. Alors seulement il cessa ses largesses, mais n'en demeura pas moins le défenseur de ce qu'il croyait une vérité : « Nauendorff, fils de Louis XVI et de Marie-Antoinette. » Jamais, au grand jamais, il ne reconnut d'autre prétendant.

« ANTOINE BRÉMOND. »

M. Antoine Brémond fait ici allusion à la déplorable aberration du prince, résultat des funestes rêveries de quelques-uns de ses partisans et de l'attitude hostile, à son égard, de plusieurs membres du clergé ; sa raison faillit y rester et le vide se fit autour de lui, mais sans que, contrairement aux allégations intéressées de ses ennemis, ses partisans aient cessé, sauf un seul, de proclamer son droit et de croire à son identité avec Louis XVII.

1. Charette avait épousé la cadette des filles du duc de Berry et de Mme Brown ; elle était titrée comtesse de

d'Angoulême qui, toujours, lui avait répondu : « Vous vous trompez ; *taisez-vous, je sais qu'il est mort.* » Ce prêtre était à Prague, lors des visites de M. Morel de Saint-Didier. Il regarde la duchesse comme dans les mains du *duc de Blacas* et, en seconde ligne, du *cardinal de Latil,* mais *l'un et l'autre sont sous la direction de M. de Metternich.* Il a ajouté qu'après les démarches qu'il avait faites et leur non-succès, il devait me déclarer franchement qu'il ne pouvait plus personnellement attaquer de nouveau la duchesse, et qu'*il estimait trop peu ses conseillers* pour s'adresser à eux... (1). »

Dans une autre lettre, adressée à M. de la Barre, M. Brémond dit :

« ... Il (M. de Charette) m'a dit qu'il avait lu le Mémoire du prince avec une grande attention, et qu'il avait été frappé de la pièce qu'il citait, écrite en latin, puis signée *Pius Papa sextus,* parce qu'il connaissait, comme moi, les bruits qui avaient couru en France, en 1796 et en 1797, « que ceux qui avaient enlevé le

Vierzon ; sa sœur aînée, titrée comtesse d'Yssoudun, avait été mariée également à un officier supérieur, le comte de Faucigny, prince de Lucinge et Cystria, qui fut plus tard nommé aide de camp de M. le duc de Bordeaux. Le baron de Charette était, à l'époque de la révolution de 1830, colonel des cuirassiers de Berry ; ayant naturellement donné sa démission, il accompagna Madame dans la prise d'armes de 1832 et il eut même l'honneur de sauver la vie à *Petitjean* (le nom de guerre de la princesse) au moment où il allait se noyer.

1. M. de Blacas, dont Talleyrand disait, en 1815 : « M. de Blacas est le plus habile financier que je connaisse ; sur 150 mille francs de traitement, dans l'espace de neuf mois, il est parvenu à faire huit millions d'économie », possédait

Dauphin du Temple, l'avaient conduit à Rome; » que *c'était désormais pour lui et pour son beau-frère, pour la duchesse de Berry et le duc de Bordeaux, la reconnaissance de Sa Sainteté qui ferait la leur...* »

C'est à Lausanne que ces négociations suivaient leur cours, et M. l'abbé Laprade, appelé à y prendre part, écrivait à son tour au duc de Normandie:

« ... Je vous écris de Lausanne où je suis venu avec le respectable M. Brémond, pour voir MM. de Charette et de La Rochejacquelein; ce dernier se trouve parti pour Paris, et je sors d'une longue conférence avec le premier. Il regarde comme *impossible la démonstration individuelle* de votre identité; il *n'admet* comme tribunal compétent pour *sa conscience*, que celui du *Pape*, qu'il *reconnaît* obligé par sa position *de garder le silence*, ou *celui* de Madame *votre sœur*, à laquelle il reconnaît de l'ambition, *comme mobile de sa conduite*, et qu'il croit AVOIR DÉJA PRIS SON

une autre qualité bien précieuse pour un diplomate, une absolue sécheresse de cœur.

M. de Villeneuve, dans ses *Mémoires*, en cite un exemple caractéristique. Il était en visite au Hradschin auprès de Charles X lorsque fut reçue l'annonce de la mort du général Zumalacarreguy — le héros navarrais venait d'être blessé mortellement.

Bouleversé de cette nouvelle, M. de Villeneuve court la communiquer au duc de Blacas, qui lui répond froidement:

« Bah! s'il avait réussi, votre Zumalacarreguy, il se serait cru le maître! »

Quant au cardinal de Latil, voir plus loin, page 354 le ôle de ce prélat à la mort de Louis XVIII.

PARTI sur *l'existence vraie ou fausse de son frère ;* d'où il conclut qu'*il restera dans le doute et l'inaction* jusqu'à ce que Dieu opère pour vous *des miracles* qui l'obligeront à tomber à vos pieds... »

Etrange fin de non recevoir opposée à la proposition émise par M. Brémond : il demandait que la duchesse de Berry prît l'initiative auprès de Mᵐᵉ la duchesse d'Angoulême et des cours de Naples, d'Espagne, d'Autriche et de Saxe, de la réunion d'un *conseil de famille* qui eut statué sur la question.

C'est ainsi que se termina cette laborieuse négociation.

L'Angleterre ne devait pas être pour le duc de Normandie un séjour de paix et de bonheur. Les persécutions l'y suivirent. Tentative d'assassinat où le prince fut grièvement blessé (1), tracasseries de tout genre... Cependant, nul ne lui contesta son nom dans ce pays, et plus d'une fois l'opinion publique se prononça en sa faveur, notamment lors du séjour de M. le duc de Bordeaux à Belgrave Square (2).

1. Deux coups de pistolet furent tirés sur lui dans le ardin de la maison qu'il habitait à Camberwell, faubourg de Londres. Ses ennemis cherchèrent encore à faire croire à un assassinat simulé, mais le meurtrier fut arrêté, relâché seulement à la demande du prince, et il faut lire dans les rapports du magistrat anglais la verdeur avec laquelle il flétrit *l'absurdité* des gens qui cherchent à propager cette thèse mensongère.

2. Vers la fin de 1843, se trouvaient réunis à Londres le duc de Nemours, alors l'aîné des fils de Louis-Philippe,

C'est pendant que le prince résidait en Angleterre que Jules Favre, convaincu de la justice de sa cause, se chargea de ses intérêts, qu'il soutint encore en 1850 et en 1874, dans la personne de sa veuve et de ses enfants (1).

Laissons maintenant la parole au comte de la Barre qui va nous retracer les incidents qui déterminèrent le prince à se fixer en Hollande :

« Les persécutions contre le prince le suivirent jusque sur le seuil de la tombe. Dans le mois de janvier 1845, ses affaires, et la possibilité d'assurer un sort indépendant à sa famille par la vente d'une partie de ses inventions de guerre, le décidèrent à entreprendre un voyage qui l'obli-

représentant l'usurpation orléaniste triomphante ; le duc de Bordeaux installé à Belgrave Square, venu pour réchauffer le zèle de ses partisans ; le duc de Normandie, luttant péniblement contre l'infortune et la persécution.

La presse anglaise s'occupa à plusieurs reprises de cette réunion de princes Français, représentant trois races royales régnante ou déchues et souvent d'une façon très sympathique pour l'infortuné fils de Louis XVI.

1. Les deux procès en revendication d'état furent perdus par pur déni de justice sans que le tribunal ait voulu entendre les témoignages nombreux et irrécusables dont les appelants réclamaient l'audition ;

On demandait à établir l'inanité de l'acte de décès et la justice réplique : « Inutile... il y a un acte de décès ! » Il eût été plus exact de répondre : « Inutile, la raison d'Etat est là ! »

Dans le procès de 1851, le substitut Dupré-Lassalle put donner à son aise ses conclusions puisque la réplique était interdite. Depuis, il a publié ses réquisitoires, apportant même dans l'œuvre écrite des modifications

geait à traverser la Hollande. Toutefois, ne jugeant pas à propos de voyager ostensiblement sous son nom de prince, pour éviter en route les tracasseries de la politique, il se fit inscrire dans le passeport du colonel Butts, qui l'accompagnait, comme attaché à son service, et prit un passeport particulier sous le nom de Bourbon, qui ne devait lui servir qu'au lieu de sa destination. Ce fut M. May, quoique d'origine anglaise, consul hollandais, qui délivra les deux passeports; on ne lui avait pas confié que M. de Bourbon était la personne attachée au colonel, inscrite dans le passe-port. Après réflexion, il prétexta une irrégularité dans le passeport de M. de Bourbon, pour le lui redemander, afin de la rectifier: le prince refusa de le rendre. Le jour du départ du bâtiment, M. May se trouvait à bord, et quelqu'un, qui le rapporta aux voya-

aux discours prononcés. Toutefois, ce magistrat, moins convaincu qu'il n'en avait l'air, se plaisait à raconter dans l'intimité qu'il avait avant l'audience désiré consulter Berryer. Rendez-vous pris, *trois heures* avant celle-ci, M. Dupré-Lassalle attendit longuement, voyant sauter son tour — ce qui ne lui déplaisait pas trop, car il se croyait gardé pour la bonne bouche — et l'heure avançait. Enfin un domestique vint lui apporter les excuses de l'illustre maître, appelé d'urgence à sortir. L'ancien substitut avouait qu'en se rendant au tribunal, il se sentait moins *convaincu* qu'en *arrivant* chez le célèbre avocat. Ce dernier savait d'ailleurs à quoi s'en tenir sur l'identité du prétendu Nauendorff, mais il disait bravement : « Après tout, ce n'est qu'un PRINCE PRESCRIT » !

geurs, entendit le consul dire au capitaine :
« *Vous avez avec vous le duc de Normandie,*
c'est un homme dangereux : au surplus, vous
savez ce que vous avez à faire. » Le temps était
magnifique, la traversée heureuse et rapide ;
mais, en vue des côtes de la Hollande, le capitaine fit jeter l'ancre et resta stationnaire pendant
quarante-huit heures. Un homme avait été envoyé de Rotterdam, dans une barque, pour chercher les dépêches. Le troisième jour seulement,
le paquebot entra dans le port, les passagers
débarquèrent.

« Des agents de police abordèrent le prince aussitôt et le prièrent de leur remettre son passeport.
« Je n'en ai point, répondit Son Altesse Royale, je
suis attaché au service du colonel Butts. — Le colonel est le serviteur, reprit-on, vous êtes le maître ;
vous avez un passeport sous le nom de Bourbon
et vous êtes le duc de Normandie : nous avons
l'ordre de vous arrêter ; veuillez nous suivre au
bureau de la police. » L'incognito du prince se trouvant dévoilé par la perfidie du consul hollandais,
il se vit obligé de se soumettre. On lui prit son
passeport, et l'on plaça un agent de police à la
porte extérieure de l'hôtel où il était descendu :
défense lui était faite de sortir de la ville sans
autorisation. Le surveillant montait la garde le
jour et la nuit, et suivait le duc de Normandie
partout où il allait. Cet arbitraire du pouvoir dura
pendant quinze jours environ, et ne cessa que

par une auguste volonté. M. Van Buren, avocat
à Rotterdam, embrassa la cause de la justice avec
une énergie et un dévouement dignes des plus
grands éloges. (1). Il adressa de pressantes réclamations à l'autorité supérieure, qui n'y eut aucun
égard. Alors, il somma, par un exploit d'huissier,

1. Le colonel Seelig, gouverneur de l'Académie militaire de
Bréda, qui avait été chargé des négociations relatives aux
inventions du prince, écrivit la lettre suivante à M. Van
Buren, l'éminent avocat qui avait pris en mains la défense
du prince : « Cher ami, recevez mes remerciements de vos
fréquentes communications, au sujet de la marche des
négociations... *Les Excellences de la justice et des affaires
étrangères sont dans l'embarras à cause de cette affaire,*
et en opposition avec d'autres intérêts. Je suis très curieux de connaître votre conférence avec la première de
ces Excellences, et j'ai la confiance que vous direz une
parole énergique *pour le soutien de notre indépendance,
afin que nous ne soyons pas abaissés à la condition d'instruments de la police française...*
Signé : SEELIG.

« Deux faits résultent de cette lettre, disait M. Van Buren, le premier, que c'est à la réquisition de la police française que des persécutions avaient été dirigées contre le
prince, et le second, c'est que lorsqu'il abordait la terre de
Hollande, on l'y connaissait...

« Il était clair que le gouvernement hollandais était renseigné, quant à sa personne (le duc de Normandie), et qu'à
la demande ou dans l'intérêt d'une influence venant de
l'étranger, on n'osait le laisser continuer sa route, ni le
remettre en possession de son passeport, autrement qu'à
la condition qu'il retournât en Angleterre.

« Je sais positivement que cette conduite douteuse et
anxieuse du gouvernement hollandais, provenait de ce
qu'il était bien instruit que Charles-Louis de Bourbon
était réellement celui qu'il se disait être... Dans tous nos
rapports, on traitait M. de Bourbon avec des égards qui

lé directeur de la police de restituer immédiatement le passeport indûment retenu. Ce fonctionnaire déclara formellement qu'il ne le remet-
trait qu'autant que le duc de Normandie consen-
tirait à repartir sur-le-champ pour Londres: on
offrit même de lui payer ses frais de retour. Une

prouvaient qu'on le considérait réellement pour être celui
qu'il se disait...

De tout ceci résultait évidemment que celui qui s'in-
titulait *le duc de Normandie* possédait des qualités
incompatibles avec le caractère de quelqu'un se donnant
des titres et une origine qui, s'ils ne lui appartenaient
pas, l'auraient sur-le-champ stigmatisé comme un fourbe
ou comme un fou, et avec qui aucun homme d'honneur
n'eût voulu ou pu se mettre en rapport. Le contraire a eu
lieu...

« Le ministre de la marine me fit savoir qu'il entrerait
en délibération sur cette affaire avec ses collègues, les
ministres de la guerre et des colonies, mais que la qualification de M. de Bourbon rendait ceci difficile. Par suite
de la convention de ces trois ministres, le colonel chef du
bureau d'artillerie au ministère de la guerre, fut nommé
pour entrer en négociation avec moi au sujet d'un contrat
avec M. de Bourbon qui, dans cet acte, ne prendrait que
les noms de Charles-Louis.

« Je dois déclarer ici que chez aucun de nous il n'existait le moindre soupçon que Charles-Louis pût être un
imposteur. Au contraire.

« Une telle pensée était entièrement exclue de tous nos
rapports. *Tout contribuait à nous convaincre que le gouvernement ne mettait pas en doute son origine royale,*
mais l'acceptait tacitement.

« L'ordre des choses d'alors, dans la situation de l'Europe, rendait pour notre pays une entière reconnaissance
de cette origine tout aussi difficile qu'il était impossible
de la nier...

pareille injonction ne pouvait être acceptée. Fermement résolu à défendre ses droits en justice, et à dénoncer à l'opinion publique la mesure vexatoire dont il était victime, le duc de Normandie me manda de le rejoindre sans délai, afin que je dirigeasse son action judiciaire conjointement avec M. Van Buren.

« En définitive, le résultat de nos démarches auprès du gouvernement fut que le royal persécuté se décida à fixer sa résidence en Hollande. »

Cette terre, où il allait peu après trouver son tombeau, devait être la seule qui se montrât hospitalière à lui et aux siens.

Alors que tout semblait sourire à ses projets, que partout l'accueil se faisait bienveillant, que le roi lui marquait chaque jour une protection plus accentuée, il est pris soudain d'un mal mystérieux — il se croit, il se dit empoisonné — et il meurt le 10 août 1845, à Delft, entouré de ses enfants, accourus de Londres où ils étaient restés. (1).

Depuis deux jours, il avait le délire, gémissant

« Il mourut, dit M. Van Buren, après que sa famille, mandée à la hâte, fut arrivée de Londres. Chacun demeura stupéfait de la ressemblance des divers membres avec les gravures bien connues, représentant la famille royale de Louis XVI, la reine Marie-Antoinette, madame Élisabeth, etc , etc. ; et ceci ne contribua pas peu à fortifier la conviction de plusieurs personnes, que celui qui avait vécu quelques mois parmi nous, et dont nous déplorions la perte, *avait bien été réellement le fils de tant de rois,* l'orphelin du Temple.

sur la destinée qui lui avait été faite par ses persécuteurs, gémissant sur la France *dont il entrevoyait les maux à venir*, sur son épouse, sur ses enfants qui, bientôt, n'auront plus de père.

« La veille de sa mort, dit la *Survivance*, le prince prononça très distictement ces paroles prophétiques : « Demain, votre père monte aux cieux; c'est là la demeure qui lui a été préparée. Là, j'aurai un nom céleste qu'on ne me ravira point; je m'en vais chez mon père céleste, répétait-il souvent d'un ton pénétré, il me couronnera... Pauvres enfants ! vous n'avez plus de nom; vous êtes retombés dans les ténèbres ! mon père céleste, prenez-moi en grâce!... Depuis qu'ils ont coupé la tête à mon père, il n'y a eu pour moi qu'obscurité;... il faut bien que j'aie un père pourtant... »

Les médecins présents à cette mort attestent que les pensées du moribond s'arrêtaient sur son malheureux père Louis XVI, sur la guillotine (1). Le général van Meurs, ancien ministre de la Guerre,

« Il nous fut bien prouvé, pendant sa maladie, que les ministres savaient à quoi s'en tenir à cet égard, car, *de la part du gouvernement, deux médecins militaires furent adjoints au médecin civil* de Delft ; le premier de ces deux médecins militaires était le chirurgien-major du corps des grenadiers, *c'est-à-dire de la garde du roi*, et journellement on faisait rapport à Sa Majesté de l'état de l'illustre patient.

1. A l'Appendice n° VII la déclaration des médecins.

est non moins explicite dans sa déclaration :

«... Toutes les relations de sa vie que le prince m'a faites, ma présence continuelle dans sa chambre pendant sa maladie, m'ont mis à même de pouvoir bien observer toutes ses actions, toutes ses paroles. Eh bien! tout ce que je lui ai entendu dire, alors qu'il pensait haut dans ses nuits sans sommeil, tout ce qu'il a dit aussi dans son délire, et même peu avant sa mort, tous ces évènements et la triste fin de cette vie de malheur, sont pour moi autant de preuves convaincantes que le nommé Nauendorff était le duc de Normandie, le véritable Dauphin, fils de Louis XVI, martyr de la politique et de la haine de ses plus proches parents.
« En foi de quoi, je signe cette déclaration.

« Th. Van Meurs,
« Lieutenant général. »

« La Haye, ce 26 juin 1872. »

Dans la mort seulement, l'orphelin du Temple put recouvrer son nom et il est inscrit sur les registres mortuaires de la commune de Delft (province de la Hollande méridionale) sous le nom de « *Charles-Louis de Bourbon, duc de Norman-dic (Louis XVII), ayant été connu sous le nom de Nauendorff, né au château de Versailles, en France, le 27 mars 1785, fils de feu Sa Majesté Louis XVI, roi de France, et de Son Altesse Impériale et Royale Marie-Antoinette, archiduchesse d'Autriche, reine de France, morts tous deux à Paris, époux de Madame la duchesse de Normandie, née Jeanne Einert.* (1) »

1. « A son décès, dit M. van Buren, le bourgmestre de

La pierre tumulaire qui recouvre les cendres du dernier roi légitime de France, dans le cimetière de la ville de Delft (Hollande), porte pour inscription :

ICI REPOSE

LOUIS XVII, ROI DE FRANCE ET DE NAVARRE
(CHARLES-LOUIS, DUC DE NORMANDIE),
NÉ A VERSAILLES, LE 27 MARS 1785;
DÉCÉDÉ A DELFT, LE 10 AOUT 1845.

Quelque sommairement que nous ayons traité notre sujet et bien que nous ayons omis, dans la nécessité de restreindre notre travail, un très grand nombre de pièces et de témoignages non moins importants que ceux que nous avons cités, nous pensons avoir rempli le programme que nous nous étions proposé de suivre.

L'identité du prétendu Nauendorff avec le fils de Louis XVI, nous l'avons prouvée par :

Delft, M. Van Berkel, chef de l'état civil, ayant hésité de rédiger un acte de décès selon notre déclaration, *alla s'en rapporter en personne au ministère de la justice*, dont il retourna tranquillisé *de pouvoir librement rédiger l'acte de décès du défunt, conforme à la déclaration de la famille, et comme nous l'avions présenté.*

« Les noms et qualités ciselés sur la pierre sépulcrale qui couvre sa tombe, furent admis au cimetière communal, *comme une manifestation publique de ce qui cesserait désormais d'être un secret.*

« Et le cortège d'officiers de l'armée, dont les noms sont mentionnés dans mon Mémoire, *couronnait les derniers honneurs rendus au grand martyr.* »

19.

L'impossibilité de lui constituer un autre état civil que celui qu'il revendiquait : Tout ceux qui s'y sont essayés ont échoué misérablement et la déclaration de M. de Rochow est formelle à cet égard (1);

La conscience de sa personnalité : Elle ressort indéniable de tous les actes de sa vie; son attitude constante; ses souvenirs qu'aucun démenti n'a pu atteindre; la persistance de cette personnalité dans le délire, devant la mort, attestée par de nombreux témoignages :

La persécution et les attentats : Ils sont patents en France, en Prusse, en Saxe, en Suisse, en Angleterre, et, au début, en Hollande;

Le traitement particulier : Ce que nous avons dit de M. Lecoq, des autorités prussiennes, de l'ingérence des agents diplomatiques français, ne peut laisser de doute à ce sujet;

1. Lorsque M. l'avocat-général Benoît, au procès de 1874, eut l'audace d'avancer que le gouvernement prussien avait reconnu que Nauendorff était un juif prussien, Jules Favre lui apporta ce démenti :

« Comme vous avez exprimé le désir d'être informé s'il est vrai que le gouvernement prussien ait élevé la prétention que vous descendez d'origine juive, je n'hésite pas à vous assurer que ledit gouvernement n'a pas élevé cette prétention, et que, de plus, il n'aurait pu le faire, ne connaissant aucune circonstance dont on puisse inférer une telle origine.

« Berlin, 27 août 1840.

« Le ministre de l'Intérieur et de la Police,
« *Signé :* ROCHOW. »

Les circonstances qui ont entouré les refus de sa sœur : Les impressions qui découlent de l'attitude de M^{mo} la duchesse d'Angoulême de son refus de recevoir Mme de Rambaud, de ses relations avec M. de Larochefoucauld, son dernier aveu à M. de La Rochejaquelein, sont tristement significatifs ;

Les dénis de justice devant les tribunaux français : L'expulsion illégale de 1836 ; puis, après sa mort, le refus des magistrats de 1874 d'admettre la preuve testimoniale offerte par sa survivance, établissent éloquemment ce que l'on redoutait de rencontrer au fond d'une enquête loyale.

La reconnaissance implicite de la Hollande est démontrée par l'acte de décès, les obsèques, la pierre tumulaire, l'état civil de tous les enfants du prince, les débats publics des Chambres lors de la naturalisation d'Adalbert (1);

Par les preuves morales et matérielles des témoignages : La reconnaissance du prince par Mme de Rambaud et par tous les personnages dont nous avons donné les déclarations sont des preuves que l'on ne peut rejeter, sans être forcé de repousser à jamais tout témoignage humain.

Les signes corporels ont tous été formellement reconnus par Mme de Rambaud, par les médecins hollandais et par d'autres encore.

1. Voir appendice VIII.

Nous le répéterons donc en terminant, il faut un étrange aveuglement, alors que, courageusement, on s'est mis à l'œuvre, remontant aux sources, confrontant d'odieuses attaques avec les réponses que l'on feint d'ignorer, pour nier la conclusion imposée par ce faisceau de preuves ; beaucoup d'entre elles ne sont, il est vrai, que des preuves latérales, mais elles s'appuyent, invinciblement, pour ne laisser, chez l'homme de bonne foi, aucune place au doute.

N'en existe-t-il point d'autres ? Assurément oui, mais les chancelleries, unies par la complicité, liées par le *secret professionnel* que leur impose la raison d'Etat, n'ouvriront pas leurs cartons, où elles demeurent enfouies comme dans un tombeau (1).

Il est une seule cour dont il eut été permis d'espérer mieux : la cour de Rome. La papauté pouvait, dans une certaine mesure, en tant que puissance temporelle, se croire enchaînée par la raison d'Etat ; mais, on voit moins clairement le Vicaire de Jésus-Christ couvrir de sa passive complicité le mensonge inique, au lieu de faire luire la vérité, qu'il connaît et détient.

1. « Ma conviction — disait un jour Jules Favre à M. Naquet — se fonde sur des pièces diplomatiques que j'ai vues lorsque j'ai passé aux Affaires Etrangères et dont il ne m'est pas possible de me servir. » (Lettre de M. Naquet à M. le comte d'Hérisson, dans *Autour d'une Révolution*, p. 201).

Les recherches tentées dans cette direction, n'ont point abouti (1).

C'est qu'en réalité le pape n'est qu'un perpétuel prisonnier, prisonnier des révolutionnaires italiens d'abord, mais, plus effectivement encore, il est aux mains de geôliers non moins redoutables. Enserré par une légion de prélats romains dont la vénalité et l'esprit d'intrigue joue du catholicisme comme d'un moyen de vivre grassement, toute lumière ne lui parvient qu'obscurcie et dénaturée dans ses tons. Il faudrait un miracle pour que le captif du Vatican put se dégager de ces liens énervants; seulement alors la vérité pourrait se faire jour.

Dans un livre récent (*le Testament d'un Antisémite*), livre que nous gâtent un peu certaines préoccupations personnelles, sans toutefois affaiblir la thèse soutenue, M. Edouard Drumont ne se montre point consolant. Il nous découvre, avec une cruelle perspicacité, l'aristocratie et le haut clergé français courbés sous le joug sémite, peu soucieux partant de rechercher une justice platonique et improductive. Heureusement pour la France, cette atrophie de tout sentiment généreux

1. Quand, vers 1836, M. de Laprade alla trouver Grégoire XVI, il le supplia de dire la vérité : « — Je le bénis, répondit le pontife, mais *non possumus ;* comme pape je ne puis rien pour lui. » Provins, *Le dernier roi légitime de France*, II, p. 395.

disparaît en partie en descendant quelques éche-
lons de la hiérarchie sociale.

En Allemagne, un de nos amis, zélé défenseur
de la cause de Louis XVII (1), vient de renouveler
encore les plus généreux efforts ; ils n'ont pas été
vains et il a recueilli dans les archives royales
prussiennes de nombreux et intéressants documents, dont AUCUN n'infirme les dires du prétendu
Nauendorff, tandis que beaucoup fournissent les
preuves irrécusables des ténébreuses intrigues
qui se nouaient autour de ce *misérable horloger
faussaire*, mettant en jeu ministres et ambassadeurs. Ces documents, qui verront bientôt le jour,
forment la matière de deux gros volumes qui seront, croyons-nous, le dernier mot sur cette question historique si controversée.

Enfin, dans les archives particulières dont les
papiers n'ont point, comme tant d'autres, hélas !
subi d'*autodafé* dans les cheminées des Tuileries, il est impossible que ne se rencontrent quelques documents probants ! Peut-être, quelqu'un
de ceux-ci tombera-t-il entre les mains d'un éru-
dit, plaçant la vérité au-dessus des mesquins intérêts personnels.

C'est, en effet, dans l'*intérêt personnel*, dans
la crainte de se compromettre qu'il faut chercher
le secret des résistances. Il a d ailleurs été dévoilé

2. M. Otto Friedrichs, l'auteur bien connu d'*Un Crime
politique*.

cyniquement par ces paroles d'une grande dame mieux que personne édifiée sur la vérité : « A quoi bon s'occuper de ces gens-là ? Ils ne seront jamais en mesure de reconnaître les services qu'on leur rendrait ? »

APPENDICE

I

Récit d'Harmand.

Une préoccupation *dont je n'ai pas été le maître* ne m'a pas permis de garder la date précise de notre visite au Temple, mais voici les faits :

« Nous arrivâmes à la porte, sous l'affreux verrou de laquelle était enfermé le *fils innocent*, le *fils unique de notre roi, notre roi lui-même...*

« Le prince était assis auprès d'une petite table carrée, sur laquelle étaient éparses beaucoup de cartes à jouer... Il était occupé de ces cartes lorsque nous entrâmes, et *il ne quitta pas son jeu*.

« Il était couvert d'un habit neuf à la matelot, d'un drap couleur ardoise; sa tête était nue; la chambre propre et bien éclairée. Le lit se composait d'une couchette en bois; le coucher et le linge nous parurent beaux et bons...

« Je m'approchai du prince, nos mouvements ne semblaient faire *aucune impression sur lui,*

Je lui dis... (Ici quelques offres d'adoucissement à la captivité de l'enfant).

« Pendant que je lui adressais cette petite harangue, il *me regardait fixement*, sans changer de position, et il m'écoutait *avec l'apparence de la plus grande attention, mais pas un mot de réponse.*

« Alors, je repris mes propositions, comme si j'eusse pensé qu'il ne m'avait pas entendu...

« J'épuisai en vain toute la nomenclature des choses qu'on peut désirer à cet âge ; je n'en reçus *pas un mot de réponse, pas même un signe ou un geste*, quoiqu'il eut la tête tournée vers moi, et qu'il me regardât avec *une fixité étonnante*, qui exprimait la *plus grande indifférence.*

« Alors je me permis de prendre un ton un peu plus prononcé, et j'osai lui dire : « Monsieur, tant d'opiniâtreté à votre âge est un défaut que rien ne peut excuser... »

« Toujours le même *regard fixe* et la *même attention; mais pas un seul mot.*

« Je repris : « Si votre refus de parler, monsieur, ne compromettait que vous, nous attendrions... Ayez la bonté de me répondre, je vous en supplie, ou bien nous finirons par vous l'ordonner. »

« *Pas un mot*, et toujours *la même fixité.* J'étais au désespoir et mes collègues aussi ; mais quelques pas que je fis dans la chambre me remirent, et me confirmèrent dans l'idée d'essayer l'effet du commandement; ce que je tentai, en effet, en me plaçant tout près et à la droite du prince, et en lui disant : « Monsieur, ayez la complaisance de me donner la main. »

« Il me la présenta, et je sentis, en prolongeant mon mouvement jusque sous l'aisselle, une tumeur au poignet et une au coude comme des nodus; il paraît que ces tumeurs n'étaient pas douloureuses, car le prince ne le témoigna pas : « L'autre main, Monsieur. » Il la présenta aussi; il n'y avait rien. « Permettez, Monsieur, que je touche aussi vos jambes et vos genoux. »

« Il se leva. Je trouvai les mêmes grosseurs aux deux genoux, sous le jarret.

« Placé ainsi, le jeune prince avait le maintien du rachitisme et d'un défaut de conformation; ses jambes et ses cuisses étaient longues et menues, les bras de même, le buste très court, la poitrine élevée, les épaules hautes et resserrées, la tête très belle dans tous ses détails, les cheveux longs et beaux, bien tenus, châtains clairs : « Maintenant, Monsieur, ayez la complaisance de marcher. » Il le fit aussitôt, en allant vers la porte qui séparait les deux lits, et il revint s'asseoir sur-le-champ : « Pensez-vous, Monsieur, que ce soit là de l'exercice, et ne voyez-vous pas, au contraire, que cette apathie est la cause de votre mal et des accidents dont vous êtes menacé? Ayez la bonté d'en croire notre expérience et notre zèle. Vous ne pouvez espérer rétablir votre santé qu'en déférant à nos demandes et à nos conseils ; nous vous enverrons un médecin, et nous espérons que vous voudrez bien lui répondre. Faites nous un signe au moins que cela ne vous déplaira pas ». *Pas un signe, pas un mot.* « Monsieur, ayez la bonté de marcher, encore et un peu plus longtemps. » Silence et refus. Il resta sur son siège, les coudes appuyés sur la table ; ses traits ne changèrent pas un seul instant, pas la moindre émotion apparente, pas le moindre étonnement dans les yeux, comme si nous n'eussions pas été là, et comme si je n'eusse rien dit ; j'observe que mes collègues ne parlèrent pas.

« Nous nous regardions d'étonnement, et nous faisions quelques pas l'un vers l'autre pour nous communiquer nos réflexions, lorsqu'on apporta le dîner du prince.

« Nouvelle scène de douleur : il faut l'avoir vu et éprouvé pour la croire.

« Une écuelle de terre rouge contenait un potage noir, couvert de quelques lentilles ; dans une assiette, de la même espèce, était un petit morceau de bouilli noir, et retiré, et dont la qualité était assez marquée par ces attributs : une seconde assiette, dont le fond était rempli de lentilles, et une troisième dans laquelle étaient six châtaignes plutôt brûlées que rôties ; un couvert d'étain, point de couteau. Les commissaires nous dirent que c'était l'ordre du Conseil de la Commune ; et point de vin.

« *Tel était le dîner du fils de Louis XVI, de l'héritier de soixante-six rois ; tel était le traitement fait à l'innocence !*

« Dans l'antichambre nous ordonnâmes que cet exécrable ordre de choses serait changé à l'avenir, que l'on commencerait à l'instant même à ajouter à son dîner quelques friandises, et surtout du fruit ; *je voulus qu'on lui procurât du raisin, qui était rare alors.* »

Harmand continue à se lamenter sur le mutisme de *son roi* qui mange son raisin sans mot dire, puis il reprend :

« Cela dit, nous sortîmes ; la première porte étant fermée, nous restâmes un quart d'heure dans l'antichambre, à nous interroger mutuellement sur ce que nous venions de voir et d'entendre, et à nous communiquer nos réflexions et les observations que chacun de nous avait faites à cet égard, ainsi que sur le moral et sur le physique du jeune prince.

« D'après le récit que je viens de faire, qui est exact, et dont j'ai plutôt abrégé qu'étendu les détails, tout le monde peut faire et fera sans doute les mêmes réflexions, les mêmes observations que nous ; ainsi je ne les répéterai pas.

« J'ai dit les motifs auxquels les commissaires attribuaient le silence opiniâtre du prince. Je leur demandai, dans l'antichambre, si ce silence datait réellement du jour où la plus barbare violence lui avait fait faire et signer d'odieuses et absurdes

dépositions contre la reine, sa mère : ils renouve-
lèrent leur assertion à cet égard, et nous protes-
tèrent que, depuis le soir de ce jour-là, le prince
n'avait point parlé.

« Après avoir présenté cette anecdote à l'éter-
nelle douleur des âmes sensibles, je la livre aux
observateurs de la nature. Est-il possible qu'à
l'âge de neuf ans un enfant puisse former une
telle détermination, et y persévérer ? *C'est ce qui
n'est pas vraisemblable sans doute* ; mais je ré-
ponds à ceux qui douteraient ou qui nieraient,
par un fait et par les témoignages que j'indique,
et auxquels on peut recourir.

« J'ignore si ce jeune prince a parlé à M. Desault lorsque ce médecin est allé le voir, parce que,
*peu de jours après notre visite au Temple, une
intrigue me fit nommer par la Convention commissaire aux Grandes Indes.* Je partis à cet effet
pour Brest, où je restai plusieurs mois ; et à mon
retour j'appris que le malade et le médecin étaient
morts, et celui-ci sans avoir laissé de notes ou de
Mémoires : c'est ainsi qu'on me l'a dit.

« Quoiqu'il en soit, avant de sortir de l'antichambre du prince, mes collègues et moi nous
convînmes que pour l'honneur de la Nation, qui
l'ignorait, pour celui de la Convention, qui, à la
vérité, l'ignorait aussi, mais dont le devoir était
d'en être instruit ; pour celui de la coupable municipalité de Paris elle-même, qui savait tout et qui
causait tous ces maux, nous nous bornerions à

ordonner des mesures provisoires, qui furent prises sur-le champ, et *que nous ne ferions pas de rapport en public*, MAIS EN COMITÉ SECRET, DANS LE COMITÉ SEULEMENT, ce qui fut fait ainsi... En quittant l'antichambre du prince, nous montâmes chez Madame... »

II

Note confidentielle de plusieurs membres du Comité de Salut public, au citoyen Guesno, représentant du peuple, en mission à Rennes.

« Il est impossible, cher collègue, que la République puisse se maintenir, si la Vendée n'est pas entièrement réduite sous le joug.

« Nous ne pouvons nous-mêmes croire à notre propre sûreté, que lorsque les brigands, qui infestent l'Ouest depuis deux années, auront été mis dans l'impuissance de nous nuire et de contrarier nos projets ; c'est-à-dire lorsqu'ils auront été exterminés.

« C'est déjà un sacrifice trop honteux d'avoir été réduits à traiter de la paix avec des rebelles, ou plutôt avec des scélérats dont la très grande majorité a mérité l'échafaud. Soyons convaincus qu'ils nous détruiront si nous ne les détruisons pas. Ils n'ont pas mis *plus de bonne foi que nous* dans le traité et il ne doit leur inspirer aucune confiance dans les promesses du gouvernement.

Les deux partis ont transigé sachant qu'ils se trompaient.

« C'est d'après l'impossibilité où nous sommes d'espérer que nous pourrons abuser plus longtemps les Vendéens, impossibilité également démontrée à tous les membres des trois Comités, qu'il faut chercher les moyens de prévenir ces hommes audacieux, qui ont autant d'autorité que nous.

« Il ne faut pas s'endormir, parce que le vent n'agite pas encore les grosses branches, car il est prêt de souffler avec violence; le moment approche où, d'après l'article deuxième du traité secret, *il faut leur présenter un fantôme de monarchie et leur montrer ce bambin pour lequel ils se battent.*

« Comme il serait trop dangereux de faire un tel pas qui nous perdrait sans retour, les Comités n'ont trouvé qu'un moyen d'éviter cette difficulté vraiment extrême; le voici :

« La principale force des brigands est dans le fanatisme que leurs chefs leur inspirent. *Il faut les arrêter*, et dissoudre ainsi d'un seul coup cette association monarchique, qui nous perdra si nous ne nous hâtons pas de la prévenir.

« Mais il ne faut pas perdre de vue, cher collègue, que l'opinion nous devient chaque jour plus contraire et plus nécessaire que la force. Il faut supposer que les chefs insurgés ont voulu rompre le traité, qu'ils ont voulu se faire princes des départements qu'ils occupent, que les chefs agissent d'intelligence avec les Anglais, qu'ils veulent leur ouvrir la côte, piller la ville de Nantes, et s'embarquer avec le fruit de leur rapine.

« Il faut faire intercepter des courriers porteurs de semblables choses, crier à la perfidie, et mettre dans ce premier moment une grande apparence de modération, afin que le peuple voit clairement que la justice et la bonne foi sont de notre côté.

« Nous le répétons, cher collègue, la Vendée détruira la Convention, si la Convention ne détruit pas la Vendée. *Si tu peux avoir les onze chefs, le troupeau se dispersera.* Concerte-toi sur-le-champ avec les administrateurs d'Ille-et-Vilaine. Communique les présentes, dès la réception, aux quatre représentants de l'arrondissement.

« Il faudra profiter de l'étonnement et du découragement que doit produire l'absence des chefs pour désarmer les conjurés. Il faudra qu'ils se soumettent au régime de la République ou qu'ils périssent : point de demi-mesures; elles gâtent tout en révolution.

« Il faut, s'il est nécessaire, employer le fer et le feu; mais en rendant les Vendéens coupables aux yeux de la nation de tout le mal qu'ils souffriront. Saisis, nous le répétons, cher collègue, les premières apparences favorables qui vont se présenter pour frapper un grand coup, car les événements pressent de toute part...

... « Prends garde aux menées de Louvel, il est vendu aux restes orléaniques et la guenon d'ambassadrice (Mme de Staël) en dispose à plein. Nous le surveillons, mais il intrigue activement dans la Mayenne et dans la Loire-Inférieure. Boissy (l'agent du comte de Provence) adopte toutes les mesures ; il en sent l'urgence.

... « Adieu, cher collègue, salut et fraternité.

TALLIEN, TREILLARD, SIEYÈS, DOULCET, RABAUD, MAREC, CAMBACÉRÈS.

Paris, 18 prairial an III (6 juin 1795).

III

Le Testament de Louis XVIII

Au sujet du testament de Louis XVIII, on lit dans *Louis XVII vengé*, de M. de Stenay :

« ... Le tout était renfermé dans une cassette à triple serrure qui resta dans le cabinet de Louis XVIII jusqu'au jour de sa mort, arrivée le 16 septembre 1824. Au moment de ce trépas, M. de Villèle et deux autres ministres examinèrent les documents contenus dans cette cassette. Les trois ministres voulaient respecter les volontés du roi défunt ; mais ayant consulté Mgr de

Latif, pair de France, ce futur cardinal tourna la chose en dérision et prétendit que Charles X devait être proclamé à l'instant, en lui laissant néanmoins le soin de juger cette affaire. Une fois informé, le comte d'Artois manda immédiatement auprès de lui M. le comte de Bruges et M. le vicomte de Montchenu. « Messieurs, leur dit-il, dans la circonstance délicate où je me trouve, j'ai éprouvé le besoin de prendre conseil de deux loyaux et anciens serviteurs comme vous. La mort si regrettable de mon frère, en laissant le trône vacant, me place dans une pénible alternative : d'un côté, la France ne voit que moi, n'attend que moi ; d'un autre, je ne puis vous le cacher, le fils de l'infortuné Louis XVI existe. C'est lui que le droit de succession appelle au trône ; mais en voulant l'y faire monter, n'est-il pas à craindre qu'une telle détermination, toute pleine d'équité qu'elle est, ne lui devienne funeste et à nous tous ? Le parti royaliste va se diviser : la guerre civile peut éclater ; les libéraux, dont les progrès sont chaque jour plus effrayants, ne manqueront pas de fomenter la discorde pour renverser le trône ou le ravir à la branche aînée ; que deviendrait alors l'héritier légitime ? En voulant lui rendre la couronne, elle peut se briser sur sa tête et plonger la France dans de nouveaux malheurs. Ne vaut-il pas mieux laisser les choses suivre leur cours tel qu'il a été ostensible jusqu'ici ? Le repos de la France est garanti, et la succession est assurée par la présence de mon petit-fils. »

« Quoique foudroyés par cet aveu inattendu, MM. de Bruges et de Montchenu répondirent aussitôt : « Altesse royale, en rendant le trône à qui il appartient, vous ferez un grand acte de justice ; et c'est la justice qui sauve les empires. » Le lendemain, ces messieurs apprirent que de plus hautes influences avaient prévalu sur leur conseil. »

*
* *

M. Bérard de Pontlieue, avocat à la Cour royale de Paris, dans une lettre du 21 mai 1851, confirme ce que M. Brémond a écrit sur le testament de Louis XVIII.

« J'ai vu aussi différents membres du comité légitimiste pour la recherche de Louis XVII, dont faisaient partie Mgr Tharin, évêque de Strasbourg, Mgr de Nancy, M. l'abbé Perrault, secrétaire de la grande aumônerie de France. Ce dernier m'a affirmé tenir d'un des grands officiers de la couronne, devant qui le fait s'est passé, qu'à la mort de Louis XVIII, son secrétaire avait été ouvert, qu'on y avait trouvé un liasse de papiers intitulée : *Affaire de Louis XVII* ; que M. de Villèle avait mis cette liasse de papiers sous sa redingote, et défendu qu'il en fut fait mention au procès-verbal ; que cette liasse fut remise fidèlement par M. de Villèle à Charles X. »

*
*   *

M. Nicod, curé de la Croix-Rousse de Lyon, a plusieurs fois confirmé les confidences reçues de M. de Montchenu, au sujet des incidents ci-dessus.

*
*   *

Une lettre de Mme Louise Ducrey, née Brémond, adressée à Mme Amélie, fille aînée du prétendu Nauendorf, et datée du 2 juillet 1872, fait connaître deux faits intéressants relatifs aux démarches tentées par son père auprès de Louis XVIII et de Charles X.

Voici ce passage :

« A la Restauration, mon père fut retrouver Louis XVIII pour lui faire connaître l'existence de Louis XVII. Le roi loua sa fidélité et lui dit que s'il voulait s'attacher à sa personne et le servir avec le même zèle, il serait récompensé d'une brillante fortune et d'un emploi des plus honorables. Mon père refusa; pendant la nuit la police secrète vint l'éveiller; une voiture était prête; on le reconduisit à la frontière, avec défense de remettre les pieds sur le sol français.

« Charles X étant monté sur le trône, mon père crut devoir tenter une démarche auprès de lui. Il reçut le même accueil, les mêmes louanges et les mêmes promesses que de Louis XVIII;

20.

il fit le même refus. Dans la nuit, la police secrète vint le prendre à son hôtel pour le reconduire aux frontières. Charles X lui envoyait gracieusement son portrait en lui faisant savoir que, le jour où il voudrait le reconnaître, il serait reçu à bras ouverts... »

* * *

On trouve éparses de nombreuses confirmations de ces faits, notamment de la conversation de Charles X avec MM. de Montchenu et de Bruges. Mme la marquise de la Poëze a maintes fois répété que son oncle, le comte de Bruges, les avait souvent relatés en sa présence.

Le duc Mathieu de Montmorency était au courant de ces faits. M. le marquis de Nicolaï causant avec M. le chanoine de la Haye (1), de la nomination de sa femme en remplacement de Mme de Gontaud, en qualité de gouvernante de Mademoiselle, sœur de M. le duc de Bordeaux, répondit à cet ecclésiastique qui manifestait son étonnement de ce choix, alors que la marquise partageait tous les sentiments de son mari :

« *Monsieur l'abbé, la famille royale croit aussi fortement que vous et moi à l'existence de Louis XVII !* »

1. M. le chanoine François-Nicolas de la Haye, ancien secrétaire général de Mgr Tharin à l'évêché de Strabourg est le signataire de la lettre que nous citons pages 199 et 200.

IV

Lettre du docteur Martin à M. le comte de la Barre.

A Monsieur le comte de la Barre,

« Fils de Thomas Martin, de Gallardon, je viens, en cette qualité, vous apporter un témoignage de la plus haute importance, en faveur de l'auguste famille qui nous est si chère à tous, et pour laquelle vous avez consacré votre existence.

« Je tiens ce précieux témoignage de la bouche même du général La Rochejacquelein, dans une circonstance tout à fait imprévue.

« C'était à Orléans, le 18 février 1857 ; le général était chez son neveu, le marquis de La Rochejacquelein, sénateur ; il apprit par son protégé, le capitaine Blon, parent de Cathelineau, que j'étais à Orléans de passage.

« Alors le général saisit cette occasion pour m'envoyer chercher par son domestique, m'invitant de passer le plus tôt possible chez lui. Je répondis verbalement à l'envoyé : « Dites au général que n'ayant que quelques heures à voir mes amis, je ne puis me rendre à ses désirs. »

« Immédiatement après, le même domestique m'apporta un petit mot du général, me priant de lui donner un rendez-vous dans la soirée, n'importe l'heure, parce que, disait-il, il avait une affaire très importante à me communiquer.

« Je lui assignai huit heures du soir, chez M. Breton, beau-père du capitaine Blon, rue de Bourgogne.

« Le général fut fidèle au rendez-vous.

« Il se plaignit en entrant que je n'avais d'égards ni pour son âge ni pour ses jambes.

« C'était là que je l'attendais, car j'avais depuis longtemps une dent contre lui, et l'occasion était favorable pour lui dire ma façon de penser; je lui dis, d'un ton sec : « Moi aussi, général, j'ai à me plaindre de vous, et je tiens à le faire constater ici devant tous. (Nous étions à table, où il y avait environ dix à douze personnes). Vous avez été très injuste envers mon père; vous avez été faux dans vos paroles ; vous avez tenu des propos injurieux et mensongers sur son compte. Mais, patience, ces mensonges retomberont sur ceux qui les commettent. »

« Comment cela ? comment cela ? me dit-il, moi, jamais! » Je repris : « Général, vous avez dit dans les salons que vous fréquentiez à Paris et ailleurs, lorsqu'on vous questionnait sur votre démarche auprès de mon père, à Gallardon, que jamais vous n'aviez été chez Martin, ni de votre chef, ni envoyé de Charles X, alors que vous demandiez à mon père (c'était dans la nuit du 31 juillet au 1er août 1830), de la part du roi, ce qu'il fallait faire dans les circonstances fâcheuses où il se trouvait à Rambouillet et, si ma mémoire est bien fidèle, vous étiez trois hommes. »

« Non, me dit-il, il n'y avait que mon aide de camp et moi. — Il me semble pourtant, lui dis-je, qu'il y avait trois chevaux et trois hommes. — Ah ! oui, c'était mon brave domestique. — Et je me rappelle très bien, en parlant du roi, mon père vous disait que son temps était fini, qu'il serait responsable devant Dieu du sang versé inutilement, s'il résistait. »

« Le général reprit : « Tout cela est vrai, bien vrai, mais il y avait des convenances à garder, mais... — Oui, oui, lui dis-je, vous vouliez vous garder une porte d'entrée ou de sortie avec M. de Chambord ». J'étais encore sous cette fâcheuse impression de colère, lorsque le général me tira à part et me dit : « Avez-vous des nouvelles de Louis XVII? Savez-vous où il est? — Non, je n'en sais rien; mais je le saurais, que je ne le dirais pas; vous vous êtes rendu indigne d'une telle cause, et ce n'est pas à vous qu'il est réservé de la faire réussir. — Allons, allons, me dit-il, ne vous emportez pas ainsi; lorsque vous saurez l'importance de ma démarche, vous m'écouterez avec attention. » Le général continua : « Madame la Dauphine me fit appeler à son lit de mort, et me dit d'une voix presque éteinte : « Général, j'ai un grand fait grave, très grave à vous révéler; c'est le testament d'une mourante : mon frère n'est pas mort; c'est le cauchemar de toute ma

vie, promettez-moi de faire toutes démarches nécessaires pour le retrouver.

« Voyez le Saint Père, voyez les enfants de
Martin, courrez par terre et par mer pour trouver
quelques vieux serviteurs ou leurs descendants,
car la France ne sera heureuse et tranquille que
lorsqu'il sera sur le trône de ses pères. Jurez-moi
(ici des larmes abondantes) que vous ferez tout
ce que je vous demande. Je vais mourir au moins
tranquille, et il me semble que le poids que j'ai
sur la poitrine est moins lourd. »

« Le général pleurait en me racontant cette
scène si émouvante, mais il était trop tard. Cependant je dis au général : « Je suis heureux
d'apprendre de vous cette suprême révélation ;
cela confirme encore les paroles de mon père,
qui avait dit, à plusieurs reprises, que la duchesse
d'Angoulême serait la plus opiniâtre et la dernière à le reconnaître.

« Agréez, Monsieur le comte, mes très humbles
et respectueuses salutations.

« Antoine MARTIN. »

M. Nauroy apporte une nouvelle confirmation
des convictions du général de La Rochejacquelein, en citant un passage des *Mémoires* autogra-
phiés de Mme la duchesse de Gontaut, une intime
de la maison royale, affirmant que le général
avait dit en face de Mme la Dauphine, en 1832 :

« Non, mille fois non, Louis XVII n'est pas mort au Temple !

V

I. — Lettre de Mme de Rambaud à la Dauphine

« A Son Altesse Royale Madame, duchesse d'Angoulême

« Madame,

« Celle qui aurait donné sa vie pour vos illustres parents prend aujourd'hui, par devoir de conscience, la respectueuse liberté de vous écrire pour vous assurer de l'existence de votre auguste frère. Mes yeux l'ont vu, reconnu ; des heures passées avec lui m'en ont donné la plus entière conviction. Une si précieuse conservation vient de la toute-puissance de Dieu : c'est à genoux que je lui en rends grâces, en me disant sans cesse que s'il a bien voulu le conserver par sa volonté même, c'est pour en faire un être de pacification générale et de bonheur pour tous : cette conviction, comme l'espérance, vient de lui seul.

« Ses longs malheurs, sa résignation aux volontés de la Providence, et sa bonté sont au-delà de tout.

« Celle de Votre Altesse Royale ne m'est pas moins nécessaire pour m'assurer que je n'ai point trop osé, en exprimant ce que mon cœur sent si bien pour ses souverains si légitimement aimés de tous ceux qui ont conservé un cœur fidèle.

« C'est avec respect que je suis,

« de Votre Altesse Royale,

« la très-humble et très-obéissante servante,

« Mme veuve DE RAMBAUD. »

P.-S. — « Madame sait que j'ai eu l'honneur d'être attachée au berceau de son auguste frère depuis le jour de sa naissance jusqu'au 10 août 1792. »

II. — Lettre de Mme de Saint-Hilaire à la Dauphine

« *A Son Altesse Royale Madame, duchesse d'Angoulême*

« Madame,

« *Depuis l'année 1795*, je n'ai cessé d'entendre dire que le malheureux Dauphin, fils de Louis XVI, avait été sauvé du Temple, et qu'un autre enfant y avait été introduit à sa place. Cet espoir, qui était nourri dans le cœur de tout bon Français, était devenu une croyance religieuse ; elle fut entretenue pour moi à une époque où je fus placée auprès de *Joséphine, femme de Bonaparte*. J'acquis alors la certitude que sa bonté, son respect et son attachement à la famille royale des Bourbons l'avaient portée, de convention *avec le ministre Fouché*, à soustraire le malheureux reste du sang de nos rois aux cruelles mains de son époux qui avait prononcé sa perte.

« Je pense, Madame, que ces bruits seront arrivés jusqu'à Votre Altesse Royale. Mais la Providence ayant permis que, depuis quinze ans, il se présentât plusieurs faussaires, suscités par une police trop coupable, la vérité n'était pas encore parvenue jusqu'à vous, malgré tous les renseignements que Votre Altesse Royale a cherché à obtenir.

« Si je prends, Madame, la très-respectueuse liberté de vous adresser aujourd'hui cette lettre, c'est que j'ai la conviction d'avoir retrouvé ce prince si regretté des Français. La Providence a permis que je me trouvasse en rapport avec lui ; et pour tous ceux qui ont eu l'honneur de connaître le roi votre auguste père, et la reine votre trop malheureuse mère, il est impossible de méconnaître Louis XVII à la ressemblance frappante que ses traits offrent avec ceux des augustes auteurs de sa vie.

« Votre Altesse Royale, qui, jusqu'à présent, n'a point été à portée de trouver la vérité, peut être assurée que Dieu a permis, qu'après tant d'années de recherches, nous soyons enfin parvenus à la trouver.

« C'est aux pieds de Votre Altesse Royale, que je la supplie, avec tout le respect que je lui dois, de me pardonner la lettre que je prends la liberté de lui adresser mais *Dieu, ma conscience* et et *le salut de mon âme*, m'imposent l'obligation de la prévenir que son malheureux frère existe, et qu'il est avec nous. J'ose assurer Votre Altesse Royale que *je crois à l'identité de ce malheureux Prince comme je crois en Dieu et à son divin Fils, sauveur du monde.*

« Je suis bien peu de chose, Madame, mais le feu sacré de mon amour et de ma reconnaissance pour votre auguste et trop malheureuse famille, n'a jamais cessé de brûler dans mon cœur. Malgré tous les malheurs qui m'ont été personnels, je suis encore disposée à sacrifier le reste de ma triste existence, si elle peut être utile au fils de votre auguste père, que Dieu, dans sa sainte miséricorde, semble m'avoir fait retrouver, pour me dédommager, à la fin de ma vie, de toutes les douleurs que j'ai ressenties par la perte cruelle de mes augustes maîtres.

« Je suis, Madame, avec le plus profond respect,

« de Votre Altesse Royale,

« la plus humble, la plus obéissante et la plus soumise servante,

« MARCO DE SAINT-HILAIRE, née BESSON,

« Anciennement attachée
à Madame Victoire de France, tante du roi.

« Versailles, le 9 septembre 1833. »

III. — Lettre de M. de Brémond à la duchesse d'Angoulême

« Madame,

« Serviteur de votre auguste père, j'ai reconnu dans le prétendant, Charles-Guillaume Nauendorff, l'orphelin du Temple, votre auguste frère, le duc de Normandie, et je suis devenu son serviteur. Connaissant tous les moyens par lesquels Votre Altesse Royale a pu être trompée, et voulant remplir mon devoir envers l'orphelin du Temple, je me suis adressé à un de vos plus estimables serviteurs ; je lui ai fait connaître tous les motifs qui devaient porter Votre Altesse Royale à faire un dernier examen de l'identité du duc de Normandie, son auguste frère, avec M. de Nauendorff. J'ai proposé une assemblée de famille pour faire avec vous cet examen...

« Je déclare en la présence de Dieu à Votre Altesse Royale que le feu roi-martyr, mon auguste Maître... ne voulut délibérer sur trois propositions qui lui étaient soumises pour l'acceptation de la Constitution en 1791, qu'après avoir fait la tentative de se réconcilier avec le roi George III. M. le comte de Mercy d'Argenteau, ambassadeur d'Autriche auprès de lui, fut le porteur de sa lettre autographe au roi d'Angleterre ; et dans cette lettre il lui exprimait le regret le plus vif de s'être égaré au point d'avoir souten des rebelles contre leur roi légitime. Il lui demandait son amitié et l'emploi de toute sa puissance pour le protéger, en n'autorisant aucun acte de son gouvernement qui pût contribuer à troubler la sécurité de sa personne et celle de sa famille.

« Un traité secret s'ensuivit, par lequel le roi George III donnait sa parole royale, non seulement de ne permettre à son gouvernement aucun acte contre la sécurité de Louis XVI et la tranquillité de la France, mais d'employer toute son influence à rétablir le calme dans son royaume, et dans le cas où Louis XVI viendrait à mourir, de prendre sous sa protection royale son épouse et ses enfants. Cet acte, Madame, vous le trouverez dans les archives de l'Autriche, comme dans celles de l'Angleterre, et vous jugerez que la lettre de S. M. George III à S. A. R. Monseigneur le duc d'Angoulême, pour l'investir de la tutelle de l'orphelin du Temple, en 1794, et le cas de sa mort arrivant, de le reconnaître pour roi légitime, est un jugement solennel contre L. A. R. le comte de Provence et le comte d'Artois, malheureusement placés au nombre des conjurés contre Louis XVI.

« Les martyrs, vos augustes parents, en étaient tellement convaincus, qu'ils les redoutèrent l'un et l'autre plus que *les jacobins*. Vous trouverez d'ailleurs dans les archives de l'Autriche, de l'Angleterre, de la Russie et de la Prusse, les déclarations faites à toutes ces cours, par le baron de

Breteuil, ambassadeur secret et extraordinaire du roi, pour placer l'armée des princes à l'arrière-garde de leurs armées, sans jamais leur permettre d'entrer sur le territoire français.

« Enfin, Madame, je remplis le devoir que Dieu m'impose envers vous, en vous déclarant, *qu'à ma connaissance la Cour d'Autriche a la preuve authentique de l'enlèvement de l'orphelin du Temple. Je sais encore, d'une manière positive, que ceux qui ont eu le bonheur de le délivrer, l'ont conduit à Rome où il a été paternellement acueilli par le Saint-Père Pie VI*, dont il a un document écrit en latin, dans lequel il est parlé de lui, et signé *Pius Sextus*. Il n'existe donc personne qui puisse vous donner des informations véridiques et contraires à ce que j'ai l'honneur de vous faire savoir. *Mon honorable ami*, feu M. le marquis *de Montciel* (ancien ministre de l'Intérieur sous Louis XVI), *dont la copie du testament politique vous sera remise, a souvent gémi devant moi des illusions de Votre Altesse Royale. Plusieurs fois il était sur le point d'aller vous demander une audience particulière, pour vous faire connaître l'existence de votre auguste frère. Cet honorable ami est mort dans mes bras, de douleur de la catastrophe de 1830, en regrettant de n'avoir pu remplir son devoir en vous enlevant la cataracte dont on avait couvert vos yeux.*

« Je crois que plusieurs de vos serviteurs, trompés eux-mêmes par le prince qu'ils avaient le malheur de servir, ont pu vous faire partager leurs erreurs; mais pour vous faire mettre en mesure de juger, j'ajoute le fait suivant : un d'entre eux, le duc de Blacas, a reçu des mains de M. de Montciel le trésor de la Couronne qu'il avait sauvé des mains des factieux, *pour le conserver à l'autorité du roi légitime.*

« Ce trésor, valeur réelle, était de *trois cents millions.* Il fut converti en neuf millions de rentes placés dans les fonds étrangers, de préférence aux fonds français. J'ai su, en 1820, de mon ami, M. André, qu'à sa connaissance il n'existait plus que sept millions de rentes du trésor. Depuis cette époque, il n'y a pas eu lieu sans doute de le diminuer.

« Ce trésor, Madame, appartient au roi légitime, et ce roi légitime, que vous embrasserez un jour avec bonheur, c'est votre auguste frère, le duc de Normandie.

« Mais, d'après la vérité que je vous déclare devant Dieu, il ne vous est plus permis de vous en servir contre lui. Que vos conseillers ne se fassent pas illusion; ce sont eux qui sont responsables devant Dieu et devant leur roi légitime de l'emploi que vous en ferez.

« Mon devoir est rempli, Madame. Pour récompense de mes services envers le roi-martyr et envers toute sa famille, je n'ai jamais voulu accepter que le portrait de Son Altesse Royale, Monsieur, *qu'il me donna en 1820.* A l'âge de

78 ans où je suis parvenu, je n'ai plus rien à recevoir de personne sur la terre; mais je dois me préparer à paraître devant Dieu qui du moins ne me fera pas le reproche de vous avoir caché la vérité

« Je suis avec respect...

« BRÉMOND. »

VI

Déclaration de M. Marcoux ancien huissier, de la chapelle de Louis XVI.

M. Marcoux ayant parlé du prétendu Nauendorff à la comtesse de Mauvoir, fut engagé par cette dame à voir M. de Joly, ancien ministre de la Justice sous Louis XVI :

« Quelque temps après, Mme de Mauvoir me rapporta qu'elle avait vu M. de Joly; qu'elle lui avait parlé du duc de Normandie; que la conversation avait été fort animée, et que ce ministre lui avait dit avec une grande colère : « Comment! vous aussi, madame, vous voulez proclamer dans la société une erreur déplorable, pour diviser le parti légitimiste, quand tout le monde sait que le fils de Louis XVI est malheureusement bien mort? Envoyez-moi l'homme qui vous égare, et je l'aurai bientôt détrompé. »

« Quel fut mon étonnement lorsque Mme la comtesse me fit part de cette conversation! J'habitais Versailles; avant de rentrer chez moi je me présentai aussitôt à la demeure de M. de Joly. Ce fut lui qui me reçut… Il me fit entrer dans son cabinet et renvoya son secrétaire. Quand nous fûmes seuls, il me dit : « Mme de Mauvoir m'a assuré que vous croyez à l'existence du fils de Louis XVI ?—C'est vrai, Monsieur, répliquai-je. — Mais, ajouta-t-il, on ne peut pas sans démence croire à pareille chose. Personne ne doute de la mort du Dauphin. J'ai de nombreux fragments d'histoire de divers auteurs qui ont écrit l'histoire de la Révolution, et tous prouvent qu'il est mort. — Ils n'ont pas plus que moi été témoins de son décès, repartis-je, ils ont écrit sur des *on dit.* » Je ne puis reproduire en détail toutes les particularités de notre entretien… La discussion que nous eûmes ensemble nous laissa chacun dans notre opinion, et nous nous quittâmes brusquement, probablement, pensais-je, pour ne plus nous revoir.

« Je fus donc excessivement surpris, lorsque, dans un nouveau voyage à Paris, au bout de quelque temps, ayant revu Mme de Mauvoir, elle me prévint que M. de Joly désirait encore causer avec moi… Quand il me vit, il me dit : « Je vous ai fait prier de venir, parce que vous me semblez de bonne foi et je veux vous désabuser. Pourrais-je voir votre prétendu prince ? »… M'étant rendu chez le prince, il fut enchanté de savoir qu'il allait se trouver en présence d'un ancien ministre de Louis XVI, et me dit de le lui amener à quatre

heures, ajoutant : « Vous serez présent à l'entrevue, je veux que vous soyez témoin de ce qui va
se passer. »

« A l'heure fixée, M. de Joly et moi nous allâ-
mes trouver le prince... « On m'a informé que
vous aviez servi mon père, mon ami? » Le prince
qualifiait ainsi du nom d'ami toutes les personnes
qui l'abordaient. M. de Joly lui répondit : « C'est
possible, Monsieur. » Le prince lui dit de s'asseoir et s'assit lui-même en face de lui. Aussitôt
la conversation s'engagea sur le fait de l'existence du fils de Louis XVI. Afin de s'assurer si le
personnage avait des souvenirs exacts sur des
faits que sa mémoire avait pû conserver, M. de
Joly prenait à tâche de lui en signaler, en les
rapportant tous à rebours de la vérité. Mais le
prince le contredisait aussitôt en rectifiant les
erreurs volontaires du ministre... Il fut particulièrement question du transfert de la famille
royale des Tuileries à l'Assemblée nationale. Je
me rappelle parfaitement que M. de Joly expli-
qua au prince intentionnellement, contre la
vérité, comment la salle était éclairée; et que le
prince lui répondit aussitôt : « Vous vous trompez,
mon ami, je me souviens qu'il y avait de grandes
fenêtres. » Je crois même, sans en être trop sûr,
qu'il ajouta qu'elles étaient grillées. Je n'ai point
non plus oublié que M. de Joly lui dit ensuite :
« Vous vous êtes presque toujours promené, » et
que le prince lui répliqua. « Non, mon ami,

j'étais sur les genoux de ma mère, je m'y suis même endormi. » Enfin, j'ai encore la certitude que M. de Joly dit : « Vous avez demandé un morceau de pain à manger ; » et que le prince lui répondit : « Je ne me rappelle pas avoir tenu ce propos ; mais je sais que je me suis plaint de la faim et que j'ai mangé de la soupe. »

M. de Joly, en se retirant, dit au prince : « J'ignore qui vous êtes ; tout ce que je puis attester, c'est que vous ressemblez à une personne que j'ai bien connue. »

« Ce fut un lundi que cela se passait. On se donna rendez-vous pour le mercredi suivant. Je n'assistai pas à cette conférence. Ayant reconduit M. de Joly chez lui, je lui demandai : « Franchement, que pensez-vous du personnage que vous venez de voir ? — Je ne suis pas convaincu, me répondit-il ; mais ce que je puis vous dire, c'est qu'il a le verbe, les gestes et la démarche de Louis XVI, et ce sont de ces choses qui ne s'imitent pas. — Eh bien ! lui dis-je, vous me faites plaisir de me dire cela. » Nous nous quittâmes avec la promesse de nous revoir. Peu de temps après, étant allé à Paris, je fus voir M. de Joly. Quelle fut ma surprise quand, lui ayant demandé s'il avait revu le prince, il me répondit : « Oui, et c'est bien le fils de Louis XVI ! » Et moi je lui dis ironiquement : « Comment, Monsieur de Joly, et vous aussi, vous voulez diviser le parti légitimiste ! — Ah ! me répondit-il, vous avez le droit de rire de moi ; car si je n'avais pas entendu de mes oreilles et vu de mes yeux, je n'aurais jamais cru. Mais, maintenant, rien au monde ne pourrait détruire, dans mon esprit, son identité avec le fils de Louis XVI ; car tout ce qu'il m'a dit était à ma connaissance, et *ne pouvait être su que du Dauphin et de moi.*

Et notamment ceci : M. de Joly ayant demandé au prince s'il ne se souvenait pas d'un incident survenu lorsqu'il quittait les Tuileries, avec le roi et la famille royale (journée du 10 août), pour se rendre à l'Assemblée nationale :

« Oui, répondit-il, mon père me gronda parce que j'avais, en donnant du pied dans les feuilles mortes, jeté de la poussière sur ses bas ! »

Cet incident, si futile en apparence, était demeuré dans la mémoire du ministre. En effet, le dauphin marchait entre son père, qui lui donnait la main, et M. de Joly ; les feuilles mortes abondaient et ce fait, prématuré pour la saison, avait arraché à Louis XVI ces paroles amères : « Comme tout tombe cette année ! »

« Breda, ce 1ᵉʳ octobre 1856.

« Signé : MARCOUX,

Ancien huissier de la chapelle du palais
et honoraire de la chambre du roi,
demeurant à Versailles, rue des
Hôtels, nº 1. »

VII

Déclaration des médecins qui ont assisté aux derniers moments du duc de Normandie

« Nous, soussignés, docteurs médecins en fonctions à Delft, Jean Soutendam et Jean-Gérard Kloppert, autrefois officier de santé et comme tel adjoint comme médecin consultant par feu S. Exc. le ministre List, déclarons avoir traité en 1845, celui qui alors se nommait Charles-Guillaume Nauendorff, plus tard évidemment étant Charles-Louis de Bourbon, duc de Normandie.

« Beaucoup d'intérêt fut témoigné à l'auguste malade. Des bulletins furent envoyés journellement sur l'état de sa santé au ministre susdit, qui de temps en temps vint en personne prendre des informations.

« .... Les pensées du malade s'arrêtaient principalement sur feu son malheureux père, Louis XVI, sur le spectacle effroyable de la guillotine ; ou il joignait les mains pour prier et demander, avec des paroles entrecoupées, *de bientôt rejoindre au ciel son royal père*. Presque jusqu'au dernier soupir ce fut ainsi ; et Charles-Louis de Bourbon mourut en notre présence, le 10 août 1845.

« Delft, le 30 mai 1872.

« Signé : Jean SOUTENDAM,
« Médecin-docteur,

« J.-G. KLOPPERT,
« Médecin-chirurgien. »

Les médecins qui, à la requête de Charles-Edouard de Bourbon, fils du duc de Normandie, examinent le cadavre, sont :

1º Jean Soutendam, docteur en médecine, demeurant à Delft; 2º Louis-Philippe-Jacques Snabilié, docteur en médecine et en chirurgie, premier officier de santé de l'armée néerlandaise, chevalier de l'ordre militaire de Guillaume, demeurant à La Haye; 3º et Jean Gérard Kloppert, docteur en médecine, demeurant à Delft. Ils notent les signes suivants dans l'acte notarié dressé à ce sujet :

« 1º Au front : une cicatrice de deux centimètres au-dessus de la racine du nez, commençant par le diamètre du front le long du côté droit au-dessous, allant à la manière d'une demi-lune à la longueur d'un centimètre.

« 2º A l'occiput : une cicatrice en quelque sorte imprimée à la partie latérale droite et supérieure.

« 3º A la face : *a*) à la partie mitoyenne du dedans de la lèvre supérieure une petite cicatrice (1), *b*) les deux dents incisives du milieu de la mâchoire inférieure en quelque sorte portant en

1. Provenant de la morsure du lapin blanc; le petit Dauphin jouait souvent avec ce lapin qu'il aimait beaucoup ; l'ayant perdu, puis retrouvé dans un bosquet de Versailles, dans sa joie il le serra violemment dans ses bras et fut mordu par l'animal effarouché; il existe des témoignages relatifs à cet incident.

avant (1), *c*) à la partie extérieure du milieu du menton, une cicatrice superficielle non attachée, d'environ un centimètre (2).

« 4° A la poitrine : deux centimères à la partie gauche de l'os de la poitrine une cicatrice linéaire (3) pas bien attachée, d'un centimètre de long, ainsi qu'une cicatrice en forme d'angle, dont la hauteur ne peut pas être déterminée exactement, puisque les côtes ne peuvent pas être comptées, à cause du développement du gaz déjà existant.

« 5° Aux membres supérieurs : *a*) à la partie postérieure de l'épaule gauche, une cicatrice d'un centimètre ; *b*) au bras gauche de dessus à la troisième partie intérieure du milieu supérieur (*sic*), trois cicatrices d'inoculation à la forme d'un triangle dont la base est tournée en bas ; *c*) une cicatrice à l'intérieur du muscle du biceps, d'un centimètre ; de même, une cicatrice du biceps, d'un centimètre ; de même, une cicatrice à la partie intérieure du muscle à trois têtes, presqu'à la troisième partie supérieure du bras supérieur (*sic*) de deux centimètres (4) ; *d*) à la surface de la paume supérieure du petit doigt de la main droite, une cicatrice sortant du radius

1. Comme le Dauphin. Il y a témoignage.
2. Provenant du coup de chaise de Simon.
3. Tentative d'assassinat de janvier 1834.
4. Tentative d'assassinat de novembre 1838.

de l'ongle et s'étendant environ d'un centimètre (6) ;

« 6° Aux membres inférieurs : à la partie inférieure du milieu de la cuisse gauche, une tache de mère, étendue, superficielle et irrégulière (7) (*nœvus maternus*) non pourvue de cheveux.

« Le requérant m'a prié, moi, notaire, de dresser acte en minute de tout ce qui précède et qui est ci-dessus mentionné, et, après lecture faite au requérant, aux témoins assistants, aux médecins sus-nommés et aux témoins aussi présents: Carel Heyne den Bak et Adriaan Marius Schagen van Leeuwen, tous deux ci-dessus nommés, toutes ces personnes ont signé.

> « *Signé :* Charles-Edouard DE BOURBON, VAN MEURS, VAN BUREN, Jean SOUTENDAM, docteur SNABILIÉ, docteur KLOPPERT, C. HEYNE DEN BAK A.-M. SCHAGEN VAN LEEUWEN, S.-A. SCHOLTEN, notaire.

5. Blessure reçue par le dauphin dans sa prison.

6. A cause de l'arrêt du sang, la marque dite du Saint-Esprit et formée par un réseau de petites veines était devenu irrégulière et en partie effacée, mais elle avait été constatée de son vivant par maints témoins : dont Mme de Rambaud, Morel de Saint-Didier, abbé Fustier, M. de Montfleury, abbé de Laprade, etc.

VIII

La naturalisation d'Adelberth de Bourbon

L'attitude si nette prise par le gouvernement hollandais ne s'est point démentie depuis la mort du prétendu Nauendorff.

Le défunt laissant des enfants mineurs, un conseil de famille fut rassemblé sous la présidence et avec le concours des magistrats, et, dans tous ces actes ayant pour objet d'organiser et de régler la tutelle, les mineurs furent constamment reconnus comme enfants de Charles-Louis, duc de Normandie. Cette qualité leur fut également donnée par l'administration néerlandaise dans tous les actes touchant aux réglements des droits héréditaires.

« En outre, au mois de juillet 1855, le colonel gouverneur de l'Académie royale pour les armées de terre et de mer de Hollande, faisait connaître à M⁽ᵐᵉ⁾ veuve de Bourbon que son fils Adelberth de Bourbon était, en vertu d'une ordonnance du ministre de la Guerre du 20 juin précédent, admis à passer un examen pour être reçu de ladite Académie, faveur qui n'est accordée à aucun étranger.

Précédemment, et dès le mois d'octobre 1845, l'administration de la guerre et de la marine avait passé avec un autre fils du duc de Normandie, Char-

les-Edouard de Bourbon, un traité pour la conti-
nuation des travaux pyrotechniques entrepris par
son père. Dans ce traité, il prit, sans déguisement,
son nom de Charles-Edouard de Bourbon, et tous
ceux qui étaient en relation avec lui, sans exception aucune, le considéraient et le traitaient
comme M. de Bourbon, fils de Charles-Louis,
duc de Normandie.

Tous les membres de la famille étaient ainsi
traités et considérés, et notamment le jeune Adelberth de Bourbon, qui, entré dans l'armée néerlandaise, s'y était distingué par son intelligence
et sa bonne conduite, et avait été jugé digne du
grade d'officier, par suite de l'examen qu'il avait
subi d'après la loi. Comme il ne pouvait devenir
officier à raison de son extranéité, il présenta, le
13 mai 1863, au ministre de la Justice, une requête
tendant à être naturalisé citoyen et sujet néerlandais. A la suite de cette demande et après avoir
vérifié sa situation et ses antécédents, le cabinet
néerlandais présenta aux États généraux un projet
de loi conforme à la demande d'Adelberth de
Bourbon; un grave et significatif incident surgit
alors. A l'occasion de la discussion de ce projet de
loi, quelques membres de la deuxième Chambre
ayant prétendu qu'Adelberth de Bourbon, né en
Angleterre, devait être considéré comme Anglais
et par là même incapable de recevoir le bénéfice
de la naturalisation hollandaise, une consultation
fut demandée à d'éminents jurisconsultes anglais

qui décidèrent que, *né d'un père français, il était lui-même Français*. Le rapporteur de la Commission et le ministre de la Justice émirent la même opinion et *déclarèrent qu'Adalberth de Bourbon était français comme son père;* déclaration implicite de reconnaissance, car Nauendorff est Prussien s'il n'est pas Louis XVII.

Après une discussion dans laquelle furent examinées les objections qui pouvaient être faites à cette nationalité, le projet présenté par le gouvernement fut adopté, et Adelberth de Bourbon déclaré naturalisé citoyen hollandais ; passé alors officier il était capitaine au régiment de grenadiers lorsqu'il mourut, il y a environ deux ans, entouré d'une grande considération et traité partout en Hollande à la cour et dans l'armée, comme le fils du duc de Normandie.

IX

La famille d'un prétendant.

Voici ce que, sous ce titre, on lit dans *les Pèlerinages de Suisse*, par LOUIS VEUILLOT, tome I, pages 47 et suivantes.— Paris, A. Canivet, libraire, 8, rue Cassette, 1839. Ces pages ont été supprimées dans les réimpressions :

« On voit à deux lieues de Vevey un beau château qui renferme des hôtes étranges. Aux yeux de beaucoup de gens, ce n'est pas moins qu'une famille royale, et une famille royale de France, qui habite là. Cette famille se compose d'une mère et de ses enfants, trois garçons, trois filles, dont l'aînée a dix-huit ans. Ces enfants ont des instituteurs, un au moins, des équipages; la fidélité d'un vieux serviteur pourvoit à tout. Pour le père, en sa qualité de prétendant, il est exilé. On l'appelle vulgairement Nauendorff, mais il assure que son nom véritable est Louis-Charles, duc de Normandie.

« L'histoire de Nauendorff, dernier Louis XVII connu, est *plus curieuse* qu'on ne le croit généralement. Jusqu'à lui ceux qui entreprirent de jouer ce rôle furent si *dépourvus d'habileté que la candeur de l'idiotisme* put seule leur former quelques partisans dans le tas populaire. Les gens sérieux en ont pris l'habitude de regarder à l'avance, comme des fous ou des intrigants très inférieurs, toute cette petite suite de ressuscités du Temple. A peine en parle-t-on un jour quoi qu'ils fassent ou disent. On sait bien qu'un nouveau Louis XVII se présente, mais qu'on le mette en prison, qu'on le mette à Bicêtre, qu'il soit enlevé, déporté, personne n'y songe, tant la conviction est grande que les pauvres diables ont usé le métier. *Vraiment Nauendorff est d'une autre espèce.*

« Il sort un jour du fond d'une petite ville de Prusse, ou il exerçait la profession d'horloger ; il est ruiné, il a subi des condamnations judiciaires ; il a femme, enfants, d'ailleurs pas un sou, et il ne parle guère que l'allemand ; c'est dans cette position qu'il commence à réclamer, non pas précisément le trône de France, mais le nom et le titre de prince français, plus, comme fils unique du roi Louis XVI, les biens qui appartenaient à sa famille avant la Révolution.

« Il ne s'adresse pas à quelques bonnes femmes, à quelques paysans ; *c'est aux ministres et rois d'Europe, à Charles X, alors vivant, à Madame la duchesse d'Angoulême*, qu'il porte publiquement ses réclamations, disant *et presque prouvant* qu'elles remontent à plus de quinze années. Il n'a pas tous ses papiers, parce qu'en 1816, M. Lecoq, président de police de Berlin, et le prince de Hardenberg, chef du cabinet prussien, ont abusé de sa confiance pour lui en dérober de fort importants. Mais il lui reste encore assez de documents pour convaincre les incrédules. Puis, malgré la police prussienne (car c'est en Prusse qu'il déclara tout cela), il s'échappe et se rend à Paris. Ce n'est pas mal débuté.

« Il reste à Paris un an tout entier dans le plus profond incognito, et aussi dans la plus profonde misère. Pourtant à force de s'informer des anciens serviteurs de sa famille, il en déterre quelques-uns.

« Déterrer est bien le mot : la plupart de ces cœurs fidèles et chargés d'années vivaient avec leurs souvenirs, au Marais, à Versailles, à Saint-Germain, dans la rue de Babylone.

« L'horloger de Crossen sonde ces nécropoles, il y trouve des gens qui l'ont connu, ou qui du moins le reconnaissent ; ce sont des noms *et des personnes honorables, des serviteurs intimes de Louis XVI et de sa famille infortunée ; parmi eux figurent un ministre de la Justice au 10 août, un ancien huissier de la chambre du roi*, et son épouse attachée à Mademoiselle Victoire, enfin une vieille dame attachée au service du Dauphin, duc de Normandie, depuis le jour de sa naissance jusqu'au 10 août 1792, date de son emprisonnement au Temple. Ces vieillards attestent, à qui veut les entendre, que c'est bien leur prince qu'ils ont retrouvé ; ils l'accueillent avec un empressement dont il est difficile de n'être pas touché, mettant à ses pieds ce qu'ils ont de fortune, ce qui leur reste de vie. La maison de l'un d'eux devient la sienne ; tous lui forment une cour assidue qui s'accroît peu à peu de quelques autres débris ; le voilà Monseigneur, Altesse, peut-être Majesté. On ne se borne pas à causer ; il faut agir. Deux ou trois prêtres, trois ou quatre avocats, *gens de bien d'ailleurs* et gens dévoués, *sacrifiant à cela plus qu'ils n'y gagnent*, se groupent autour du personnage. Une espèce de ministère s'établit. On fait des circulaires aux amis, on prépare des mémoires, on écrit à la famille exilée, on détache des envoyés à Prague, à Berlin, à Rome ; enfin, pour agir tout à fait en puissance, on lève un journal. De leur côté, les vieux serviteurs, que leur âge a placés sur le bord de la tombe, n'y veulent point descendre sans attester solennellement une conviction qui s'accroît chaque jour de mille et mille souvenirs intimes. Ils déclarent donc, que leur Dauphin est le vrai Dauphin, qu'ils ont trouvé en lui le portrait vivant du feu roi, leur infortuné maître, qu'ils lui ont entendu rappeler des circonstances connues d'eux seuls, et ils engagent leur âme qu'ils disent la vérité. Mme de R..., cette femme attachée au fils de Louis XVI, fait plus. Elle est si convaincue de l'identité de Nauendorff, que, malgré son âge, elle entreprend d'aller à Prague, où elle veut déclarer à Madame la Dauphine que son frère est vivant, et elle y va.

« Au bout de seize mois, les souvenirs et les reconnaissances se sont accrus. On a de l'argent; les mémoires sont prêts; on se décide à frapper le grand coup. Nauendorff, avec un aplomb qui ne se dément point, écrit au roi des Français; il lui demande un sauf-conduit pour aller aux Tuileries prendre une cassette que Louis XVI y a déposée : lui seul connaît la cachette, lui seul a la clef du coffre mystérieux, et lui seul pourra l'ouvrir avec la clef. On y trouvera des papiers qui prouvent son identité et ses droits. Cette cachette n'est pas la fameuse armoire de fer. On ne l'a pas découverte, lui seul peut la découvrir. Le roi des Français, que ces curiosités embarrassent peu et ne regardent guère, ne s'en occupe pas davantage. Mais la lettre, rendue publique, attire des montagnes du Valais un témoignage singulier. Là, vit, possesseur d'une assez belle fortune, et *entouré de l'estime publique*, un M. Brémond, Français d'origine, ancien secrétaire particulier de M. de Montciel (1), ministre de l'Intérieur au 10 août. Dans ces temps malheureux, M. Brémond a souvent été occupé intimement auprès de Louis XVI. Il connaît le fait de la cassette. Il tient de M. de Montciel et du roi lui-même que certains papiers retirés de l'armoire de fer ont été déposés, en présence du Dauphin seul, dans une cachette meilleure, dont lui seul a le secret. Sur cet indice, qui rappelle l'histoire de Thésée, M. Brémond ne balance pas à reconnaître le possesseur du secret pour le Fils de France. Il se met en relation avec la petite cour. Déjà, autrefois, il a essayé de faire évader le Dauphin, il se sent aujourd'hui le même dévouement qu'alors, et avec une générosité que beaucoup de causes plus évidentes ne suscitent pas, il reçoit dans son château, près de Vevey, la femme et les enfants du prince, ainsi que nous l'avons dit.

« Sur ces entrefaites renaissent les mauvais jours. Le premier obstacle vient du journal ; c'est comme une révolte de l'armée. Le gérant de ce journal, qui s'appelait la *Justice*, se prétend escroqué, crie, s'adresse aux tribunaux. De telles per-

1. Et aussi du roi Louis XVI.

sécutions sont dures; il est vrai de dire que Nauendorff en a éprouvé beaucoup du même genre. Mais nous sommes d'un siècle où les rois et les grands-prêtres ont tous plus au moins affaire à la police correctionnelle, et ces sortes d'entraves ne refroidissent aucun dévouement. En habile général, Nauendorff répond par une attaque en diffamation, et, si je ne me trompe, le mutin est vaincu. En même temps, le prince ouvre une instance en reconnaissance d'état; c'est, je crois, l'expression technique. Il assigne Charles X et Mme la duchesse d'Angoulême à comparaître devant le tribunal de première instance de Paris, « pour voir dire et déclarer, que le soi-disant Nauendorff est bien réellement le duc de Normandie, fils de Louis-Auguste, roi de France et de Navarre, et de Marie-Antoinette-Jeanne-Josephe, archiduchesse d'Autriche, reine de France et de Navarre, son épouse; — voir ordonner que l'acte du 13 août 1792, constatant le prétendu décès du requérant, sera annulé, — et ordonner en conséquence que ledit requérant sera établi dans tous les droits résultant de sa qualité de citoyen français. »

« Sous toutes réserves, après jugement définitif, des répétitions qu'il aura à exercer contre la dame duchesse d'Angoulême et tous autres qu'il appartiendra, pour le partage des biens délaissés par leur auteur. »

« On en était là, lorsqu'un ordre de la police mit fin au procès et au règne de l'horloger de

Crossen. Le gouvernement français, neutre dans la question, jugea bon de réprimer une tentative qui, à la longue, pouvait faire des dupes ; car il y a eu en France des actionnaires pour toutes les entreprises, quel que soit leur objet, Les démarches de Nauendorff devenaient, d'ailleurs, pour les membres de la famille déchue, une source d'outrages chaque jour plus abondants et plus *graves*. Le prétendant envoyait à Mme la duchesse d'Angoulême ambassades sur ambassades, et ses agents, qu'on leur eût ouvert ou fermé la porte, publiaient, dans l'âpreté de leur étrange conviction, des rapports également propres à blesser cette femme si illustre, si digne de respect et si amèrement abreuvée. Nauendorff était étranger ; il fut enlevé, déposé quelque temps à la préfecture, puis transporté en Angleterre, où il est maintenaut. Mais cet homme, arrivé à Paris trois ans auparavant, si misérable, ne le quitta qu'en personnage : non seulement on l'enlevait, mais encore il fallait lui donner un de ses avocats, un de ses ministres pour l'accompagner. M. Gruau, ancien procureur du roi, le suivit à Londres. On a dit que cet exil n'était pas légal ; c'est possible, mais je le trouve assez sage, par les raisons que je viens de dire, et je l'absous, pour ma part, à cause de cela. Qu'est-ce, en ces temps, que la légalité ? Le plus souvent une ressource de la ruse contre la saine justice ; chacun en use ainsi selon sa force et selon l'occasion. La légalité ne s'obtient que par l'ordre et la morale. Cette société ne peut y arriver. Elle ne le peut pas, parce qu'elle ne le veut pas ; qu'elle cesse donc de se plaindre, elle a fait elle-même son destin.

« Nauendorff, depuis qu'il est à Londres, a publié sa vie écrite par lui-même. Il y a joint des pièces justificatives ; ses partisans et ses avocats y ont ajouté des commentaires. Tout cela fait un dossier assez gros. Un amateur de curiosités, comme il s'en trouve beaucoup en Suisse, m'a prêté ces paperasses. Il m'est arrivé un matin d'y fourrer le nez, et tout ce que je puis dire, c'est que, malgré mon grand mépris pour les Mathurin Bruneau, j'ai tout lu. Belle mine pour les auteurs de mélodrame qui naîtront dans vingt ans. Il y a là certainement un des romans les plus étranges qu'on ait fabriqués ; le merveilleux y abonde, le surnaturel y éclate ; le fameux laboureur de Gallardon, Martin, dont on a tant parlé sous Louis XVIII, est rattaché à l'action d'une manière très heureuse. Il y a des prophéties, des miracles. Il y en a même beaucoup trop, et, malgré la haute sincérité de ceux qui les rapportent, c'est pour moi, je dois l'avouer, la partie très faible des pièces à conviction. Du reste, emprisonnements, traverses, ténèbres, cachots, blessures, évasions, morts mystérieuses, mystérieuses persécutions, démarches de rois, francmaçonnerie, rien n'y manque. Des amis providentiels se lèvent çà et là pour combattre des ennemis dont l'acharnement ne s'explique pas. Son Altesse est accusée d'avoir émis de la fausse monnaie, et le principal témoin se pend quinze jours après, comme Judas, dit le Mémoire, dans la chambre même où il a porté son faux témoignage. La police prussienne poursuit et protège en même temps, dit le Mémoire, cet homme obscur. On pourrait lui prouver ce qu'il n'est pas ; mais ce qu'il est, cela paraît impossible. Sans papiers, sans acte de naissance, sans famille, sans aucune des conditions de la loi, des lettres de bourgeoisie lui sont accordées à Brandebourg, à Crossen, à Spandau. Son fils est reçu à l'école militaire des jeunes nobles de Dresde, et le gouvernement saxon, forcé de renvoyer sa famille, lui donne un passeport où il la qualifie de femme et enfants de Charles-Louis, duc de Normandie, se disant Nauendorff, horloger de Crossen. Car le gouvernement saxon aime mieux reconnaître Nauendorff, prince royal, qu'encourir le reproche d'avoir admis dans l'école des nobles un enfant plébéien. Tels sont, en partie, ces bizarres écrits. Je dois dire pourtant que la nature royale y perce peu, et que la vraisemblance s'y fait souvent désirer. Je me rappelle aussi avoir vu autrefois un mélodrame intitulé le *Masque de fer,* dont deux ou trois personnages sont cousins-germains de quelques-uns de ceux qui traversent ces récits.

« Mais ce que le mélodrame n'a point inventé, ce qui est à la fois le plus curieux et le plus touchant de l'histoire, c'est ce groupe de vieux serviteurs si dévoués, si crédules ; braves gens, pareils au chien d'Ulysse, qui reconnaissent leur maître, et lèchent sa main avant de mourir. Pour moi, je l'avoue, cela *me semble beau et admirable en dépit de tout.*

« Quant au héros principal, advienne de lui ce que Dieu voudra. QU'IL SOIT NAUENDORFF OU LOUIS XVII, je ne m'en soucie guère. Un prétendant de plus ou de moins à la couronne de France, ce n'est pas une affaire pour nous; si Nauendorff a des partisans, je ne me sens pas la moindre envie d'ébranler leurs convictions. Je dis seulement que le mensonge est roi de ce monde, et que jamais son empire n'y fut mieux établi. Il nous traite en despote, il ose tout, et nous souffrons tout. »

Quelques inexactitudes, quelques petites faussetés émaillent ce récit; nous avons tenu sans relever ces détails à le donner *in-extenso.* Sous le persiflage de M. Louis Veuillot, perce une certaine gêne, assez amusante, et il se dégage de l'ensemble quelques aveux qui expliquent fort bien la suppression de ce chapitre et notre désir de le rétablir pour l'édification de nos lecteurs.

FIN

TABLE DES MATIÈRES

CHAPITRE IV

CHAPITRE V

CHAPITRE VI

CHAPITRE VII

APPENDICE

Imp. du Progrès. — Ch. Lépice, 7, rue du Bois, Asnières.